OEUVRES
COMPLÈTES,
DE
J. J. ROUSSEAU

AVEC LES NOTES DE TOUS LES COMMENTATEURS.

NOUVELLE ÉDITION

ORNÉE DE QUARANTE-DEUX VIGNETTES,
GRAVÉES PAR NOS PLUS HABILES ARTISTES,

D'APRÈS LES DESSINS DE DEVÉRIA.

PHILOSOPHIE.
DISCOURS. — TOME II.

A PARIS,
CHEZ DALIBON, LIBRAIRE
DE S. A. R. MONSEIGNEUR LE DUC DE NEMOURS,
RUE HAUTEFEUILLE, N° 10.

M DCCC XXVI.

OEUVRES

COMPLÈTES

DE

J. J. ROUSSEAU.

TOME II.

PARIS. — IMPRIMERIE DE G. DOYEN,
RUE SAINT JACQUES, N. 53.

J. J. ROUSSEAU,

CITOYEN DE GENÈVE,

A M. D'ALEMBERT,

DE L'ACADÉMIE FRANÇOISE, DE L'ACADÉMIE ROYALE DES SCIENCES DE PARIS, DE CELLE DE PRUSSE, DE LA SOCIÉTÉ ROYALE DE LONDRES, DE L'ACADÉMIE ROYALE DES BELLES-LETTRES DE SUÈDE, ET DE L'INSTITUT DE BOLOGNE;

SUR SON ARTICLE GENÈVE,

DANS LE VIIe VOLUME DE L'ENCYCLOPÉDIE,

ET PARTICULIÈREMENT
SUR LE PROJET D'ÉTABLIR UN THÉATRE DE COMÉDIE
EN CETTE VILLE.

Di meliora piis, erroremque hostibus illum.
VIRG., Georg. III, v. 513.

PRÉFACE.

J'ai tort si j'ai pris en cette occasion la plume sans nécessité. Il ne peut m'être ni avantageux ni agréable de m'attaquer à M. d'Alembert. Je considère sa personne ; j'admire ses talents ; j'aime ses ouvrages ; je suis sensible au bien qu'il a dit de mon pays : honoré moi-même de ses éloges, un juste retour d'honnêteté m'oblige à toutes sortes d'égards envers lui ; mais les égards ne l'emportent sur les devoirs que pour ceux dont toute la morale consiste en apparences. Justice et vérité, voilà les premiers devoirs de l'homme. Humanité, patrie, voilà ses premières affections. Toutes les fois que des ménagements particuliers lui font changer cet ordre, il est coupable. Puis-je l'être en faisant ce que j'ai dû ? Pour me répondre il faut avoir une patrie à servir, et plus d'amour pour ses devoirs que de crainte de déplaire aux hommes.

Comme tout le monde n'a pas sous les yeux l'Encyclopédie, je vais transcrire ici de l'article *Genève* le passage qui m'a mis la plume à la main. Il auroit dû l'en faire tomber, si j'aspirois à l'honneur de bien écrire ; mais j'ose en rechercher un autre, dans lequel je ne crains la concurrence de personne. En lisant ce passage isolé, plus d'un lecteur sera surpris du zèle qui l'a pu dicter : en le lisant dans son article, on trouvera que la comédie, qui n'est pas à Genève, et qui pourroit y être, tient la huitième partie de la place qu'occupent les choses qui y sont.

« On ne souffre point de comédie à Genève : ce
« n'est pas qu'on y désapprouve les spectacles en eux-
« mêmes ; mais on craint, dit-on, le goût de parure,
« de dissipation et de libertinage, que les troupes de
« comédiens répandent parmi la jeunesse. Cepen-
« dant ne seroit-il pas possible de remédier à cet in-
« convénient par des lois sevères et bien exécutées
« sur la conduite des comédiens ? Par ce moyen Ge-
« nève auroit des spectacles et des mœurs, et jouiroit
« de l'avantage des uns et des autres ; les représen-
« tations théâtrales formeroient le goût des citoyens,
« et leur donneroient une finesse de tact, une déli-
« catesse de sentiment qu'il est très-difficile d'ac-
« quérir sans ce secours : la littérature en profiteroit
« sans que le libertinage fît des progrès ; et Genève
« réuniroit la sagesse de Lacédémone à la politesse
« d'Athènes. Une autre considération, digne d'une
« république si sage et si éclairée, devroit peut-être
« l'engager à permettre les spectacles. Le préjugé
« barbare contre la profession de comédien, l'espèce
« d'avilissement où nous avons mis ces hommes si
« nécessaires au progrès et au soutien des arts, est
« certainement une des principales causes qui con-
« tribuent au déréglement que nous leur reprochons :
« ils cherchent à se dédommager, par les plaisirs,
« de l'estime que leur état ne peut obtenir. Parmi
« nous, un comédien qui a des mœurs est double-
« ment respectable ; mais à peine lui en sait-on gré.

PRÉFACE.

« Le traitant qui insulte à l'indigence publique et qui
« s'en nourrit, le courtisan qui rampe et qui ne paie
« point ses dettes ; voilà l'espèce d'hommes que nous
« honorons le plus. Si les comédiens étoient non seu-
« lement soufferts à Genève, mais contenus d'abord
« par des réglements sages, protégés ensuite et même
« considérés dès qu'ils en seroient dignes, enfin ab-
« solument placés sur la même ligne que les autres
« citoyens, cette ville auroit bientôt l'avantage de
« posséder ce qu'on croit si rare, et qui ne l'est que
« par notre faute, une troupe de comédiens estima-
« bles. Ajoutons que cette troupe deviendroit bien-
« tôt la meilleure de l'Europe : plusieurs personnes
« pleines de goût et de dispositions pour le théâtre,
« et qui craignent de se déshonorer parmi nous en
« s'y livrant, accourroient à Genève, pour cultiver
« non seulement sans honte, mais même avec estime,
« un talent si agréable et si peu commun. Le séjour
« de cette ville, que bien des François regardent
« comme triste par la privation des spectacles, de-
« viendroit alors le séjour des plaisirs honnêtes,
« comme il est celui de la philosophie et de la li-
« berté ; et les étrangers ne seroient plus surpris de
« voir que, dans une ville où les spectacles décents
« et réguliers sont défendus, on permette des farces
« grossières et sans esprit, aussi contraires au bon
« goût qu'aux bonnes mœurs. Ce n'est pas tout : peu
« à peu l'exemple des comédiens de Genève, la ré-
« gularité de leur conduite, et la considération dont
« elle les feroit jouir, serviroient de modèle aux co-
« médiens des autres nations, et de leçon à ceux

« qui les ont traités jusqu'ici avec tant de rigueur et
« même d'inconséquence. On ne les verroit pas d'un
« côté pensionnés par le gouvernement, et de l'autre
« un objet d'anathême : nos prêtres perdroient l'ha-
« bitude de les excommunier, et nos bourgeois de
« les regarder avec mépris : et une petite république
« auroit la gloire d'avoir réformé l'Europe sur ce
« point, plus important peut-être qu'on ne pense. »

Voilà certainement le tableau le plus agréable et le plus séduisant qu'on pût nous offrir ; mais voilà en même temps le plus dangereux conseil qu'on pût nous donner. Du moins, tel est mon sentiment ; et mes raisons sont dans cet écrit. Avec quelle avidité la jeunesse de Genève, entraînée par une autorité d'un si grand poids, ne se livrera-t-elle point à des idées auxquelles elle n'a déjà que trop de penchant ! Combien, depuis la publication de ce volume, de jeunes Génevois, d'ailleurs bons citoyens, n'atten-dent-ils que le moment de favoriser l'établissement d'un théâtre, croyant rendre un service à la patrie et presque au genre humain ! Voilà le sujet de mes alarmes, voilà le mal que je voudrois prévenir. Je rends justice aux intentions de M. d'Alembert, j'espère qu'il voudra bien la rendre aux miennes ; je n'ai pas plus d'envie de lui déplaire que lui de nous nuire. Mais enfin, quand je me tromperois, ne dois-je pas agir, parler, selon ma conscience et mes lumières ? Ai-je dû me taire ? l'ai-je pu, sans trahir mon devoir et ma patrie ?

Pour avoir droit de garder le silence en cette occasion, il faudroit que je n'eusse jamais pris la plume sur des sujets moins nécessaires. Douce obscurité qui fis trente ans mon bonheur, il faudroit avoir toujours su t'aimer ; il faudroit qu'on ignorât que j'ai eu quelques liaisons avec les éditeurs de l'Encyclopédie, que j'ai fourni quelques articles à l'ouvrage, que mon nom se trouve avec ceux des auteurs ; il faudroit que mon zèle pour mon pays fût moins connu, qu'on supposât que l'article *Genève* m'eût échappé, ou qu'on ne pût inférer de mon silence que j'adhère à ce qu'il contient ! Rien de tout cela ne pouvant être, il faut donc parler : il faut que je désavoue ce que je n'approuve point, afin qu'on ne m'impute pas d'autres sentiments que les miens. Mes compatriotes n'ont pas besoin de mes conseils, je le sais bien ; mais moi, j'ai besoin de m'honorer, en montrant que je pense comme eux sur nos maximes. Je n'ignore pas combien cet écrit, si loin de ce qu'il devroit être, est loin même de ce que j'aurois pu faire en de plus heureux jours. Tant de choses ont concouru à le mettre au-dessous du médiocre où je pouvois autrefois atteindre, que je m'étonne qu'il ne soit pas pire encore. J'écrivois pour ma patrie : s'il étoit vrai que le zèle tînt lieu de talent, j'aurois fait mieux que jamais ; mais j'ai vu ce qu'il falloit faire, et n'ai pu l'exécuter. J'ai dit froidement la vérité : qui est-ce qui se soucie d'elle ? Triste recommandation pour un livre ! Pour être utile il faut être agréable ; et ma plume a perdu cet art-là. Tel me disputera malignement cette perte. Soit : cependant je me sens déchu, et l'on ne tombe pas au-dessous de rien.

Premièrement, il ne s'agit plus ici d'un vain babil

de philosophie, mais d'une vérité de pratique importante à tout un peuple. Il ne s'agit plus de parler au petit nombre; mais au public; ni de faire penser les autres, mais d'expliquer nettement ma pensée. Il a donc fallu changer de style: pour me faire mieux entendre à tout le monde, j'ai dit moins de choses en plus de mots; et, voulant être clair et simple, je me suis trouvé lâche et diffus.

Je comptois d'abord sur une feuille ou deux d'impression tout au plus; j'ai commencé à la hâte; et mon sujet s'étendant sous ma plume, je l'ai laissée aller sans contrainte. J'étois malade et triste; et, quoique j'eusse grand besoin de distraction, je me sentois si peu en état de penser et d'écrire, que, si l'idée d'un devoir à remplir ne m'eût soutenu, j'aurois jeté cent fois mon papier au feu. J'en suis devenu moins sévère à moi-même. J'ai cherché dans mon travail quelque amusement qui me le fît supporter. Je me suis jeté dans toutes les digressions qui se sont présentées, sans prévoir combien, pour soulager mon ennui, j'en préparois peut-être au lecteur.

Le goût, le choix, la correction, ne sauroient se trouver dans cet ouvrage. Vivant seul, je n'ai pû le montrer à personne. J'avois un Aristarque sévère et judicieux; je ne l'ai plus, je n'en veux plus[1] : mais je

[1] « Ad amicum etsi produxeris gladium, non desperes; est enim « regressus. Ad amicum si aperueris os triste, non timeas; est « enim concordatio : excepto convicio, et improperio, et su- « perbiâ, et mysterii revelatione, et plagâ dolosâ; in his om- « nibus effugiet amicus. » Ecclesiastic. xxii, 26, 27 [*].

[*] « Si vous avez tiré l'épée contre votre ami, n'en désespérez

le regretterai sans cesse, et il manque bien plus encore à mon cœur qu'à mes écrits.

La solitude calme l'ame et apaise les passions que le désordre du monde a fait naître. Loin des vices qui nous irritent, on en parle avec moins d'indignation; loin des maux qui nous touchent, le cœur en est moins ému. Depuis que je ne vois plus les hommes, j'ai presque cessé de haïr les méchants. D'ailleurs le mal qu'ils m'ont fait à moi-même m'ôte le droit d'en dire d'eux. Il faut désormais que je leur pardonne, pour ne leur pas ressembler. Sans y songer, je substituerois l'amour de la vengeance à celui de la justice : il vaut mieux tout oublier. J'espère qu'on ne me trouvera plus cette âpreté qu'on me reprochoit, mais qui me faisoit lire; je consens d'être moins lu, pourvu que je vive en paix.

A ces raisons il s'en joint une autre plus cruelle, et que je voudrois en vain dissimuler; le public ne la sentiroit que trop malgré moi. Si, dans les essais sortis de ma plume, ce papier est encore au-dessous des autres, c'est moins la faute des circonstances que la mienne; c'est que je suis au-dessous de moi-même. Les maux du corps épuisent l'ame : à force

---

pas; car il y a moyen de revenir. Si vous l'avez attristé par vos paroles, ne craignez rien; il est possible encore de vous réconcilier avec lui. Mais pour l'outrage, le reproche injurieux, la révélation du secret**, et la plaie faite à son cœur en trahison, point de grâce à ses yeux : il s'éloignera sans retour. » Cette traduction est de Marmontel (*Mémoires*, livre VII).

** C'est le véritable motif de la rupture de J. J. avec Diderot qui est l'Aristarque regretté. Rousseau lui avoit confié, sous le secret, les remords que lui causoit l'abandon de ses enfants. Ce fatal secret fut bientôt su de tout le monde.

de souffrir elle perd son ressort. Un instant de fermentation passagère produisit en moi quelque lueur de talent : il s'est montré tard, il s'est éteint de bonne heure. En reprenant mon état naturel, je suis rentré dans le néant. Je n'eus qu'un moment ; il est passé ; j'ai la honte de me survivre. Lecteur, si vous recevez ce dernier ouvrage avec indulgence, vous accueillerez mon ombre ; car, pour moi, je ne suis plus.

A Montmorency, le 20 mars 1758.

J. J. ROUSSEAU,

CITOYEN DE GENÈVE,

A M. D'ALEMBERT.

J'ai lu, monsieur, avec plaisir votre article GE-NÈVE, dans le septième volume de l'Encyclopédie. En le relisant avec plus de plaisir encore, il m'a fourni quelques réflexions que j'ai cru pouvoir offrir, sous vos auspices, au public et à mes concitoyens. Il y a beaucoup à louer dans cet article; mais si les éloges dont vous honorez ma patrie m'ôtent le droit de vous en rendre, ma sincérité parlera pour moi : n'être pas de votre avis sur quelques points, c'est assez m'expliquer sur les autres.

Je commencerai par celui que j'ai le plus de répugnance à traiter et dont l'examen me convient le moins, mais sur lequel, par la raison que je viens de dire, le silence ne m'est pas permis : c'est le jugement que vous portez de la doctrine de nos ministres en matière de foi. Vous avez fait de ce corps respectable un éloge très-beau, très-vrai, très-propre à eux seuls dans tous les clergés du monde, et qu'augmente encore la considération qu'ils vous ont témoignée, en montrant qu'ils aiment la philosophie, et ne craignent pas l'œil du philosophe. Mais, monsieur, quand on veut honorer les gens, il faut que ce soit à leur manière, et non pas à la nôtre, de peur qu'ils ne s'offensent avec raison des louanges nuisibles, qui, pour être données à bonne intention, n'en blessent pas moins l'état, l'intérêt, les opinions, ou les préjugés de ceux qui en sont l'objet. Ignorez-vous que tout nom de secte est toujours odieux, et que de pareilles imputations, rarement sans conséquence pour des laïques, ne le sont jamais pour des théologiens?

Vous me direz qu'il est question de faits et non de louanges, et que le philosophe a plus d'égard à la vérité qu'aux hommes; mais cette prétendue vérité n'est pas si claire ni si indifférente que vous soyez en droit de l'avancer sans de bonnes autorités, et je ne vois pas où l'on en peut prendre pour prouver que les sentiments qu'un corps professe et sur lesquels il se conduit ne sont pas les siens. Vous me direz encore que vous n'attribuez point à tout le corps ecclésiastique les sentiments dont vous parlez; mais vous les attribuez à plusieurs; et plusieurs, dans un petit nombre, font toujours une si grande partie, que le tout doit s'en ressentir.

Plusieurs pasteurs de Genève n'ont, selon vous,

qu'un socinianisme parfait. Voilà ce que vous déclarez hautement à la face de l'Europe. J'ose vous demander comment vous l'avez appris : ce ne peut être que par vos propres conjectures, ou par le témoignage d'autrui, ou sur l'aveu des pasteurs en question.

Or, dans les matières de pur dogme, et qui ne tiennent point à la morale, comment peut-on juger de la foi d'autrui par conjecture? comment peut-on même en juger sur la déclaration d'un tiers contre celle de la personne intéressée? Qui sait mieux que moi ce que je crois ou ne crois pas? et à qui doit-on s'en rapporter là-dessus plutôt qu'à moi-même? Qu'après avoir tiré des discours ou des écrits d'un honnête homme des conséquences sophistiques et désavouées, un prêtre acharné poursuive l'auteur sur ces conséquences, le prêtre fait son métier, et n'étonne personne; mais devons-nous honorer les gens de bien comme un fourbe les persécute? et le philosophe imitera-t-il des raisonnements captieux dont il fut si souvent la victime?

Il resteroit donc à penser, sur ceux de nos pasteurs que vous prétendez être sociniens parfaits et rejeter les peines éternelles, qu'ils vous ont confié là-dessus leurs sentiments particuliers. Mais, si c'étoit en effet leur sentiment et qu'ils vous l'eussent confié, sans doute ils vous l'auroient dit en secret, dans l'honnête et libre épanchement d'un commerce philosophique ; ils l'auroient dit au philosophe et non pas à l'auteur. Ils n'en ont donc rien fait, et ma preuve est sans réplique ; c'est que vous l'avez publié.

Je ne prétends point pour cela juger ni blâmer la doctrine que vous leur imputez ; je dis seulement qu'on n'a nul droit de la leur imputer, à moins qu'ils ne la reconnoissent ; et j'ajoute qu'elle ne ressemble en rien à celle dont ils nous instruisent. Je ne sais ce que c'est que le socinianisme, ainsi je n'en puis parler ni en bien ni en mal (et même, sur quelques notions confuses de cette secte et de son fondateur, je me sens plus d'éloignement que de goût pour elle) : mais, en général, je suis l'ami de toute religion paisible, où l'on sert l'Être éternel selon la raison qu'il nous a donnée[1].

---

[1]* La partie de cette phrase qui est imprimée ici entre deux parenthèses est remarquable sous plus d'un rapport. D'abord on la trouve dans l'édition originale (*Amsterdam*, 1758), non comme faisant partie du texte même, mais à la fin de l'ouvrage et en forme d'*addition* envoyée par l'auteur à son libraire, lorsque l'impression étoit déjà commencée. En second lieu, quoique cette addition, insérée depuis dans le texte, se retrouve dans toutes les éditions postérieures, elle n'est point dans celle de Genève faite en 1782, après la mort de Rousseau, mais sur les matériaux qu'il avoit réunis et fournis lui-même.

Il résulte clairement de ces deux faits ; 1°. que ce qu'il dit ici de son *éloignement* pour le socinianisme fut une idée conçue après coup et comme effet en lui d'une réflexion tardive, si même en cette occasion il n'a pas sacrifié quelque chose à la convenance, en énonçant une disposition que réellement il n'avoit point ; 2° qu'il s'est dans tous les cas rétracté à cet égard, et n'a pas voulu, dans

Quand un homme ne peut croire ce qu'il trouve absurde, ce n'est pas sa faute, c'est celle de sa raison[1] : et comment concevrai-je que Dieu le

l'édition générale dont il avoit préparé les matériaux, laisser subsister un passage contraire à ses véritables sentiments. Car sans doute on ne peut supposer que les éditeurs de Genève aient fait cette suppression de leur chef. Cette rétractation de notre auteur est d'autant plus réelle et indubitable, que dans une des lettres les plus remarquables de sa Correspondance (à M.***, 15 janvier 1769), il a très-clairement énoncé son opinion sur celui qu'il appelle *le sage hébreu*, mis par lui en parallèle avec le sage grec ; or cette opinion est celle du socinien le plus décidé. (*Note de M. Petitain.*)

[1] Je crois voir un principe qui, bien démontré comme il pourroit l'être, arracheroit à l'instant les armes des mains à l'intolérant et au superstitieux, et calmeroit cette fureur de faire des prosélytes qui semble animer les incrédules : c'est que la raison humaine n'a pas de mesure commune bien déterminée, et qu'il est injuste à tout homme de donner la sienne pour règle à celle des autres.

Supposons de la bonne foi, sans laquelle toute dispute n'est que du caquet. Jusqu'à certain point il y a des principes communs, une évidence commune ; et de plus chacun a sa propre raison qui le détermine : ainsi ce sentiment ne mène point au septicisme ; mais aussi, les bornes générales de la raison n'étant point fixées, et nul n'ayant inspection sur celle d'autrui, voilà tout d'un coup le fier dogmatique arrêté. Si jamais on pouvoit établir la paix où règnent l'intérêt, l'orgueil et l'opinion, c'est par-là qu'on termineroit à la fin les dissensions des prêtres et des philosophes. Mais peut-être ne seroit-ce le compte ni des uns ni des autres : il n'y auroit plus ni persécutions ni disputes ; les premiers n'auroient personne à tourmenter, les seconds personne à convaincre ; autant vaudroit quitter le métier.

Si l'on me demandoit là-dessus pourquoi donc je dispute moi-même, je répondrois que je parle au plus grand nombre, que j'expose des vérités de pratique, que je me fonde sur l'expérience, que je remplis mon devoir, et qu'après avoir dit ce que je pense je ne trouve point mauvais qu'on ne soit pas de mon avis.

punisse de ne s'être pas fait un entendement[1] contraire à celui qu'il a reçu de lui ? Si un docteur venoit m'ordonner de la part de Dieu de croire que la partie est plus grande que le tout, que pourrois-je penser en moi-même, sinon que cet homme

---

[1] Il faut se ressouvenir que j'ai à répondre à un auteur qui n'est pas protestant ; et je crois lui répondre en effet, en montrant que ce qu'il accuse nos ministres de faire dans notre religion s'y feroit inutilement, et se fait nécessairement dans plusieurs autres sans qu'on y songe.

Le monde intellectuel, sans en excepter la géométrie, est plein de vérités incompréhensibles, et pourtant incontestables, parce que la raison qui les démontre existantes ne peut les toucher, pour ainsi dire, à travers les bornes qui l'arrêtent, mais seulement les apercevoir. Tel est le dogme de l'existence de Dieu, tels sont les mystères admis dans les communions protestantes. Les mystères qui heurtent la raison, pour me servir des termes de M d'Alembert, sont tout autre chose. Leur contradiction même les fait rentrer dans ses bornes ; elle a toutes les prises imaginables pour sentir qu'ils n'existent pas : car, bien qu'on ne puisse voir une chose absurde, rien n'est si clair que l'absurdité. Voilà ce qui arrive lorsqu'on soutient à la fois deux propositions contradictoires. Si vous me dites qu'un espace d'un pouce est aussi un espace d'un pied, vous ne dites point du tout une chose mystérieuse, obscure, incompréhensible, vous dites au contraire une absurdité lumineuse et palpable, une chose évidemment fausse. De quelque genre que soient les démonstrations qui l'établissent, elles ne sauroient l'emporter sur celle qui la détruit, parce qu'elle est tirée immédiatement des notions primitives qui servent de base à toute certitude humaine. Autrement, la raison, déposant contre elle-même, nous forceroit à la récuser ; et, loin de nous faire croire ceci ou cela, elle nous empêcheroit de plus rien croire, attendu que tout principe de foi seroit détruit. Tout homme, de quelque religion qu'il soit, qui dit croire à de pareils mystères, en impose donc, ou ne sait ce qu'il dit.

vient m'ordonner d'être fou ? Sans doute l'ortho-
doxe, qui ne voit nulle absurdité dans les mystères,
est obligé de les croire : mais si le socinien y en
trouve, qu'a-t-on à lui dire ? Lui prouvera-t-on
qu'il n'y en a pas ? Il commencera, lui, par vous
prouver que c'est une absurdité de raisonner sur
ce qu'on ne sauroit entendre. Que faire donc ? Le
laisser en repos.

Je ne suis pas plus scandalisé que ceux qui servent un Dieu clément rejettent l'éternité des peines,
s'ils la trouvent incompatible avec sa justice. Qu'en
pareil cas ils interprètent de leur mieux les passages contraires à leur opinion, plutôt que de l'a-
bandonner, que peuvent-ils faire autre chose ? nul
n'est plus pénétré que moi d'amour et de respect
pour le plus sublime de tous les livres : il me console et m'instruit tous les jours, quand les autres
ne m'inspirent plus que du dégoût. Mais je soutiens que, si l'Écriture elle-même nous donnoit de
Dieu quelque idée indigne de lui, il faudroit la
rejeter en cela, comme vous rejetez en géométrie
les démonstrations qui mènent à des conclusions
absurdes ; car, de quelque authenticité que puisse
être le texte sacré, il est encore plus croyable
que la Bible soit altérée, que Dieu injuste ou mal-
faisant.

Voilà, monsieur, les raisons qui m'empêche-
roient de blâmer ces sentiments dans d'équitables
et modérés théologiens, qui de leur propre doc-

trine apprendroient à ne forcer personne à l'adopter. Je dirai plus, des manières de penser si convenables à une créature raisonnable et foible, si dignes d'un créateur juste et miséricordieux, me paroissent préférables à cet assentiment stupide qui fait de l'homme une bête, et à cette barbare intolérance qui se plaît à tourmenter dès cette vie ceux qu'elle destine aux tourments éternels dans l'autre. En ce sens je vous remercie pour ma patrie de l'esprit de philosophie et d'humanité que vous reconnoissez dans son clergé, et de la justice que vous aimez à lui rendre; je suis d'accord avec vous sur ce point. Mais, pour être philosophes et tolérants [1], il ne s'ensuit pas que ses membres soient hérétiques. Dans le nom de parti que vous leur donnez, dans les dogmes que vous dites être les leurs, je ne puis ni vous approuver ni vous suivre. Quoiqu'un tel système n'ait rien peut-être que d'honorable à ceux qui l'adoptent, je me garderai de l'attribuer à mes pasteurs, qui ne l'ont pas adopté, de peur que l'éloge que j'en pourrois faire ne fournît à d'autres le sujet d'une accusation très-grave,

---

[1] Sur la tolérance chrétienne on peut consulter le chapitre qui porte ce titre dans l'onzième livre de la *Doctrine chrétienne* de M. le professeur Vernet. On y verra par quelles raisons l'Église doit apporter encore plus de ménagement et de circonspection dans la censure des erreurs sur la foi, que dans celle des fautes contre les mœurs, et comment s'allient, dans les règles de cette censure, la douceur du chrétien, la raison du sage, et le zèle du pasteur.

et ne nuisît à ceux que j'aurois prétendu louer. Pourquoi me chargerois-je de la profession de foi d'autrui? N'ai-je pas trop appris à craindre ces imputations téméraires? Combien de gens se sont chargés de la mienne, en m'accusant de manquer de religion, qui sûrement ont fort mal lu dans mon cœur! Je ne les taxerai point d'en manquer eux-mêmes; car un des devoirs qu'elle m'impose est de respecter les secrets des consciences. Monsieur, jugeons les actions des hommes, et laissons Dieu juger de leur foi.

En voilà trop peut-être sur un point dont l'examen ne m'appartient pas, et n'est pas aussi le sujet de cette lettre. Les ministres de Genève n'ont pas besoin de la plume d'autrui pour se défendre [1];

---

[1] C'est ce qu'ils viennent de faire, à ce qu'on m'écrit, par une déclaration publique. Elle ne m'est point parvenue dans ma retraite; mais j'apprends que le public l'a reçue avec applaudissement[*]. Ainsi, non seulement je jouis du plaisir de leur avoir le premier rendu l'honneur qu'ils méritent, mais de celui d'entendre mon jugement unanimement confirmé. Je sens bien que cette déclaration rend le début de ma lettre entièrement superflu, et le rendroit peut-être indiscret dans tout autre cas: mais, étant sur le point de le supprimer, j'ai vu que, parlant du même article qui y a donné lieu, la même raison subsistoit encore, et qu'on pourroit toujours prendre mon silence pour une espèce de consentement. Je laisse donc ces réflexions d'autant plus volontiers, que, si elles viennent hors de propos sur une affaire heureusement terminée, elles ne contiennent en général rien que d'honorable à l'Église de Genève, et que d'utile aux hommes en tout pays.

[*] Elle a été réimprimée dans l'édition de Genève, tom. II du *Supplément*.

ce n'est pas la mienne qu'ils choisiroient pour cela, et de pareilles discussions sont trop loin de mon inclination pour que je m'y livre avec plaisir : mais, ayant à parler du même article où vous leur attribuez des opinions que nous ne leur connoissons point, me taire sur cette assertion c'étoit y paroître adhérer, et c'est ce que je suis fort éloigné de faire. Sensible au bonheur que nous avons de posséder un corps de théologiens philosophes et pacifiques, ou plutôt un corps d'officiers de morale [1] et de ministres de la vertu, je ne vois naître qu'avec effroi toute occasion pour eux de se rabaisser jusqu'à n'être plus que des gens d'église. Il nous importe de les conserver tels qu'ils sont. Il nous importe qu'ils jouissent eux-mêmes de la paix qu'ils nous font aimer, et que d'odieuses disputes de théologie ne troublent plus leur repos ni le nôtre. Il nous importe enfin d'apprendre toujours, par leurs leçons et par leur exemple, que la douceur et l'humanité sont aussi les vertus du chrétien.

Je me hâte de passer à une discussion moins grave et moins sérieuse, mais qui nous intéresse encore assez pour mériter nos réflexions, et dans laquelle j'entrerai plus volontiers, comme étant un peu plus de ma compétence ; c'est celle du projet d'établir un théâtre de comédie à Genève. Je n'ex-

---

[1] C'est ainsi que l'abbé de Saint-Pierre appeloit toujours les ecclésiastiques, soit pour dire ce qu'ils sont en effet, soit pour exprimer ce qu'ils devroient être.

poserai point ici mes conjectures sur les motifs qui vous ont pu porter à nous proposer un établissement si contraire à nos maximes. Quelles que soient vos raisons, il ne s'agit pour moi que des nôtres; et tout ce que je me permettrai de dire à votre égard, c'est que vous serez sûrement le premier philosophe[1] qui jamais ait excité un peuple libre, une petite ville, et un état pauvre, à se charger d'un spectacle public.

Que de questions je trouve à discuter dans celle que vous semblez résoudre ! si les spectacles sont bons ou mauvais en eux-mêmes ? s'ils peuvent s'allier avec les mœurs ? si l'austérité républicaine les peut comporter ? s'il faut les souffrir dans une petite ville ? si la profession de comédien peut être honnête ? si les comédiennes peuvent être aussi sages que d'autres femmes ? si de bonnes lois suffisent pour réprimer les abus ? si ces lois peuvent être bien observées ? etc. Tout est problème encore sur les vrais effets du théâtre, parce que les disputes qu'il occasione ne partageant que les gens d'église et les gens du monde, chacun ne l'envisage que par ses préjugés. Voilà, monsieur, des recherches qui ne seroient pas indignes de votre plume.

---

[1] De deux célèbres historiens, tous deux philosophes, tous deux chers à M. d'Alembert, le moderne * seroit de son avis peut-être; mais Tacite, qu'il aime, qu'il médite, qu'il daigne traduire, le grave Tacite qu'il cite si volontiers, et qu'à l'obscurité près il imite si bien quelquefois, en eût-il été de même ?

* Hume.

Pour moi, sans croire y suppléer, je me contenterai de chercher, dans cet essai, les éclaircissements que vous nous avez rendus nécessaires ; vous priant de considérer qu'en disant mon avis, à votre exemple, je remplis un devoir envers ma patrie ; et qu'au moins, si je me trompe dans mon sentiment, cette erreur ne peut nuire à personne.

Au premier coup d'œil jeté sur ces institutions, je vois d'abord qu'un spectacle est un amusement ; et, s'il est vrai qu'il faille des amusements à l'homme, vous conviendrez au moins qu'ils ne sont permis qu'autant qu'ils sont nécessaires, et que tout amusement inutile est un mal pour un être dont la vie est si courte et le temps si précieux. L'état d'homme a ses plaisirs, qui dérivent de sa nature, et naissent de ses travaux, de ses rapports, de ses besoins ; et ces plaisirs, d'autant plus doux que celui qui les goûte a l'ame plus saine, rendent quiconque en sait jouir peu sensible à tous les autres. Un père, un fils, un mari, un citoyen, ont des devoirs si chers à remplir, qu'ils ne leur laissent rien à dérober à l'ennui. Le bon emploi du temps rend le temps plus précieux encore ; et mieux on le met à profit, moins on en sait trouver à perdre. Aussi voit-on constamment que l'habitude du travail rend l'inaction insupportable, et qu'une bonne conscience éteint le goût des plaisirs frivoles : mais c'est le mécontentement de soi-même, c'est le poids de l'oisiveté, c'est l'oubli des goûts simples et naturels, qui rendent si nécessaire un amusement étranger. Je n'aime point qu'on ait besoin d'attacher incessamment son cœur sur la scène, comme s'il étoit mal à son aise au-dedans de nous. La nature même a dicté la réponse de ce barbare [1] à qui l'on vantoit les magnificences du cirque et des jeux établis à Rome. Les Romains, demanda ce bon homme, n'ont-ils ni femmes ni enfants? Le barbare avoit raison. L'on croit s'assembler au spectacle, et c'est là que chacun s'isole; c'est là qu'on va oublier ses amis, ses voisins, ses proches, pour s'intéresser à des fables, pour pleurer les malheurs des morts, ou rire aux dépens des vivants. Mais j'aurois dû sentir que ce langage n'est plus de saison dans notre siècle. Tâchons d'en prendre un qui soit mieux entendu.

Demander si les spectacles sont bons ou mauvais en eux-mêmes, c'est faire une question trop vague; c'est examiner un rapport avant que d'avoir fixé les termes. Les spectacles sont faits pour le peuple, et ce n'est que par leurs effets sur lui qu'on peut déterminer leurs qualités absolues. Il peut y avoir des spectacles d'une infinité d'espèces [2] : il y a de

---

[1] Chrysost., in Matth. Homel. 38.

[2] « Il peut y avoir des spectacles blâmables en eux-mêmes, « comme ceux qui sont inhumains ou indécents et licencieux : tels « étoient quelques-uns des spectacles parmi les païens. Mais il « en est aussi d'indifférents en eux-mêmes, qui ne deviennent « mauvais que par l'abus qu'on en fait. Par exemple, les pièces de « théâtre n'ont rien de mauvais en tant qu'on y trouve une pein-

peuple à peuple une prodigieuse diversité de mœurs, de tempéraments, de caractères. L'homme est un, je l'avoue; mais l'homme modifié par les religions, par les gouvernements, par les lois, par les coutumes, par les préjugés, par les climats, devient si différent de lui-même, qu'il ne faut plus chercher parmi nous ce qui est bon aux hommes en général, mais ce qui leur est bon dans tel temps ou dans tel pays. Ainsi les pièces de Ménandre, faites pour le théâtre d'Athènes, étoient déplacées sur celui de Rome : ainsi les combats des gladiateurs, qui, sous la république, animoient le courage et la valeur des Romains, n'inspiroient, sous les empereurs, à la populace de Rome, que l'amour du sang et la cruauté : du même objet offert au même peuple en différents temps, il apprit d'abord à

« ture des caractères et des actions des hommes, où l'on pourroit
« même donner des leçons agréables et utiles pour toutes les con-
« ditions : mais si l'on y débite une morale relâchée, si les per-
« sonnes qui exercent cette profession mènent une vie licencieuse
« et servent à corrompre les autres, si de tels spectacles entre-
« tiennent la vanité, la fainéantise, le luxe, l'impudicité, il est
« visible alors que la chose tourne en abus, et qu'à moins qu'on
« ne trouve le moyen de corriger ces abus ou de s'en garantir, il
« vaut mieux renoncer à cette sorte d'amusement. » *Instructions chrétiennes* [*], tom. III, livre III, chap. 16.

Voilà l'état de la question bien posé. Il s'agit de savoir si la morale du théâtre est nécessairement relâchée, si les abus sont inévitables; si les inconvénients dérivent de la nature de la chose, ou s'ils viennent de causes qu'on ne puisse écarter.

[*] Cinq vol. in-8°, *Amsterdam*, 1755. C'est un ouvrage du même professeur Vernet, auteur de la *Doctrine chrétienne* précédemment citée.

mépriser sa vie, et ensuite à se jouer de celle d'autrui.

Quant à l'espèce des spectacles, c'est nécessairement le plaisir qu'ils donnent, et non leur utilité, qui la détermine. Si l'utilité peut s'y trouver, à la bonne heure; mais l'objet principal est de plaire; et, pourvu que le peuple s'amuse, cet objet est assez rempli. Cela seul empêchera toujours qu'on ne puisse donner à ces sortes d'établissements tous les avantages dont ils seroient susceptibles, et c'est s'abuser beaucoup que de s'en former une idée de perfection qu'on ne sauroit mettre en pratique sans rebuter ceux qu'on croit instruire. Voilà d'où naît la diversité des spectacles selon les goûts divers des nations. Un peuple intrépide, grave et cruel, veut des fêtes meurtrières et périlleuses, où brillent la valeur et le sang froid. Un peuple féroce et bouillant veut du sang, des combats, des passions atroces. Un peuple voluptueux veut de la musique et des danses. Un peuple galant veut de l'amour et de la politesse. Un peuple badin veut de la plaisanterie et du ridicule. *Trahit sua quemque voluptas.* Il faut, pour leur plaire, des spectacles qui favorisent leurs penchants, au lieu qu'il en faudroit qui les modérassent.

La scène, en général, est un tableau des passions humaines, dont l'original est dans tous les cœurs : mais si le peintre n'avoit soin de flatter ces passions, les spectateurs seroient bientôt rebutés, et ne voudroient plus se voir sous un aspect qui les fît mépriser d'eux-mêmes. Que s'il donne à quelques-unes des couleurs odieuses, c'est seulement à celles qui ne sont point générales, et qu'on hait naturellement. Ainsi l'auteur ne fait encore en cela que suivre le sentiment du public; et alors ces passions de rebut sont toujours employées à en faire valoir d'autres, sinon plus légitimes, du moins plus au gré des spectateurs. Il n'y a que la raison qui ne soit bonne à rien sur la scène. Un homme sans passions, ou qui les domineroit toujours, n'y sauroit intéresser personne; et l'on a déjà remarqué qu'un stoïcien, dans la tragédie, seroit un personnage insupportable : dans la comédie, il feroit rire tout au plus.

Qu'on n'attribue donc pas au théâtre le pouvoir de changer des sentiments ni des mœurs qu'il ne peut que suivre et embellir. Un auteur qui voudroit heurter le goût général composeroit bientôt pour lui seul. Quand Molière corrigea la scène comique, il attaqua des modes, des ridicules; mais il ne choqua pas pour cela le goût du public [1], il

---

[1] Pour peu qu'il anticipât, ce Molière lui-même avoit peine à se soutenir : le plus parfait de ses ouvrages tomba dans sa naissance, parce qu'il le donna trop tôt, et que le public n'étoit pas mûr encore pour le *Misanthrope*.

Tout ceci est fondé sur une maxime évidente; savoir, qu'un peuple suit souvent des usages qu'il méprise, ou qu'il est prêt à mépriser, sitôt qu'on osera lui en donner l'exemple. Quand, de mon temps, on jouoit la fureur des pantins, on ne faisoit que dire

le suivit ou le développa, comme fit aussi Corneille de son côté. C'étoit l'ancien théâtre qui commençoit à choquer ce goût, parce que, dans un siècle devenu plus poli, le théâtre gardoit sa première grossièreté. Aussi, le goût général ayant changé depuis ces deux auteurs, si leurs chefs-d'œuvre étoient encore à paroître, tomberoient-ils infailliblement aujourd'hui. Les connoisseurs ont beau les admirer toujours, si le public les admire encore, c'est plus par honte de s'en dédire que par un vrai sentiment de leurs beautés. On dit que jamais une bonne pièce ne tombe : vraiment je le crois bien, c'est que jamais une bonne pièce ne choque les mœurs [1] de son temps. Qui est-ce qui doute que sur nos théâtres la meilleure pièce de Sophocle ne tombât tout à plat? On ne sauroit se mettre à la place des gens qui ne nous ressemblent point.

Tout auteur qui veut nous peindre des mœurs étrangères a pourtant grand soin d'approprier sa

---

au théâtre ce que pensoient ceux mêmes qui passoient leur journée à ce sot amusement : mais les goûts constants d'un peuple, ses coutumes, ses vieux préjugés, doivent être respectés sur la scène. Jamais poète ne s'est bien trouvé d'avoir violé cette loi.

[1] Je dis le goût ou les mœurs indifféremment ; car, bien que l'une de ces choses ne soit pas l'autre, elles ont toujours une origine commune et souffrent les mêmes révolutions. Ce qui ne signifie pas que le bon goût et les bonnes mœurs règnent toujours en même temps, proposition qui demande éclaircissement et discussion, mais qu'un certain état du goût répond toujours à un certain état des mœurs, ce qui est incontestable.

pièce aux nôtres. Sans cette précaution, l'on ne réussit jamais, et le succès même de ceux qui l'ont prise a souvent des causes bien différentes de celles que lui suppose un observateur superficiel. Quand *Arlequin sauvage* [1] est si bien accueilli des spectateurs, pense-t-on que ce soit par le goût qu'ils prennent pour le sens et la simplicité de ce personnage, et qu'un seul d'entre eux voulût pour cela lui ressembler? C'est, tout au contraire, que cette pièce favorise leur tour d'esprit, qui est d'aimer et rechercher les idées neuves et singulières. Or il n'y en a point de plus neuves pour eux que celles de la nature. C'est précisément leur aversion pour les choses communes qui les ramène quelquefois aux choses simples.

Il s'ensuit de ces premières observations que l'effet général du spectacle est de renforcer le caractère national, d'augmenter les inclinations naturelles, et de donner une nouvelle énergie à toutes les passions. En ce sens il sembleroit que, cet effet se bornant à charger et non changer les mœurs établies, la comédie seroit bonne aux bons et mauvaise aux méchants. Encore, dans le premier cas, resteroit-il toujours à savoir si les passions trop irritées ne dégénèrent point en vices. Je sais que la poétique du théâtre prétend faire tout le contraire, et purger les passions en les excitant: mais j'ai peine

[1] * Comédie de Delisle de La Drevetière, jouée au Théâtre Italien en 1721, et reprise plusieurs fois avec un égal succès.

à bien concevoir cette règle. Seroit-ce que, pour devenir tempérant et sage, il faut commencer par être furieux et fou?

« Eh! non, ce n'est pas cela, disent les partisans « du théâtre. La tragédie prétend bien que toutes « les passions dont elle fait des tableaux nous émeu- « vent, mais elle ne veut pas toujours que notre « affection soit la même que celle du personnage « tourmenté par une passion. Le plus souvent, au « contraire, son but est d'exciter en nous des sen- « timents opposés à ceux qu'elle prête à ses per- « sonnages. » Ils disent encore que, si les auteurs abusent du pouvoir d'émouvoir les cœurs pour mal placer l'intérêt, cette faute doit être attribuée à l'ignorance et à la dépravation des artistes, et non point à l'art. Ils disent enfin que la peinture fidèle des passions et des peines qui les accompagnent suffit seule pour nous les faire éviter avec tout le soin dont nous sommes capables.

Il ne faut, pour sentir la mauvaise foi de toutes ces réponses, que consulter l'état de son cœur à la fin d'une tragédie. L'émotion, le trouble et l'attendrissement, qu'on sent en soi-même, et qui se prolongent après la pièce, annoncent-ils une disposition bien prochaine à surmonter et régler nos passions? Les impressions vives et touchantes dont nous prenons l'habitude, et qui reviennent si souvent, sont-elles bien propres à modérer nos sentiments au besoin? Pourquoi l'image des peines qui naissent des passions effaceroit-elle celle des transports de plaisir et de joie qu'on en voit aussi naître, et que les auteurs ont soin d'embellir encore pour rendre leurs pièces plus agréables? Ne sait-on pas que toutes les passions sont sœurs, qu'une seule suffit pour en exciter mille, et que les combattre l'une par l'autre n'est qu'un moyen de rendre le cœur plus sensible à toutes? Le seul instrument qui serve à les purger est la raison; et j'ai déjà dit que la raison n'avoit nul effet au théâtre. Nous ne partageons pas les affections de tous les personnages, il est vrai; car, leurs intérêts étant opposés, il faut bien que l'auteur nous en fasse préférer quelqu'un; autrement nous n'en prendrions point du tout : mais, loin de choisir pour cela les passions qu'il veut nous faire aimer, il est forcé de choisir celles que nous aimons. Ce que j'ai dit du genre des spectacles doit s'entendre encore de l'intérêt qu'on y fait régner. A Londres, un drame intéresse en faisant haïr les François; à Tunis, la belle passion seroit la piraterie; à Messine, une vengeance bien savoureuse; à Goa, l'honneur de brûler des Juifs. Qu'un auteur [1] choque ces maximes,

---

[1] Qu'on mette, pour voir, sur la scène françoise un homme droit et vertueux, mais simple et grossier, sans amour, sans galanterie, et qui ne fasse point de belles phrases ; qu'on y mette un sage sans préjugés, qui, ayant reçu un affront d'un spadassin, refuse de s'aller faire égorger par l'offenseur; et qu'on épuise tout l'art du théâtre pour rendre ces personnages intéressants comme le Cid au peuple françois : j'aurai tort si l'on réussit.

il pourra faire une fort belle pièce où l'on n'ira point : et c'est alors qu'il faudra taxer cet auteur d'ignorance, pour avoir manqué à la première loi de son art, à celle qui sert de base à toutes les autres, qui est de réussir. Ainsi le théâtre purge les passions qu'on n'a pas, et fomente celles qu'on a. Ne voilà-t-il pas un remède bien administré ?

Il y a donc un concours de causes générales et particulières qui doivent empêcher qu'on ne puisse donner aux spectacles la perfection dont on les croit susceptibles, et qu'ils ne produisent les effets avantageux qu'on semble en attendre. Quand on supposeroit même cette perfection aussi grande qu'elle peut être, et le peuple aussi bien disposé qu'on voudra; encore ces effets se réduiroient-ils à rien, faute de moyens pour les rendre sensibles. Je ne sache que trois sortes d'instruments à l'aide desquels on puisse agir sur les mœurs d'un peuple; savoir, la force des lois, l'empire de l'opinion, et l'attrait du plaisir. Or les lois n'ont nul accès au théâtre, dont la moindre contrainte feroit[1] une

---

[1] Les lois peuvent déterminer les sujets, la forme des pièces, la manière de les jouer; mais elles ne sauroient forcer le public à s'y plaire. L'empereur Néron, chantant au théâtre, faisoit égorger ceux qui s'endormoient ; encore ne pouvoit-il tenir tout le monde éveillé : et peu s'en fallut que le plaisir d'un court sommeil ne coûtât la vie à Vespasien[*]. Nobles acteurs de l'Opéra de Paris, ah! si vous eussiez joui de la puissance impériale, je ne gémirois pas maintenant d'avoir trop vécu !

[*] Suéton., *in Vespas.*, cap. 4. —Tacit., Ann. xvi, 5.

peine et non pas un amusement. L'opinion n'en dépend point, puisqu'au lieu de faire la loi au public le théâtre la reçoit de lui ; et, quant au plaisir qu'on y peut prendre, tout son effet est de nous y ramener plus souvent.

Examinons s'il en peut avoir d'autres. Le théâtre, me dit-on, dirigé comme il peut et doit l'être, rend la vertu aimable et le vice odieux. Quoi donc! avant qu'il y eût des comédies n'aimoit-on point les gens de bien? ne haïssoit-on point les méchants? et ces sentiments sont-ils plus foibles dans les lieux dépourvus de spectacles? Le théâtre rend la vertu aimable..... Il opère un grand prodige de faire ce que la nature et la raison font avant lui! Les méchants sont haïs sur la scène... Sont-ils aimés dans la société, quand on les y connoît pour tels? Est-il bien sûr que cette haine soit plutôt l'ouvrage de l'auteur que des forfaits qu'il leur fait commettre? Est-il bien sûr que le simple récit de ces forfaits nous en donneroit moins d'horreur que toutes les couleurs dont il nous les peint? Si tout son art consiste à nous montrer des malfaiteurs pour nous les rendre odieux, je ne vois point ce que cet art a de si admirable, et l'on ne prend là-dessus que trop d'autres leçons sans celle-là. Oserai-je ajouter un soupçon qui me vient? Je doute que tout homme à qui l'on exposera d'avance les crimes de Phèdre ou de Médée ne les déteste plus encore au commencement qu'à la fin de la pièce : et si ce doute est fondé, que faut-il penser de cet effet si vanté du théâtre?

Je voudrois bien qu'on me montrât clairement et sans verbiage par quels moyens il pourroit produire en nous des sentiments que nous n'aurions pas, et nous faire juger des êtres moraux autrement que nous n'en jugeons en nous-mêmes. Que toutes ces vaines prétentions approfondies sont puériles et dépourvues de sens! Ah! si la beauté de la vertu étoit l'ouvrage de l'art, il y a long-temps qu'il l'auroit defigurée. Quant à moi, dût-on me traiter de méchant encore pour oser soutenir que l'homme est né bon, je le pense et crois l'avoir prouvé : la source de l'intérêt qui nous attache à ce qui est honnête, et nous inspire de l'aversion pour le mal, est en nous et non dans les pièces. Il n'y a point d'art pour produire cet intérêt, mais seulement pour s'en prévaloir. L'amour du beau [1] est un sentiment aussi naturel au cœur humain que l'amour de soi-même; il n'y naît point d'un arrangement de scènes; l'auteur ne l'y porte pas, il l'y trouve; et de ce pur sentiment qu'il flatte naissent les douces larmes qu'il fait couler.

[1] C'est du beau moral qu'il est ici question. Quoi qu'en disent les philosophes, cet amour est inné dans l'homme, et sert de principe à la conscience. Je puis citer en exemple de cela la petite pièce de *Nanine*, qui a fait murmurer l'assemblée, et ne s'est soutenue que par la grande réputation de l'auteur; et cela parce que l'honneur, la vertu, les purs sentiments de la nature, y sont préférés à l'impertinent préjugé des conditions.

Imaginez la comédie aussi parfaite qu'il vous plaira ; où est celui qui, s'y rendant pour la première fois, n'y va pas déjà convaincu de ce qu'on y prouve, et déjà prévenu pour ceux qu'on y fait aimer? Mais ce n'est pas de cela qu'il est question, c'est d'agir conséquemment à ses principes et d'imiter les gens qu'on estime. Le cœur de l'homme est toujours droit sur tout ce qui ne se rapporte pas personnellement à lui. Dans les querelles dont nous sommes purement spectateurs, nous prenons à l'instant le parti de la justice, et il n'y a point d'acte de méchanceté qui ne nous donne une vive indignation, tant que nous n'en tirons aucun profit: mais, quand notre intérêt s'y mêle, bientôt nos sentiments se corrompent, et c'est alors seulement que nous préférons le mal qui nous est utile au bien que nous fait aimer la nature. N'est-ce pas un effet nécessaire de la constitution des choses, que le méchant tire un double avantage de son injustice et de la probité d'autrui? Quel traité plus avantageux pourroit-il faire, que d'obliger le monde entier d'être juste, excepté lui seul, en sorte que chacun lui rendît fidèlement ce qui lui est dû, et qu'il ne rendît ce qu'il doit à personne? Il aime la vertu, sans doute; mais il l'aime dans les autres, parce qu'il espère en profiter; il n'en veut point pour lui, parce qu'elle lui seroit coûteuse. Que va-t-il donc voir au spectacle? Précisément ce qu'il voudroit trouver partout; des leçons de vertu pour le public, dont il s'excepte, et des gens immolant tout à leur devoir, tandis qu'on n'exige rien de lui.

J'entends dire que la tragédie mène à la pitié par la terreur, soit. Mais quelle est cette pitié? Une émotion passagère et vaine, qui ne dure pas plus que l'illusion qui l'a produite; un reste de sentiment naturel étouffé bientôt par les passions, une pitié stérile, qui se repaît de quelques larmes, et n'a jamais produit le moindre acte d'humanité. Ainsi pleuroit le sanguinaire Sylla au récit des maux qu'il n'avoit pas faits lui-même : ainsi se cachoit le tyran de Phère au spectacle, de peur qu'on ne le vît gémir avec Andromaque et Priam [1], tandis qu'il écoutoit sans émotion les cris de tant d'infortunés qu'on égorgeoit tous les jours par ses ordres. Tacite rapporte [2] que Valérius-Asiaticus, accusé calomnieusement par l'ordre de Messaline qui vouloit le faire périr, se défendit par-devant l'empereur d'une manière qui toucha extrêmement ce prince et arracha des larmes à Messaline elle-même. Elle entra dans une chambre voisine pour se remettre, après avoir, tout en pleurant, averti Vitellius à l'oreille de ne pas laisser échapper l'accusé. Je ne vois pas au spectacle une de ces pleureuses de loges si fières de leurs larmes, que je ne

---

[1] * PLUTARQUE, *de la Fortune d'Alexandre*, II, § 2. Voyez le même trait dans Montaigne, liv. II, chap. 27.

[2] * Annal. XI, 2.

songe à celles de Messaline pour ce pauvre Valérius-Asiaticus.

Si, selon la remarque de Diogène-Laërce, le cœur s'attendrit plus volontiers à des maux feints qu'à des maux véritables ; si les imitations du théâtre nous arrachent quelquefois plus de pleurs que ne feroit la présence même des objets imités, c'est moins, comme le pense l'abbé Du Bos, parce que les émotions sont plus foibles et ne vont pas jusqu'à la douleur [1], que parce qu'elles sont pures et sans mélange d'inquiétude pour nous-mêmes. En donnant des pleurs à ces fictions, nous avons satisfait à tous les droits de l'humanité, sans avoir plus rien à mettre du nôtre ; au lieu que les infortunés en personne exigeroient de nous des soins, des soulagements, des consolations, des travaux, qui pourroient nous associer à leurs peines, qui coûteroient du moins à notre indolence, et dont nous sommes bien aises d'être exemptés. On diroit que notre cœur se resserre, de peur de s'attendrir à nos dépens.

Au fond, quand un homme est allé admirer de belles actions dans des fables et pleurer des mal-

[1] Il dit que le poète ne nous afflige qu'autant que nous le voulons ; qu'il ne nous fait aimer ses héros qu'autant qu'il nous plaît. Cela est contre toute expérience. Plusieurs s'abstiennent d'aller à la tragédie, parce qu'ils en sont émus au point d'en être incommodés ; d'autres, honteux de pleurer au spectacle, y pleurent pourtant malgré eux ; et ces effets ne sont pas assez rares pour n'être qu'une exception à la maxime de cet auteur.

heurs imaginaires, qu'a t-on encore à exiger de lui? N'est-il pas content de lui-même? Ne s'applaudit-il pas de sa belle ame? ne s'est-il pas acquitté de tout ce qu'il doit à la vertu par l'hommage qu'il vient de lui rendre? Que voudroit-on qu'il fît de plus? Qu'il la pratiquât lui même? il n'a point de rôle à jouer : il n'est pas comédien.

Plus j'y réfléchis, et plus je trouve que tout ce qu'on met en représentation au théâtre, on ne l'approche pas de nous, on l'en éloigne. Quand je vois *le Comte d'Essex,* le règne d'Élisabeth se recule, à mes yeux, de dix siècles; et si l'on jouoit un événement arrivé hier dans Paris, on me le feroit supposer du temps de Molière. Le théâtre a ses règles, ses maximes, sa morale à part, ainsi que son langage et ses vêtements. On se dit bien que rien de tout cela ne nous convient, et l'on se croiroit aussi ridicule d'adopter les vertus de ses héros, que de parler en vers et d'endosser un habit à la romaine. Voilà donc à peu près à quoi servent tous ces grands sentiments et toutes ces brillantes maximes qu'on vante avec tant d'emphase; à les reléguer à jamais sur la scène, et à nous montrer la vertu comme un jeu de théâtre, bon pour amuser le public, mais qu'il y auroit de la folie à vouloir transporter sérieusement dans la société. Ainsi la plus avantageuse impression des meilleures tragédies est de réduire à quelques affections passagères, stériles, et sans effet, tous les devoirs de l'homme;

à nous faire applaudir de notre courage en louant celui des autres, de notre humanité en plaignant les maux que nous aurions pu guérir, de notre charité en disant au pauvre, Dieu vous assiste !

On peut, il est vrai, donner un appareil plus simple à la scène; et rapprocher dans la comédie le ton du théâtre de celui du monde : mais de cette manière on ne corrige pas les mœurs, on les peint; et un laid visage ne paroît point laid à celui qui le porte. Que si l'on veut les corriger par leur charge, on quitte la vraisemblance et la nature, et le tableau ne fait plus d'effet. La charge ne rend pas les objets haïssables, elle ne les rend que ridicules; et de là résulte un très-grand inconvénient, c'est qu'à force de craindre les ridicules, les vices n'effraient plus, et qu'on ne sauroit guérir les premiers sans fomenter les autres. Pourquoi, direz-vous, supposer cette opposition nécessaire? Pourquoi, monsieur? Parce que les bons ne tournent point les méchants en dérision, mais les écrasent de leur mépris, et que rien n'est moins plaisant et risible que l'indignation de la vertu. Le ridicule, au contraire, est l'arme favorite du vice. C'est par elle qu'attaquant dans le fond des cœurs le respect qu'on doit à la vertu, il éteint enfin l'amour qu'on lui porte.

Ainsi tout nous force d'abandonner cette vaine idée de perfection qu'on nous veut donner de la forme des spectacles, dirigés vers l'utilité publique.

C'est une erreur, disoit le grave Muralt, d'espérer qu'on y montre fidèlement les véritables rapports des choses : car, en général, le poète ne peut qu'altérer ces rapports pour les accommoder au goût du peuple. Dans le comique, il les diminue et les met au-dessous de l'homme ; dans le tragique, il les étend pour les rendre héroïques, et les met au-dessus de l'humanité. Ainsi jamais ils ne sont à sa mesure, et toujours nous voyons au théâtre d'autres êtres que nos semblables. J'ajouterai que cette différence est si vraie et si reconnue, qu'Aristote en fait une règle dans sa Poétique[1] : *Comœdia enim deteriores, tragœdia meliores quam nunc sunt, imitari conantur.* Ne voilà-t-il pas une imitation bien entendue, qui se propose pour objet ce qui n'est point, et laisse, entre le défaut et l'excès, ce qui est comme une chose inutile ? Mais qu'importe la vérité de l'imitation, pourvu que l'illusion y soit ? il ne s'agit que de piquer la curiosité du peuple. Ces productions d'esprit, comme la plupart des autres, n'ont pour but que les applaudissements. Quand l'auteur en reçoit et que les acteurs les partagent, la pièce est parvenue à son but, et l'on n'y cherche point d'autre utilité. Or, si le bien est nul, reste le mal ; et, comme celui-ci n'est pas douteux, la question me paroît décidée. Mais passons à quelques exemples qui puissent en rendre la solution plus sensible.

[1]* Chap. vi.

Je crois pouvoir avancer, comme une vérité facile à prouver, en conséquence des précédentes, que le théâtre françois, avec les défauts qui lui restent, est cependant à peu près aussi parfait qu'il peut l'être, soit pour l'agrément, soit pour l'utilité; et que ces deux avantages y sont dans un rapport qu'on ne peut troubler sans ôter à l'un plus qu'on ne donneroit à l'autre, ce qui rendroit ce même théâtre moins parfait encore. Ce n'est pas qu'un homme de génie ne puisse inventer un genre de pièces préférable à ceux qui sont établis : mais ce nouveau genre, ayant besoin pour se soutenir des talents de l'auteur, périra nécessairement avec lui; et ses successeurs, dépourvus des mêmes ressources, seront toujours forcés de revenir aux moyens communs d'intéresser et de plaire. Quels sont ces moyens parmi nous? Des actions célèbres, de grands noms, de grands crimes et de grandes vertus dans la tragédie; le comique et le plaisant dans la comédie; et toujours l'amour dans toutes deux [1]. Je demande quel profit les mœurs peuvent tirer de tout cela.

On me dira que, dans ces pièces, le crime est toujours puni, et la vertu toujours récompensée. Je réponds que, quand cela seroit, la plupart des

---

[1] Les Grecs n'avoient pas besoin de fonder sur l'amour le principal intérêt de leur tragédie, et ne l'y fondoient pas en effet. La nôtre, qui n'a pas la même ressource, ne sauroit se passer de cet intérêt. On verra dans la suite la raison de cette différence.

actions tragiques n'étant que de pures fables, des événements qu'on sait être de l'invention du poète, ne font pas une grande impression sur les spectateurs ; à force de leur montrer qu'on veut les instruire, on ne les instruit plus. Je réponds encore que ces punitions et ces récompenses s'opèrent toujours par des moyens si peu communs, qu'on n'attend rien de pareil dans le cours naturel des choses humaines. Enfin je réponds en niant le fait. Il n'est ni ne peut être généralement vrai : car cet objet n'étant point celui sur lequel les auteurs dirigent leurs pièces, ils doivent rarement l'atteindre, et souvent il seroit un obstacle au succès. Vice ou vertu, qu'importe, pourvu qu'on en impose par un air de grandeur? Aussi la scène françoise, sans contredit la plus parfaite, ou du moins la plus régulière qui ait encore existé, n'est-elle pas moins le triomphe des grands scélérats que des plus illustres héros : témoin Catilina, Mahomet, Atrée, et beaucoup d'autres.

Je comprends bien qu'il ne faut pas toujours regarder à la catastrophe pour juger de l'effet moral d'une tragédie, et qu'à cet égard l'objet est rempli quand on s'intéresse pour l'infortuné vertueux plus que pour l'heureux coupable, ce qui n'empêche point qu'alors la prétendue règle ne soit violée. Comme il n'y a personne qui n'aimât mieux être Britannicus que Néron, je conviens qu'on doit compter en ceci pour bonne la pièce qui les représente, quoique Britannicus y périsse. Mais, par le même principe, quel jugement porterons-nous d'une tragédie où, bien que les criminels soient punis, ils nous sont présentés sous un aspect si favorable, que tout l'intérêt est pour eux; où Caton, le plus grand des humains, fait le rôle d'un pédant; où Cicéron, le sauveur de la république, Cicéron, de tous ceux qui portèrent le nom de pères de la patrie le premier qui en fut honoré et le seul qui le mérita, nous est montré comme un vil rhéteur, un lâche; tandis que l'infâme Catilina, couvert de crimes qu'on n'oseroit nommer, près d'égorger tous ses magistrats et de réduire sa patrie en cendres, fait le rôle d'un grand homme, et réunit par ses talents, sa fermeté, son courage, toute l'estime des spectateurs? Qu'il eût, si l'on veut, une ame forte; en étoit-il moins un scélérat détestable? et falloit-il donner aux forfaits d'un brigand le coloris des exploits d'un héros? A quoi donc aboutit la morale d'une pareille pièce, si ce n'est à encourager des Catilina, et à donner aux méchants habiles le prix de l'estime publique due aux gens de bien? Mais tel est le goût qu'il faut flatter sur la scène; telles sont les mœurs d'un siècle instruit. Le savoir, l'esprit, le courage, ont seuls notre admiration, et toi, douce et modeste vertu, tu restes toujours sans honneurs! Aveugles que nous sommes au milieu de tant de lumières! victimes de nos applaudissements insensés, n'apprendrons-nous jamais combien mérite de mépris et de haine tout homme qui abuse, pour le malheur du genre humain, du génie et des talents que lui donna la nature !

Atrée et *Mahomet* n'ont pas même la foible ressource du dénouement. Le monstre qui sert de héros à chacune de ces deux pièces achève paisiblement ses forfaits, en jouit; et l'un des deux le dit en propres termes au dernier vers de la tragédie :

Et je jouis enfin du prix de mes forfaits.

Je veux bien supposer que les spectateurs, renvoyés avec cette belle maxime, n'en concluront pas que le crime a donc un prix de plaisir et de jouissance ; mais je demande enfin de quoi leur aura profité la pièce où cette maxime est mise en exemple.

Quant à *Mahomet*, le défaut d'attacher l'admiration publique au coupable y seroit d'autant plus grand, que celui-ci a bien un autre coloris, si l'auteur n'avoit eu soin de porter sur un second personnage un intérêt de respect et de vénération capable d'effacer ou de balancer au moins la terreur et l'étonnement que Mahomet inspire. La scène surtout qu'ils ont ensemble est conduite avec tant d'art, que Mahomet, sans se démentir, sans rien perdre de la supériorité qui lui est propre, est pourtant éclipsé par le simple bon sens et l'intrépide vertu de Zopire¹. Il falloit un auteur qui sentît bien sa force pour oser mettre vis-à-vis l'un de l'autre deux pareils interlocuteurs. Je n'ai jamais ouï faire de cette scène en particulier tout l'éloge dont elle me paroît digne ; mais je n'en connois pas une au théâtre françois où la main d'un grand maître soit plus sensiblement empreinte, et où le sacré caractère de la vertu l'emporte plus sensiblement sur l'élévation du génie.

Une autre considération qui tend à justifier cette pièce, c'est qu'il n'est pas seulement question d'étaler des forfaits, mais les forfaits du fanatisme en particulier, pour apprendre au peuple à le connoître et s'en défendre. Par malheur, de pareils soins sont très-inutiles, et ne sont pas toujours sans danger. Le fanatisme n'est pas une er-

---

¹ Je me souviens d'avoir trouvé dans Omar plus de chaleur et d'élévation vis-à-vis de Zopire, que dans Mahomet lui-même ; et je prenois cela pour un défaut. En y pensant mieux, j'ai changé d'opinion. Omar, emporté par son fanatisme, ne doit parler de son maître qu'avec cet enthousiasme de zèle et d'admiration qui l'élève au-dessus de l'humanité. Mais Mahomet n'est pas fanatique ; c'est un fourbe qui, sachant bien qu'il n'est pas question de faire l'inspiré vis-à-vis de Zopire, cherche à le gagner par une confiance affectée et par des motifs d'ambition. Ce ton de raison doit le rendre moins brillant qu'Omar, par cela même qu'il est plus grand et qu'il sait mieux discerner les hommes. Lui-même dit ou fait entendre tout cela dans la scène. C'étoit donc ma faute si je ne l'avois pas senti. Mais voilà ce qui nous arrive à nous autres petits auteurs : en voulant censurer les écrits de nos maîtres, notre étourderie nous y fait relever mille fautes qui sont des beautés pour les hommes de jugement.

reur, mais une fureur aveugle et stupide que la raison ne retient jamais. L'unique secret pour l'empêcher de naître est de contenir ceux qui l'excitent. Vous avez beau démontrer à des fous que leurs chefs les trompent, ils n'en sont pas moins ardents à les suivre. Que si le fanatisme existe une fois, je ne vois encore qu'un seul moyen d'arrêter son progrès ; c'est d'employer contre lui ses propres armes. Il ne s'agit ni de raisonner ni de convaincre ; il faut laisser là la philosophie, fermer les livres, prendre le glaive et punir les fourbes. De plus, je crains bien, par rapport à Mahomet, qu'aux yeux des spectateurs sa grandeur d'ame ne diminue beaucoup l'atrocité de ses crimes ; et qu'une pareille pièce, jouée devant des gens en état de choisir, ne fît plus de Mahomet que de Zopire. Ce qu'il y a du moins de bien sûr c'est que de pareils exemples ne sont guère encourageants pour la vertu.

Le noir Atrée n'a aucune de ces excuses, l'horreur qu'il inspire est à pure perte ; il ne nous apprend rien qu'à frémir de son crime, et, quoiqu'il ne soit grand que par sa fureur, il n'y a pas dans toute la pièce un seul personnage en état par son caractère, de partager avec lui l'attention publique : car, quant au doucereux Plisthène, je ne sais comment on l'a pu supporter dans une pareille tragédie. Sénèque n'a point mis d'amour dans la sienne : et puisque l'auteur moderne a pu se résoudre à l'imiter dans tout le reste, il auroit bien dû l'imiter encore en cela. Assurément il faut avoir un cœur bien flexible pour souffrir des entretiens galants à côté des scènes d'Atrée.

Avant de finir sur cette pièce, je ne puis m'empêcher d'y remarquer un mérite qui semblera peut-être un défaut à bien des gens. Le rôle de Thyeste est peut-être de tous ceux qu'on a mis sur notre théâtre le plus sentant le goût antique. Ce n'est point un héros courageux, ce n'est point un modèle de vertu; on ne peut pas dire non plus que ce soit un scélérat[1] : c'est un homme foible, et pourtant intéressant, par cela seul qu'il est homme et malheureux. Il me semble aussi que, par cela seul, le sentiment qu'il excite est extrêmement tendre et touchant; car cet homme tient de bien près à chacun de nous, au lieu que l'héroïsme nous accable encore plus qu'il ne nous touche, parce qu'après tout nous n'y avons que faire. Ne seroit-il pas à désirer que nos sublimes auteurs daignassent descendre un peu de leur continuelle élévation, et nous attendrir quelquefois pour la simple humanité souffrante, de peur que, n'ayant de la pitié que pour des héros malheureux, nous n'en ayons jamais pour personne? Les

---

[1] La preuve de cela c'est qu'il intéresse. Quant à la faute dont il est puni, elle est ancienne, elle est trop expiée; et puis c'est peu de chose pour un méchant de théâtre, qu'on ne tient point pour tel, s'il ne fait frémir d'horreur.

anciens avoient des héros, et mettoient des hommes sur leurs théâtres; nous, au contraire, nous n'y mettons que des héros, et à peine avons-nous des hommes. Les anciens parloient de l'humanité en phrases moins apprêtées; mais ils savoient mieux l'exercer. On pourroit appliquer à eux et à nous un trait rapporté par Plutarque [1], et que je ne puis m'empêcher de transcrire. Un vieillard d'Athènes cherchoit place au spectacle et n'en trouvoit point; de jeunes gens, le voyant en peine, lui firent signe de loin : il vint; mais ils se serrèrent et se moquèrent de lui. Le bon homme fit ainsi le tour du théâtre, fort embarrassé de sa personne et toujours hué de la belle jeunesse. Les ambassadeurs de Sparte s'en aperçurent, et, se levant à l'instant, placèrent honorablement le vieillard au milieu d'eux. Cette action fut remarquée de tout le spectacle, et applaudie d'un battement de mains universel. *Eh! que de maux!* s'écria le bon vieillard d'un ton de douleur : *les Athéniens savent ce qui est honnête, mais les Lacédémoniens le pratiquent.* Voilà la philosophie moderne et les mœurs anciennes. Je reviens à mon sujet. Qu'apprend-on dans *Phèdre* et dans *OEdipe*, sinon que l'homme n'est pas libre, et que le ciel le punit des crimes qu'il lui fait commettre? Qu'apprend-on dans *Médée*, si ce n'est jusqu'où la fureur de la jalousie peut rendre une mère cruelle et dénatu-

---

[1] * Dicts notables des Lacédémoniens, § 69.

rée? Suivez la plupart des pièces du Théâtre-François; vous trouverez presque dans toutes des monstres abominables et des actions atroces, utiles, si l'on veut, à donner de l'intérêt aux pièces et de l'exercice aux vertus, mais dangereuses certainement en ce qu'elles accoutument les yeux du peuple à des horreurs qu'il ne devroit pas même connoître, et à des forfaits qu'il ne devroit pas supposer possibles. Il n'est pas même vrai que le meurtre et le parricide y soient toujours odieux. A la faveur de je ne sais quelles commodes suppositions, on les rend permis, ou pardonnables. On a peine à ne pas excuser Phèdre incestueuse et versant le sang innocent : Syphax empoisonnant sa femme, le jeune Horace poignardant sa sœur, Agamemnon immolant sa fille, Oreste égorgeant sa mère, ne laissent pas d'être des personnages intéressants. Ajoutez que l'auteur, pour faire parler chacun selon son caractère, est forcé de mettre dans la bouche des méchants leurs maximes et leurs principes, revêtus de tout l'éclat des beaux vers et débités d'un ton imposant et sentencieux, pour l'instruction du parterre.

Si les Grecs supportoient de pareils spectacles, c'étoit comme leur représentant des antiquités nationales qui couroient de tout temps parmi le peuple, qu'ils avoient leurs raisons pour se rappeler sans cesse, et dont l'odieux même entroit dans leurs vues. Dénuée des mêmes motifs et du même intérêt, comment la même tragédie peut-elle trouver parmi vous des spectateurs capables de soutenir les tableaux qu'elle leur présente, et les personnages qu'elle y fait agir? L'un tue son père, épouse sa mère, et se trouve le frère de ses enfants; un autre force un fils d'égorger son père; un troisième fait boire au père le sang de son fils. On frissonne à la seule idée des horreurs dont on pare la scène françoise pour l'amusement du peuple le plus doux et le plus humain qui soit sur la terre. Non..... je le soutiens, et j'en atteste l'effroi des lecteurs; les massacres des gladiateurs n'étoient pas si barbares que ces affreux spectacles. On voyoit couler du sang, il est vrai; mais on ne souilloit pas son imagination de crimes qui font frémir la nature.

Heureusement la tragédie, telle qu'elle existe, est si loin de nous, elle nous présente des êtres si gigantesques, si boursouflés, si chimériques, que l'exemple de leurs vices n'est guère plus contagieux que celui de leurs vertus n'est utile, et qu'à proportion qu'elle veut moins nous instruire, elle nous fait aussi moins de mal. Mais il n'en est pas ainsi de la comédie, dont les mœurs ont avec les nôtres un rapport plus immédiat, et dont les personnages ressemblent mieux à des hommes. Tout en est mauvais et pernicieux, tout tire à conséquence pour les spectateurs; et le plaisir même du comique étant fondé sur un vice du cœur humain, c'est une suite de ce principe que plus la comédie est agréable et parfaite, plus son effet est funeste aux mœurs. Mais, sans répéter ce que j'ai déjà dit de sa nature, je me contenterai d'en faire ici l'application, et de jeter un coup d'œil sur votre théâtre comique.

Prenons-le dans sa perfection, c'est-à-dire à sa naissance. On convient, et on le sentira chaque jour davantage, que Molière est le plus parfait auteur comique dont les ouvrages nous soient connus : mais qui peut disconvenir aussi que le théâtre de ce même Molière, des talents duquel je suis plus l'admirateur que personne, ne soit une école de vices et de mauvaises mœurs, plus dangereuse que les livres mêmes où l'on fait profession de les enseigner ? Son plus grand soin est de tourner la bonté et la simplicité en ridicule, et de mettre la ruse et le mensonge du parti pour lequel on prend intérêt : ses honnêtes gens ne sont que des gens qui parlent ; ses vicieux sont des gens qui agissent, et que les plus brillants succès favorisent le plus souvent : enfin l'honneur des applaudissements, rarement pour le plus estimable, est presque toujours pour le plus adroit.

Examinez le comique de cet auteur : partout vous trouverez que les vices de caractère en sont l'instrument, et les défauts naturels le sujet ; que la malice de l'un punit la simplicité de l'autre, et que les sots sont les victimes des méchants : ce qui, pour n'être que trop vrai dans le monde, n'en vaut pas mieux à mettre au théâtre avec un air d'approbation, comme pour exciter les ames perfides à punir, sous le nom de sottise, la candeur des honnêtes gens.

Dat veniam corvis, vexat censura columbas ¹.

Voilà l'esprit général de Molière et de ses imitateurs. Ce sont des gens qui, tout au plus, raillent quelquefois les vices, sans jamais faire aimer la vertu; de ces gens, disoit un ancien, qui savent bien moucher la lampe, mais qui n'y mettent jamais d'huile.

Voyez comment, pour multiplier ses plaisanteries, cet homme trouble tout l'ordre de la société; avec quel scandale il renverse tous les rapports les plus sacrés sur lesquels elle est fondée, comment il tourne en dérision les respectables droits des pères sur leurs enfants, des maris sur leurs femmes, des maîtres sur leurs serviteurs! Il fait rire, il est vrai, et n'en devient que plus coupable, en forçant, par un charme invincible, les sages mêmes de se prêter à des railleries qui devroient attirer leur indignation. J'entends dire qu'il attaque les vices; mais je voudrois bien que l'on comparât ceux qu'il attaque avec ceux qu'il favorise. Quel est le plus blâmable d'un bourgeois sans esprit et vain qui fait sottement le gentilhomme, ou du gentilhomme fripon qui le dupe? Dans la pièce dont je parle, ce dernier n'est-il pas l'honnête homme?

¹ * Juven. Sat. ii, v. 63.

n'a-t-il pas pour lui l'intérêt? et le public n'applaudit-il pas à tous les tours qu'il fait à l'autre? Quel est le plus criminel d'un paysan assez fou pour épouser une demoiselle, ou d'une femme qui cherche à déshonorer son époux? Que penser d'une pièce où le parterre applaudit à l'infidélité, au mensonge, à l'impudence de celle-ci, et rit de la bêtise du manant puni? C'est un grand vice d'être avare et de prêter à usure; mais n'en est-ce pas un plus grand encore à un fils de voler son père, de lui manquer de respect, de lui faire mille insultants reproches, et, quand ce père irrité lui donne sa malédiction, de répondre d'un air goguenard qu'il n'a que faire de ses dons? Si la plaisanterie est excellente, en est-elle moins punissable? et la pièce où l'on fait aimer le fils insolent qui l'a faite, en est-elle moins une école de mauvaises mœurs?

Je ne m'arrêterai point à parler des valets. Ils sont condamnés par tout le monde [1]; et il seroit d'autant moins juste d'imputer à Molière les erreurs de ses modèles et de son siècle, qu'il s'en est corrigé lui-même. Ne nous prévalons ni des irré-

---

[1] Je ne décide pas s'il faut en effet les condamner. Il se peut que les valets ne soient plus que les instruments des méchancetés des maîtres, depuis que ceux-ci leur ont ôté l'honneur de l'invention. Cependant je douterois qu'en ceci l'image trop naïve de la société fût bonne au théâtre. Supposé qu'il faille quelques fourberies dans les pièces, je ne sais s'il ne vaudroit pas mieux que les valets seuls en fussent chargés, et que les honnêtes gens fussent aussi des gens honnêtes au moins sur la scène.

gularités qui peuvent se trouver dans les ouvrages de sa jeunesse, ni de ce qu'il y a de moins bien dans ses autres pièces, et passons tout d'un coup à celle qu'on reconnoît unanimement pour son chef-d'œuvre; je veux dire *le Misanthrope*.

Je trouve que cette comédie nous découvre mieux qu'aucune autre la véritable vue dans laquelle Molière a composé son théâtre, et nous peut mieux faire juger de ses vrais effets. Ayant à plaire au public, il a consulté le goût le plus général de ceux qui le composent : sur ce goût il s'est formé un modèle, et sur ce modèle un tableau des défauts contraires, dans lequel il a pris ses caractères comiques, et dont il a distribué les divers traits dans ses pièces. Il n'a donc point prétendu former un honnête homme, mais un homme du monde, par conséquent il n'a point voulu corriger les vices, mais les ridicules; et, comme j'ai déjà dit, il a trouvé dans le vice même un instrument très-propre à y réussir. Ainsi, voulant exposer à la risée publique tous les défauts opposés aux qualités de l'homme aimable, de l'homme de société, après avoir joué tant d'autres ridicules, il lui restoit à jouer celui que le monde pardonne le moins, le ridicule de la vertu : c'est ce qu'il a fait dans *le Misanthrope*.

Vous ne sauriez me nier deux choses : l'une, qu'Alceste, dans cette pièce, est un homme droit, sincère, estimable, un véritable homme de bien;

l'autre, que l'auteur lui donne un personnage ridicule. C'en est assez, ce me semble, pour rendre Molière inexcusable. On pourroit dire qu'il a joué dans Alceste, non la vertu, mais un véritable défaut, qui est la haine des hommes. A cela je réponds qu'il n'est pas vrai qu'il ait donné cette haine à son personnage : il ne faut pas que ce nom de misanthrope en impose, comme si celui qui le porte étoit ennemi du genre humain. Une pareille haine ne seroit pas un défaut, mais une dépravation de la nature et le plus grand de tous les vices. Le vrai misanthrope est un monstre. S'il pouvoit exister, il ne feroit pas rire, il feroit horreur. Vous pouvez avoir vu à la Comédie italienne une pièce intitulée *la Vie est un songe*. Si vous vous rappelez le héros de cette pièce, voilà le vrai misanthrope[1].

Qu'est-ce donc que le misanthrope de Molière ? Un homme de bien qui déteste les mœurs de son siècle et la méchanceté de ses contemporains; qui, précisément parce qu'il aime ses semblables, hait en eux les maux qu'ils se font réciproquement et les vices dont ces maux sont l'ouvrage. S'il étoit moins touché des erreurs de l'humanité, moins indigné des iniquités qu'il voit, seroit-il plus hu-

---

[1] *On ignore le nom de l'auteur italien de cette pièce représentée en 1717, et qui a été imprimée (*Paris*, Coustelier, 1718) avec une traduction françoise en regard par Gueullette. Boissy en a fait une imitation sous le même titre, en trois actes et en vers, représentée en 1732, et qui fait partie du recueil de ses Œuvres en 9 vol. in-8°.

main lui-même? Autant vaudroit soutenir qu'un tendre père aime mieux les enfants d'autrui que les siens, parce qu'il s'irrite des fautes de ceux-ci, et ne dit jamais rien aux autres.

Ces sentiments du misanthrope sont parfaitement développés dans son rôle. Il dit, je l'avoue, qu'il a conçu une haine effroyable contre le genre humain. Mais en quelle occasion le dit-il [1]? Quand, outré d'avoir vu son ami trahir lâchement son sentiment et tromper l'homme qui le lui demande, il s'en voit encore plaisanter lui-même au plus fort de sa colère. Il est naturel que cette colère dégénère en emportement et lui fasse dire alors plus qu'il ne pense de sang froid. D'ailleurs la raison qu'il rend de cette haine universelle en justifie pleinement la cause :

> Les uns parce qu'ils sont méchants,
> Et les autres pour être aux méchants complaisants.

Ce n'est donc pas des hommes qu'il est ennemi, mais de la méchanceté des uns et du support que cette méchanceté trouve dans les autres. S'il n'y avoit ni fripons ni flatteurs, il aimeroit tout le genre

---

[1] J'avertis qu'étant sans livres, sans mémoire, et n'ayant pour tous matériaux qu'un confus souvenir des observations que j'ai faites autrefois au spectacle, je puis me tromper dans mes citations, et renverser l'ordre des pièces. Mais quand mes exemples seroient peu justes, mes raisons ne le seroient pas moins, attendu qu'elles ne sont point tirées de telle ou telle pièce, mais de l'esprit général du théâtre, que j'ai bien étudié.

humain. Il n'y a pas un homme de bien qui ne soit misanthrope en ce sens ; ou plutôt les vrais misanthropes sont ceux qui ne pensent pas ainsi ; car, au fond, je ne connois point de plus grand ennemi des hommes que l'ami de tout le monde, qui, toujours charmé de tout, encourage incessamment les méchants, et flatte, par sa coupable complaisance, les vices d'où naissent tous les désordres de la société.

Une preuve bien sûre qu'Alceste n'est point misanthrope à la lettre, c'est qu'avec ses brusqueries et ses incartades il ne laisse pas d'intéresser et de plaire. Les spectateurs ne voudroient pas à la vérité lui ressembler, parce que tant de droiture est fort incommode ; mais aucun d'eux ne seroit fâché d'avoir affaire à quelqu'un qui lui ressemblât : ce qui n'arriveroit pas s'il étoit l'ennemi déclaré des hommes. Dans toutes les autres pièces de Molière, le personnage ridicule est toujours haïssable ou méprisable. Dans celle-là, quoique Alceste ait des défauts réels dont on n'a pas tort de rire, on sent pourtant au fond du cœur un respect pour lui dont on ne peut se défendre. En cette occasion, la force de la vertu l'emporte sur l'art de l'auteur et fait honneur à son caractère. Quoique Molière fît des pièces répréhensibles, il étoit personnellement honnête homme ; et jamais le pinceau d'un honnête homme ne sut couvrir de couleurs odieuses les traits de la droiture et de la probité. Il y a plus :

Molière a mis dans la bouche d'Alceste un si grand nombre de ses propres maximes, que plusieurs ont cru qu'il s'étoit voulu peindre lui-même. Cela parut dans le dépit qu'eut le parterre à la première représentation, de n'avoir pas été, sur le sonnet, de l'avis du misanthrope : car on vit bien que c'étoit celui de l'auteur.

Cependant ce caractère si vertueux est présenté comme ridicule. Il l'est, en effet, à certains égards; et ce qui démontre que l'intention du poète est bien de le rendre tel, c'est celui de l'ami Philinte, qu'il met en opposition avec le sien. Ce Philinte est le sage de la pièce; un de ces honnêtes gens du grand monde dont les maximes ressemblent beaucoup à celles des fripons; de ces gens si doux, si modérés, qui trouvent toujours que tout va bien, parce qu'ils ont intérêt que rien n'aille mieux; qui sont toujours contents de tout le monde, parce qu'ils ne se soucient de personne; qui, autour d'une bonne table, soutiennent qu'il n'est pas vrai que le peuple ait faim; qui, le gousset bien garni, trouvent fort mauvais qu'on déclame en faveur des pauvres; qui, de leur maison bien fermée, verroient voler, piller, égorger, massacrer tout le genre humain sans se plaindre, attendu que Dieu les a doués d'une douceur très-méritoire à supporter les malheurs d'autrui.

On voit bien que le flegme raisonneur de celui-ci est très-propre à redoubler et faire sortir d'une manière comique les emportements de l'autre : et le tort de Molière n'est pas d'avoir fait du misanthrope un homme colère et bilieux, mais de lui avoir donné des fureurs puériles sur des sujets qui ne devoient pas l'émouvoir. Le caractère du misanthrope n'est pas à la disposition du poète; il est déterminé par la nature de sa passion dominante. Cette passion est une violente haine du vice, née d'un amour ardent pour la vertu, et aigrie par le spectacle continuel de la méchanceté des hommes. Il n'y a donc qu'une ame grande et noble qui en soit susceptible. L'horreur et le mépris qu'y nourrit cette même passion pour tous les vices qui l'ont irritée sert encore à les écarter du cœur qu'elle agite. De plus, cette contemplation continuelle des désordres de la société le détache de lui-même pour fixer toute son attention sur le genre humain. Cette habitude élève, agrandit ses idées, détruit en lui les inclinations basses qui nourrissent et concentrent l'amour-propre; et de ce concours naît une certaine force de courage, une fierté de caractère qui ne laisse prise au fond de son ame qu'à des sentiments dignes de l'occuper.

Ce n'est pas que l'homme ne soit toujours homme; que la passion ne le rende souvent foible, injuste, déraisonnable; qu'il n'épie peut-être les motifs cachés des actions des autres avec un secret plaisir d'y voir la corruption de leurs cœurs; qu'un petit mal ne lui donne souvent une grande colère, et qu'en l'irritant à dessein un méchant adroit ne pût parvenir à le faire passer pour méchant lui-même : mais il n'en est pas moins vrai que tous moyens ne sont pas bons à produire ces effets, et qu'ils doivent être assortis à son caractère pour le mettre en jeu, sans quoi, c'est substituer un autre homme au misanthrope, et nous le peindre avec des traits qui ne sont pas les siens.

Voilà donc de quel côté le caractère du misanthrope doit porter ses défauts; et voilà aussi de quoi Molière fait un usage admirable dans toutes les scènes d'Alceste avec son ami, où les froides maximes et les railleries de celui-ci, démontant l'autre à chaque instant, lui font dire mille impertinences très-bien placées : mais ce caractère âpre et dur, qui lui donne tant de fiel et d'aigreur dans l'occasion, l'éloigne en même temps de tout chagrin puéril qui n'a nul fondement raisonnable, et de tout intérêt personnel trop vif, dont il ne doit nullement être susceptible. Qu'il s'emporte sur tous les désordres dont il n'est que le témoin, ce sont toujours de nouveaux traits au tableau; mais qu'il soit froid sur celui qui s'adresse directement à lui : car, ayant déclaré la guerre aux méchants, il s'attend bien qu'ils la lui feront à leur tour. S'il n'avoit pas prévu le mal que lui fera sa franchise, elle seroit une étourderie et non pas une vertu. Qu'une femme fausse le trahisse, que d'indignes amis le déshonorent, que de foibles amis l'abandonnent, il doit le souffrir sans en murmurer : il connoît les hommes.

Si ces distinctions sont justes, Molière a mal saisi le misanthrope. Pense-t-on que ce soit par erreur? Non, sans doute. Mais voilà par où le désir de faire rire aux dépens du personnage l'a forcé de le dégrader contre la vérité du caractère.

Après l'aventure du sonnet, comment Alceste ne s'attend-il point aux mauvais procédés d'Oronte? Peut-il en être étonné quand on l'en instruit, comme si c'étoit la première fois de sa vie qu'il eût été sincère, ou la première fois que sa sincérité lui eût fait un ennemi? Ne doit-il pas se préparer tranquillement à la perte de son procès, loin d'en marquer d'avance un dépit d'enfant?

> Ce sont vingt mille francs qu'il m'en pourra coûter;
> Mais pour vingt mille francs j'aurai droit de pester.

Un misanthrope n'a que faire d'acheter si cher le droit de pester, il n'a qu'à ouvrir les yeux; et il n'estime pas assez l'argent pour croire avoir acquis sur ce point un nouveau droit par la perte d'un procès. Mais il falloit faire rire le parterre.

Dans la scène avec Dubois, plus Alceste a de sujet de s'impatienter, plus il doit rester flegmatique et froid, parce que l'étourderie du valet n'est pas un vice. Le misanthrope et l'homme emporté sont deux caractères très-différents : c'étoit là l'occasion de les distinguer. Molière ne l'ignoroit pas. Mais il falloit faire rire le parterre.

Au risque de faire rire aussi le lecteur à mes dépens, j'ose accuser cet auteur d'avoir manqué de très-grandes convenances, une très-grande vérité, et peut-être de nouvelles beautés de situation ; c'étoit de faire un tel changement à son plan, que Philinte entrât comme acteur nécessaire dans le nœud de sa pièce, en sorte qu'on pût mettre les actions de Philinte et d'Alceste dans une apparente opposition avec leurs principes, et dans une conformité parfaite avec leurs caractères. Je veux dire qu'il falloit que le misanthrope fût toujours furieux contre les vices publics, et toujours tranquille sur les méchancetés personnelles dont il étoit la victime. Au contraire, le philosophe Philinte devoit voir tous les désordres de la société avec un flegme stoïque, et se mettre en fureur au moindre mal qui s'adressoit directement à lui. En effet, j'observe que ces gens si paisibles sur les injustices publiques sont toujours ceux qui font le plus de bruit au moindre tort qu'on leur fait, et qu'ils ne gardent leur philosophie qu'aussi long-temps qu'ils n'en ont pas besoin pour eux-mêmes. Ils ressemblent à cet Irlandois qui ne vouloit pas sortir de son lit, quoique le feu fût à la maison. La maison brûle, lui crioit-on. Que m'importe? répondoit-il, je n'en suis que le locataire. A la fin le feu pénétra jusqu'à lui. Aussitôt il s'élance, il court, il crie, il s'agite; il commence à comprendre qu'il faut quelquefois prendre intérêt à la maison qu'on habite, quoiqu'elle ne nous appartienne pas.

Il me semble qu'en traitant les caractères en question sur cette idée, chacun des deux eût été plus vrai, plus théâtral, et que celui d'Alceste eût fait incomparablement plus d'effet : mais le parterre alors n'auroit pu rire qu'aux dépens de l'homme du monde; et l'intention de l'auteur étoit qu'on rît aux dépens du misanthrope [1].

Dans la même vue, il lui fait tenir quelquefois des propos d'humeur d'un goût tout contraire à celui qu'il lui donne. Telle est cette pointe de la scène du sonnet,

> La peste de ta chute, empoisonneur au diable !
> En eusses-tu fait une à te casser le nez !

pointe d'autant plus déplacée dans la bouche du misanthrope, qu'il vient d'en critiquer de plus

[1] Je ne doute point que, sur l'idée que je viens de proposer, un homme de génie ne pût faire un nouveau *Misanthrope*, non moins vrai, non moins naturel que l'Athénien, égal en mérite à celui de Molière, et sans comparaison plus instructif. Je ne vois qu'un inconvénient à cette nouvelle pièce, c'est qu'il seroit impossible qu'elle réussît : car, quoi qu'on dise, en choses qui déshonorent, nul ne rit de bon cœur à ses dépens. Nous voilà rentrés dans mes principes[*].

[*] C'est précisément cette idée de Rousseau sur un *nouveau misanthrope* à mettre en scène qu'a voulu réaliser Fabre d'Églantine, dans la pièce intitulée *Philinte*, ou *la Suite du Misanthrope*. Il y a suivi de point en point toutes ses indications, et l'on peut dire que les scènes les plus remarquables de cette comédie appartiennent à notre auteur. D'ailleurs l'assertion de Rousseau sur l'impossibilité de réussir dans la pièce dont il avoit ainsi tracé le plan, a été tout-à-fait démentie par l'événement; car le *Philinte* de Fabre, malgré ses nombreux défauts, a eu un très-grand succès, et est resté au théâtre. (*Note de M. Petitain.*)

supportables dans le sonnet d'Oronte; et il est bien étrange que celui qui la fait propose un instant après la chanson du *roi Henri* pour un modèle de goût. Il ne sert de rien de dire que ce mot échappe dans un moment de dépit; car le dépit ne dicte rien moins que des pointes; et Alceste, qui passe sa vie à gronder, doit avoir pris, même en grondant, un ton conforme à son tour d'esprit :

> Morbleu! vil complaisant! vous louez des sottises!

C'est ainsi que doit parler le misanthrope en colère. Jamais une pointe n'ira bien après cela. Mais il falloit faire rire le parterre ; et voilà comment on avilit la vertu.

Une chose assez remarquable, dans cette comédie, est que les charges étrangères que l'auteur a données au rôle du misanthrope l'ont forcé d'adoucir ce qui étoit essentiel au caractère. Ainsi, tandis que dans toutes ses autres pièces les caractères sont chargés pour faire plus d'effet, dans celle-ci seule les traits sont émoussés pour la rendre plus théâtrale. La même scène dont je viens de parler m'en fournit la preuve. On y voit Alceste tergiverser et user de détours pour dire son avis à Oronte. Ce n'est point là le misanthrope : c'est un honnête homme du monde qui se fait peine de tromper celui qui le consulte. La force du caractère vouloit qu'il lui dît brusquement, *Votre sonnet ne vaut rien*, *jetez-le au feu :* mais cela auroit ôté le comique qui naît de l'embarras du misanthrope et de ses *je ne dis pas cela* répétés, qui pourtant ne sont au fond que des mensonges. Si Philinte, à son exemple, lui eût dit en cet endroit, *Et que dis-tu donc, traître ?* qu'avoit-il à répliquer ? En vérité, ce n'est pas la peine de rester misanthrope pour ne l'être qu'à demi ; car, si l'on se permet le premier ménagement et la première altération de la vérité, où sera la raison suffisante pour s'arrêter jusqu'à ce qu'on devienne aussi faux qu'un homme de cour?

L'ami d'Alceste doit le connoître. Comment ose-t-il lui proposer de visiter des juges, c'est-à-dire, en termes honnêtes, de chercher à les corrompre? comment peut-il supposer qu'un homme, capable de renoncer même aux bienséances par amour pour la vertu, soit capable de manquer à ses devoirs par intérêt ? Solliciter un juge ! Il ne faut pas être misanthrope, il suffit d'être honnête homme pour n'en rien faire. Car enfin, quelque tour qu'on donne à la chose, ou celui qui sollicite un juge l'exhorte à remplir son devoir, et alors il lui fait une insulte, ou il lui propose une acception de personnes, et alors il le veut séduire, puisque toute acception de personnes est un crime dans un juge, qui doit connoître l'affaire et non les parties, et ne voir que l'ordre et la loi. Or je dis qu'engager un juge à faire une mauvaise action, c'est la faire soi-même ; et qu'il vaut mieux perdre une cause juste que de faire une mauvaise action. Cela est clair, net; il n'y a rien à répondre. La morale du monde a d'autres maximes, je ne l'ignore pas. Il me suffit de montrer que dans tout ce qui rendoit le misanthrope si ridicule, il ne faisoit que le devoir d'un homme de bien; et que son caractère étoit mal rempli d'avance, si son ami supposoit qu'il pût y manquer.

Si quelquefois l'habile auteur laisse agir ce caractère dans toute sa force, c'est seulement quand cette force rend la scène plus théâtrale, et produit un comique de contraste ou de situation plus sensible. Telle est, par exemple, l'humeur taciturne et silencieuse d'Alceste, et ensuite la censure intrépide et vivement apostrophée de la conversation chez la coquette :

Allons, ferme, poussez, mes bons amis de cour.

Ici l'auteur a marqué fortement la distinction du médisant et du misanthrope. Celui-ci, dans son fiel âcre et mordant, abhorre la calomnie et déteste la satire. Ce sont les vices publics, ce sont les méchants en général qu'il attaque. La basse et secrète médisance est indigne de lui, il la méprise et la hait dans les autres; et quand il dit du mal de quelqu'un, il commence par le lui dire en face. Aussi, durant toute la pièce, ne fait-il nulle part plus d'effet que dans cette scène, parce qu'il est là ce qu'il doit être, et que s'il fait rire le parterre, les honnêtes gens ne rougissent pas d'avoir ri.

Mais, en général, on ne peut nier que, si le misanthrope étoit plus misanthrope, il ne fût beaucoup moins plaisant, parce que sa franchise et sa fermeté, n'admettant jamais de détour, ne le laisseroient jamais dans l'embarras. Ce n'est donc pas par ménagement pour lui que l'auteur adoucit quelquefois son caractère, c'est au contraire pour le rendre plus ridicule. Une autre raison l'y oblige encore, c'est que le misanthrope de théâtre, ayant à parler de ce qu'il voit, doit vivre dans le monde, et par conséquent tempérer sa droiture et ses manières par quelques-uns de ces égards de mensonge et de fausseté qui composent la politesse, et que le monde exige de quiconque y veut être supporté. S'il s'y montroit autrement, ses discours ne feroient plus d'effet. L'intérêt de l'auteur est bien de le rendre ridicule, mais non pas fou; et c'est ce qu'il paroîtroit aux yeux du public, s'il étoit tout-à-fait sage.

On a peine à quitter cette admirable pièce quand on a commencé de s'en occuper; et, plus on y songe, plus on y découvre de nouvelles beautés. Mais enfin, puisqu'elle est, sans contredit, de toutes les comédies de Molière celle qui contient la meilleure et la plus saine morale, sur celle-là jugeons des autres; et convenons que, l'intention de l'auteur étant de plaire à des esprits corrompus, ou sa morale porte au mal, ou le faux bien qu'elle prêche est plus dangereux que le mal même; en ce qu'il séduit par une apparence de raison; en ce qu'il fait préférer l'usage et les maximes du monde à l'exacte probité; en ce qu'il fait consister la sagesse dans un certain milieu entre le vice et la vertu; en ce qu'au grand soulagement des spectateurs, il leur persuade que, pour être honnête homme, il suffit de n'être pas un franc scélérat.

J'aurois trop d'avantage si je voulois passer de l'examen de Molière à celui de ses successeurs, qui, n'ayant ni son génie ni sa probité, n'en ont que mieux suivi ses vues intéressées, en s'attachant à flatter une jeunesse débauchée et des femmes sans mœurs. Ce sont eux qui les premiers ont introduit ces grossières équivoques, non moins proscrites par le goût que par l'honnêteté, qui firent long-temps l'amusement des mauvaises compagnies, l'embarras des personnes modestes, et dont le meilleur ton, lent dans ses progrès, n'a pas encore purifié certaines provinces. D'autres auteurs, plus réservés dans leurs saillies, laissant les premiers amuser les femmes perdues, se chargèrent d'encourager les filous. Regnard, un des moins libres, n'est pas le moins dangereux [1]. C'est une

---

[1] * Ce texte est conforme à l'édition de Genève, 1782. Dans plusieurs éditions, on a suivi le texte de l'édition originale de 1758, où, après ces mots, « en s'attachant à flatter une jeunesse débau- « chée et des femmes sans mœurs, *on lit*, Je ne ferai pas à

chose incroyable qu'avec l'agrément de la police on joue publiquement au milieu de Paris une comédie où, dans l'appartement d'un oncle qu'on vient de voir expirer, son neveu, l'honnête homme de la pièce, s'occupe avec son digne cortége des soins que les lois paient de la corde; et qu'au lieu des larmes que la seule humanité fait verser en pareil cas aux indifférents mêmes, on égaie à l'envi de plaisanteries barbares le triste appareil de la mort. Les droits les plus sacrés, les plus touchants sentiments de la nature, sont joués dans cette odieuse scène. Les tours les plus punissables y sont rassemblés comme à plaisir avec un enjouement qui fait passer tout cela pour des gentillesses. Faux acte, supposition, vol, fourberie, mensonge, inhumanité, tout y est, et tout y est applaudi. Le mort s'étant avisé de renaître, au grand déplaisir de son cher neveu, et ne voulant point ratifier ce qui s'est fait en son nom, on trouve le moyen d'arracher son consentement de force, et tout se termine au gré des acteurs et des spectateurs qui, s'intéressant malgré eux à ces misérables, sortent de la pièce avec cet édifiant souvenir d'avoir été

« Dancourt l'honneur de parler de lui : ses pièces n'effarouchent
« pas par des termes obscènes, mais il faut n'avoir de chaste que
« les oreilles pour les pouvoir supporter. Regnard, plus modeste,
« n'est pas moins dangereux : laissant l'autre amuser les femmes
« perdues, il se charge, lui, d'encourager les filous. C'est une
« chose incroyable, etc. »

dans le fond de leur cœur complices des crimes qu'ils ont vu commettre.

Osons le dire sans détour : Qui de nous est assez sûr de lui pour supporter la représentation d'une pareille comédie sans être de moitié des tours qui s'y jouent? Qui ne seroit pas un peu fâché si le filou venoit à être surpris ou manquer son coup ? Qui ne devient pas un moment filou soi-même en s'intéressant pour lui ? Car s'intéresser pour quelqu'un, qu'est-ce autre chose que de se mettre à sa place? Belle instruction pour la jeunesse, que celle où les hommes faits ont bien de la peine à se garantir de la séduction du vice ! Est-ce à dire qu'il ne soit jamais permis d'exposer au théâtre des actions blâmables ? Non ; mais, en vérité, pour savoir mettre un fripon sur la scène, il faut un auteur bien honnête homme.

Ces défauts sont tellement inhérents à notre théâtre, qu'en voulant les en ôter on le défigure. Nos auteurs modernes, guidés par de meilleures intentions, font des pièces plus épurées; mais aussi qu'arrive-t-il? Qu'elles n'ont plus de vrai comique, et ne produisent aucun effet. Elles instruisent beaucoup, si l'on veut ; mais elles ennuient encore davantage. Autant vaudroit aller au sermon.

Dans cette décadence du théâtre, on se voit contraint d'y substituer aux véritables beautés éclipsées de petits agréments capables d'en imposer à la multitude. Ne sachant plus nourrir la force du comique et des caractères, on a renforcé l'intérêt de l'amour. On a fait la même chose dans la tragédie pour suppléer aux situations prises dans des intérêts d'état qu'on ne connoît plus, et aux sentiments naturels et simples qui ne touchent plus personne. Les auteurs concourent à l'envi, pour l'utilité publique, à donner une nouvelle énergie et un nouveau coloris à cette passion dangereuse; et, depuis Molière et Corneille, on ne voit plus réussir au théâtre que des romans sous le nom de pièces dramatiques.

L'amour est le règne des femmes. Ce sont elles qui nécessairement y donnent la loi; parce que, selon l'ordre de la nature, la résistance leur appartient, et que les hommes ne peuvent vaincre cette résistance qu'aux dépens de leur liberté. Un effet naturel de ces sortes de pièces est donc d'étendre l'empire du sexe, de rendre des femmes et de jeunes filles les précepteurs du public, et de leur donner sur les spectateurs le même pouvoir qu'elles ont sur leurs amants. Pensez-vous, monsieur, que cet ordre soit sans inconvénient, et qu'en augmentant avec tant de soin l'ascendant des femmes, les hommes en seront mieux gouvernés?

Il peut y avoir dans le monde quelques femmes dignes d'être écoutées d'un honnête homme; mais est-ce d'elles en général qu'il doit prendre conseil? et n'y auroit-il aucun moyen d'honorer leur sexe à moins d'avilir le nôtre? Le plus charmant objet de la nature, le plus capable d'émouvoir un cœur sensible et de le porter au bien, est, je l'avoue, une femme aimable et vertueuse ; mais cet objet céleste, où se cache-t-il ? N'est-il pas bien cruel de le contempler avec tant de plaisir au théâtre, pour en trouver de si différents dans la société ? Cependant le tableau séducteur fait son effet. L'enchantement causé par ces prodiges de sagesse tourne au profit des femmes sans honneur. Qu'un jeune homme n'ait vu le monde que sur la scène, le premier moyen qui s'offre à lui pour aller à la vertu est de chercher une maîtresse qui l'y conduise, espérant bien trouver une Constance [1] ou une Cénie [2] tout au moins. C'est ainsi que, sur la foi d'un modèle imaginaire, sur un air modeste et touchant, sur une douceur contrefaite, *nescius auræ fallacis*, le jeune insensé court se perdre en pensant devenir un sage.

Ceci me fournit l'occasion de proposer une es-

---

[1] * Personnage du *Fils naturel*, drame de Diderot.

[2] Ce n'est point par étourderie que je cite *Cénie* en cet endroit, quoique cette charmante pièce soit l'ouvrage d'une femme**; car, cherchant la vérité de bonne foi, je ne sais point déguiser ce qui fait contre mon sentiment; et ce n'est pas à une femme mais aux femmes que je refuse les talents des hommes. J'honore d'autant plus volontiers ceux de l'auteur de *Cénie* en particulier, qu'ayant à me plaindre de ses discours, je lui rends un hommage pur et désintéressé, comme tous les éloges sortis de ma plume.

** Madame de Graffigny.

pèce de problème. Les anciens avoient en général
un très-grand respect pour les femmes [1]; mais ils
marquoient ce respect en s'abstenant de les exposer au jugement du public, et croyoient honorer
leur modestie en se taisant sur leurs autres vertus.
Ils avoient pour maxime que le pays où les mœurs
étoient les plus pures étoit celui où l'on parloit le
moins des femmes, et que la femme la plus honnête étoit celle dont on parloit le moins. C'est sur
ce principe qu'un Spartiate, entendant un étranger
faire de magnifiques éloges d'une dame de sa connoissance, l'interrompit en colère : Ne cesseras-tu
point, lui dit-il, de médire d'une femme de bien [2] ?
De là venoit encore que, dans leur comédie, les
rôles d'amoureuses et de filles à marier ne représentoient jamais que des esclaves ou des filles publiques. Ils avoient une telle idée de la modestie
du sexe, qu'ils auroient cru manquer aux égards
qu'ils lui devoient, de mettre une honnête fille sur

---

[1] Ils leur donnoient plusieurs noms honorables que nous n'avons
plus, ou qui sont bas et surannés parmi nous. On sait quel usage
Virgile a fait de celui de *Matres* dans une occasion où les mères
troyennes n'étoient guère sages**. Nous n'avons à la place que le
mot de *Dames*, qui ne convient pas à toutes, qui même vieilli insensiblement, et qu'on a tout-à-fait proscrit du ton à la mode.
J'observe que les anciens tiroient volontiers leurs titres d'honneur
des droits de la nature, et que nous ne tirons les nôtres que des
droits du rang.

[2] * Plutarque, *Dicts notables des Lacédémoniens*, §§ 16 et 31.

** Æneid., lib. v, v. 654. — Ibid., lib. vii, v. 357 et 392.

la scène, seulement en représentation¹. En un mot, l'image du vice à découvert les choquoit moins que celle de la pudeur offensée.

Chez nous, au contraire, la femme la plus estimée est celle qui fait le plus de bruit, de qui l'on parle le plus, qu'on voit le plus dans le monde, chez qui l'on dîne le plus souvent, qui donne le plus impérieusement le ton, qui juge, tranche, décide, prononce, assigne au talent, au mérite, aux vertus, leurs degrés et leurs places, et dont les humbles savants mendient le plus bassement la faveur. Sur la scène, c'est pis encore. Au fond, dans le monde elles ne savent rien, quoiqu'elles jugent de tout; mais au théâtre, savantes du savoir des hommes, philosophes, grâce aux auteurs, elles écrasent notre sexe de ses propres talents : et les imbéciles spectateurs vont bonnement apprendre des femmes ce qu'ils ont pris soin de leur dicter. Tout cela, dans le vrai, c'est se moquer d'elles, c'est les taxer d'une vanité puérile; et je ne doute pas que les plus sages n'en soient indignées. Parcourez la plupart des pièces modernes; c'est toujours une femme qui sait tout, qui apprend tout aux hommes; c'est toujours la dame de cour qui fait dire le catéchisme au petit Jehan de Saintré.

---

¹ S'ils en usoient autrement dans les tragédies, c'est que, suivant le système politique de leur théâtre, ils n'étoient pas fâchés qu'on crût que les personnes d'un haut rang n'ont pas besoin de pudeur, et font toujours exception aux règles de la morale.

Un enfant ne sauroit se nourrir de son pain, s'il n'est coupé par sa gouvernante. Voilà l'image de ce qui se passe aux nouvelles pièces. La bonne est sur le théâtre, et les enfants sont dans le parterre. Encore une fois, je ne nie pas que cette méthode n'ait ses avantages, et que de tels précepteurs ne puissent donner du poids et du prix à leurs leçons. Mais revenons à ma question. De l'usage antique et du nôtre, je demande lequel est le plus honorable aux femmes, et rend le mieux à leur sexe les vrais respects qui lui sont dus.

La même cause qui donne, dans nos pièces tragiques et comiques, l'ascendant aux femmes sur les hommes, le donne encore aux jeunes gens sur les vieillards; et c'est un autre renversement des rapports naturels, qui n'est pas moins répréhensible. Puisque l'intérêt y est toujours pour les amants, il s'ensuit que les personnages avancés en âge n'y peuvent jamais faire que des rôles en sous-ordre. Ou, pour former le nœud de l'intrigue, ils servent d'obstacles aux vœux des jeunes amants, et alors ils sont haïssables ; ou ils sont amoureux eux-mêmes, et alors ils sont ridicules. *Turpe senex miles*[1]. On en fait dans les tragédies des tyrans, des usurpateurs ; dans les comédies, des jaloux, des usuriers, des pédants, des pères insupportables, que tout le monde conspire à tromper. Voilà sous quel honorable aspect on montre la

---

[1] * Ovid., Amor. 1, 9, v. 4.

vieillesse au théâtre ; voilà quel respect on inspire pour elle aux jeunes gens. Remercions l'illustre auteur de *Zaïre* et de *Nanine* d'avoir soustrait à ce mépris le vénérable Lusignan et le bon vieux Philippe Humbert. Il en est quelques autres encore : mais cela suffit-il pour arrêter le torrent du préjugé public, et pour effacer l'avilissement où la plupart des auteurs se plaisent à montrer l'âge de la sagesse, de l'expérience et de l'autorité ? Qui peut douter que l'habitude de voir toujours dans les vieillards des personnages odieux au théâtre n'aide à les faire rebuter dans la société, et qu'en s'accoutumant à confondre ceux qu'on voit dans le monde avec les radoteurs et les Gérontes de la comédie, on ne les méprise tous également ? Observez à Paris, dans une assemblée, l'air suffisant et vain, le ton ferme et tranchant d'une impudente jeunesse, tandis que les anciens, craintifs et modestes, ou n'osent ouvrir la bouche, ou sont à peine écoutés. Voit-on rien de pareil dans les provinces et dans les lieux où les spectacles ne sont point établis ? et par toute la terre, hors les grandes villes, une tête chenue et des cheveux blancs n'impriment-ils pas toujours du respect ? On me dira qu'à Paris les vieillards contribuent à se rendre méprisables en renonçant au maintien qui leur convient, pour prendre indécemment la parure et les manières de la jeunesse, et que, faisant les galants à son exemple, il est très-simple qu'on la leur préfère dans son métier; mais c'est tout au contraire pour n'avoir nul autre moyen de se faire supporter, qu'ils sont contraints de recourir à celui-là; et ils aiment encore mieux être soufferts à la faveur de leurs ridicules que de ne l'être point du tout. Ce n'est pas assurément qu'en faisant les agréables ils le deviennent en effet, et qu'un galant sexagénaire soit un personnage fort gracieux; mais son indécence même lui tourne à profit : c'est un triomphe de plus pour une femme qui, traînant à son char un Nestor, croit montrer que les glaces de l'âge ne garantissent point des feux qu'elle inspire. Voilà pourquoi les femmes encouragent de leur mieux ces doyens de Cythère, et ont la malice de traiter d'hommes charmants de vieux fous, qu'elles trouveroient moins aimables s'ils étoient moins extravagants. Mais revenons à mon sujet.

Ces effets ne sont pas les seuls que produit l'intérêt de la scène uniquement fondé sur l'amour. On lui en attribue beaucoup d'autres plus graves et plus importants, dont je n'examine point ici la réalité, mais qui ont été souvent et fortement allégués par les écrivains ecclésiastiques. Les dangers que peut produire le tableau d'une passion contagieuse sont, leur a-t-on répondu, prévenus par la manière de le présenter : l'amour qu'on expose au théâtre y est rendu légitime, son but est honnête, souvent il est sacrifié au devoir et à la vertu, et, dès qu'il est coupable, il est puni. Fort bien :

mais n'est-il pas plaisant qu'on prétende ainsi régler après coup les mouvements du cœur sur les préceptes de la raison, et qu'il faille attendre les événements pour savoir quelle impression l'on doit recevoir des situations qui les amènent? Le mal qu'on reproche au théâtre n'est pas précisément d'inspirer des passions criminelles, mais de disposer l'âme à des sentiments trop tendres, qu'on satisfait ensuite aux dépens de la vertu. Les douces émotions qu'on y ressent n'ont pas par elles-mêmes un objet déterminé, mais elles en font naître le besoin; elles ne donnent pas précisément de l'amour, mais elles préparent à en sentir; elles ne choisissent pas la personne qu'on doit aimer, mais elles nous forcent à faire ce choix. Ainsi elles ne sont innocentes ou criminelles que par l'usage que nous en faisons selon notre caractère, et ce caractère est indépendant de l'exemple. Quand il seroit vrai qu'on ne peint au théâtre que des passions légitimes, s'ensuit-il de là que les impressions en sont plus foibles, que les effets en sont moins dangereux? Comme si les vives images d'une tendresse innocente étoient moins douces, moins séduisantes, moins capables d'échauffer un cœur sensible, que celles d'un amour criminel à qui l'horreur du vice sert au moins de contre-poison! Mais si l'idée de l'innocence embellit quelques instants le sentiment qu'elle accompagne, bientôt les circonstances s'effacent de la mémoire, tandis que l'impression d'une passion si douce reste gravée au fond du cœur. Quand le patricien Manilius fut chassé du sénat de Rome pour avoir donné un baiser à sa femme en présence de sa fille[1]; à ne considérer cette action qu'en elle-même, qu'avoit-elle de répréhensible? rien sans doute; elle annonçoit même un sentiment louable. Mais les chastes feux de la mère en pouvoient inspirer d'impurs à la fille. C'étoit donc d'une action fort honnête faire un exemple de corruption. Voilà l'effet des amours permis du théâtre.

On prétend nous guérir de l'amour par la peinture de ses foiblesses. Je ne sais là-dessus comment les auteurs s'y prennent; mais je vois que les spectateurs sont toujours du parti de l'amant foible, et que souvent ils sont fâchés qu'il ne le soit pas davantage. Je demande si c'est un grand moyen d'éviter de lui ressembler.

Rappelez-vous, monsieur, une pièce à laquelle je crois me souvenir d'avoir assisté avec vous, il y a quelques années, et qui nous fit un plaisir auquel nous nous attendions peu, soit qu'en effet l'auteur y eût mis plus de beautés théâtrales que nous n'avions pensé, soit que l'actrice prêtât son charme ordinaire au rôle qu'elle faisoit valoir. Je veux parler de la *Bérénice* de Racine. Dans quelle disposition d'esprit le spectateur voit-il commencer cette pièce? Dans un sentiment de mépris pour la

[1] * PLUTARQUE, Vie de Marcus Caton, § 35.

foiblesse d'un empereur et d'un Romain, qui balance, comme le dernier des hommes, entre sa maîtresse et son devoir; qui, flottant incessamment dans une déshonorante incertitude, avilit par des plaintes efféminées ce caractère presque divin que lui donne l'histoire; qui fait chercher dans un vil soupirant de ruelle le bienfaiteur du monde et les délices du genre humain. Qu'en pense le même spectateur après la représentation? Il finit par plaindre cet homme sensible qu'il méprisoit, par s'intéresser à cette même passion dont il lui faisoit un crime, par murmurer en secret du sacrifice qu'il est forcé d'en faire aux lois de la patrie. Voilà ce que chacun de nous éprouvoit à la représentation. Le rôle de Titus, très-bien rendu, eût fait de l'effet s'il eût été plus digne de lui; mais tous sentirent que l'intérêt principal étoit pour Bérénice, et que c'étoit le sort de son amour qui déterminoit l'espèce de la catastrophe. Non que ses plaintes continuelles donnassent une grande émotion durant le cours de la pièce : mais au cinquième acte, où, cessant de se plaindre, l'air morne, l'œil sec et la voix éteinte, elle faisoit parler une douleur froide approchante du désespoir, l'art de l'actrice ajoutoit au pathétique du rôle, et les spectateurs, vivement touchés, commençoient à pleurer quand Bérénice ne pleuroit plus. Que signifioit cela, sinon qu'on trembloit qu'elle ne fût renvoyée; qu'on sentoit d'avance la douleur dont son cœur seroit pénétré ; et que chacun auroit voulu que Titus se laissât vaincre, même au risque de l'en moins estimer? Ne voilà-t-il pas une tragédie qui a bien rempli son objet, et qui a bien appris aux spectateurs à surmonter les foiblesses de l'amour?

L'événement dément ces vœux secrets ; mais qu'importe? le dénouement n'efface point l'effet de la pièce. La reine part sans le congé du parterre : l'empereur la renvoie *invitus invitam*[1], on peut ajouter *invito spectatore*. Titus a beau rester Romain, il est seul de son parti ; tous les spectateurs ont épousé Bérénice.

Quand même on pourroit me disputer cet effet ; quand même on soutiendroit que l'exemple de force et de vertu qu'on voit dans Titus vainqueur de lui-même, fonde l'intérêt de la pièce, et fait qu'en plaignant Bérénice on est bien aise de la plaindre ; on ne feroit que rentrer en cela dans mes principes, parce que, comme je l'ai déjà dit, les sacrifices faits au devoir et à la vertu ont toujours un charme secret, même pour les cœurs corrompus : et la preuve que ce sentiment n'est point l'ouvrage de la pièce, c'est qu'ils l'ont avant qu'elle commence. Mais cela n'empêche pas que certaines passions satisfaites ne leur semblent préférables à la vertu même, et que, s'ils sont contents de voir Titus vertueux et magnanime, ils ne le fus-

---

[1] * Sueton., *in Tito*, cap. 7.

sent encore plus de le voir heureux et foible, ou du moins qu'ils ne consentissent volontiers à l'être à sa place. Pour rendre cette vérité sensible, imaginons un dénouement tout contraire à celui de l'auteur. Qu'après avoir mieux consulté son cœur, Titus, ne voulant ni enfreindre les lois de Rome, ni vendre le bonheur à l'ambition, vienne, avec des maximes opposées, abdiquer l'empire aux pieds de Bérénice; que, pénétrée d'un si grand sacrifice, elle sente que son devoir seroit de refuser la main de son amant, et que pourtant elle l'accepte; que tous deux, enivrés des charmes de l'amour, de la paix, de l'innocence, et renonçant aux vaines grandeurs, prennent, avec cette douce joie qu'inspirent les vrais mouvements de la nature, le parti d'aller vivre heureux et ignorés dans un coin de la terre; qu'une scène si touchante soit animée des sentiments tendres et pathétiques que fournit la matière, et que Racine eût si bien fait valoir; que Titus, en quittant les Romains, leur adresse un discours tel que la circonstance et le sujet le comportent: n'est-il pas clair, par exemple, qu'à moins qu'un auteur ne soit de la dernière maladresse, un tel discours doit faire fondre en larmes toute l'assemblée? La pièce, finissant ainsi, sera, si l'on veut, moins bonne, moins instructive, moins conforme à l'histoire; mais en fera-t-elle moins de plaisir? et les spectateurs en sortiront-ils moins satisfaits? Les quatre premiers actes subsisteroient à peu près tels qu'ils sont; et cependant on en tireroit une leçon directement contraire. Tant il est vrai que les tableaux de l'amour font toujours plus d'impression que les maximes de la sagesse, et que l'effet d'une tragédie est tout-à-fait indépendant de celui du dénouement[1].

Veut-on savoir s'il est sûr qu'en montrant les suites funestes des passions immodérées la tragédie apprenne à s'en garantir; que l'on consulte l'expérience. Ces suites funestes sont représentées très-fortement dans *Zaïre* : il en coûte la vie aux deux amants; et il en coûte bien plus que la vie à Orosmane, puisqu'il ne se donne la mort que pour se délivrer du plus cruel sentiment qui puisse entrer dans un cœur humain, le remords d'avoir poignardé sa maîtresse. Voilà donc assurément des leçons très-énergiques. Je serois curieux de trouver quelqu'un, homme ou femme, qui s'osât vanter d'être sorti d'une représentation de *Zaïre* bien prémuni contre l'amour. Pour moi, je crois entendre chaque spectateur dire en son cœur à la fin de la tragédie : Ah! qu'on me donne une Zaïre, je ferai bien en sorte de ne la pas tuer. Si les femmes n'ont pu se lasser de courir en foule à cette pièce enchanteresse et d'y faire courir les hommes, je ne dirai point que c'est pour s'encou-

[1] Il y a dans le septième tome de *Paméla* un examen très-judicieux de l'*Andromaque* de Racine, par lequel on voit que cette pièce ne va pas mieux à son but prétendu que toutes les autres.

rager, par l'exemple de l'héroïne, à n'imiter pas un sacrifice qui lui réussit si mal; mais c'est parce que, de toutes les tragédies qui sont au théâtre, nulle autre ne montre avec plus de charmes le pouvoir de l'amour et l'empire de la beauté, et qu'on y apprend encore, pour surcroît de profit, à ne pas juger sa maîtresse sur les apparences. Qu'Orosmane immole Zaïre à sa jalousie, une femme sensible y voit sans effroi le transport de la passion : car c'est un moindre malheur de périr par la main de son amant, que d'en être médiocrement aimée.

Qu'on nous peigne l'amour comme on voudra : il séduit, ou ce n'est pas lui. S'il est mal peint, la pièce est mauvaise; s'il est bien peint, il offusque tout ce qui l'accompagne. Ses combats, ses maux, ses souffrances, le rendent plus touchant encore que s'il n'avoit nulle résistance à vaincre. Loin que ses tristes effets rebutent, il n'en devient que plus intéressant par ses malheurs mêmes. On se dit malgré soi qu'un sentiment si délicieux console de tout. Une si douce image amollit insensiblement le cœur : on prend de la passion ce qui mène au plaisir; on en laisse ce qui tourmente. Personne ne se croit obligé d'être un héros; et c'est ainsi qu'admirant l'amour honnête on se livre à l'amour criminel.

Ce qui achève de rendre ses images dangereuses, c'est précisément ce qu'on fait pour les rendre agréables; c'est qu'on ne le voit jamais régner sur la scène qu'entre des ames honnêtes; c'est que les deux amants sont toujours des modèles de perfection. Et comment ne s'intéresseroit-on pas pour une passion si séduisante entre deux cœurs dont le caractère est déjà si intéressant par lui-même? Je doute que, dans toutes nos pièces dramatiques, on en trouve une seule où l'amour mutuel n'ait pas la faveur du spectateur. Si quelque infortuné brûle d'un feu non partagé, on en fait le rebut du parterre. On croit faire merveilles de rendre un amant estimable ou haïssable, selon qu'il est bien ou mal accueilli dans ses amours; de faire toujours approuver au public les sentiments de sa maîtresse, et de donner à la tendresse tout l'intérêt de la vertu : au lieu qu'il faudroit apprendre aux jeunes gens à se défier des illusions de l'amour, à fuir l'erreur d'un penchant aveugle qui croit toujours se fonder sur l'estime, et à craindre quelquefois de livrer un cœur vertueux à un objet indigne de ses soins. Je ne sache guère que le *Misanthrope* où le héros de la pièce ait fait un mauvais choix [1]. Rendre le misanthrope amoureux n'étoit rien; le coup du génie est de l'avoir fait amoureux d'une

---

[1] Ajoutons le *Marchand de Londres*, pièce admirable, et dont la morale va plus directement au but qu'aucune pièce françoise que je connoisse*.

* Le titre de cette pièce, en anglois, est *Arden-Feversham*. Son auteur est le célèbre Lillo, dont Diderot s'est fait l'apologiste et l'imitateur. Elle a été traduite comme *tragédie bourgeoise*, par Clément de Genève (*Paris*, 1751). Cette traduction a été réimprimée plusieurs fois. Antérieurement il en avoit paru quelques scènes dans le *Pour et Contre* de l'abbé Prévost.

coquette. Tout le reste du théâtre est un trésor de femmes parfaites. On diroit qu'elles s'y sont toutes réfugiées. Est-ce là l'image fidèle de la société? est-ce ainsi qu'on nous rend suspecte une passion qui perd tant de gens bien nés? Il s'en faut peu qu'on ne nous fasse croire qu'un honnête homme est obligé d'être amoureux, et qu'une amante aimée ne sauroit n'être pas vertueuse. Nous voilà fort bien instruits!

Encore une fois, je n'entreprends point de juger si c'est bien ou mal fait de fonder sur l'amour le principal intérêt du théâtre; mais je dis que, si ses peintures sont quelquefois dangereuses, elles le seront toujours quoi qu'on fasse pour les déguiser. Je dis que c'est en parler de mauvaise foi, ou sans le connoître, de vouloir en rectifier les impressions par d'autres impressions étrangères qui ne les accompagnent point jusqu'au cœur, ou que le cœur en a bientôt séparées; impressions qui même en déguisent les dangers, et donnent à ce sentiment trompeur un nouvel attrait par lequel il perd ceux qui s'y livrent.

Soit qu'on déduise de la nature des spectacles, en général, les meilleures formes dont ils sont susceptibles, soit qu'on examine tout ce que les lumières d'un siècle et d'un peuple éclairés ont fait pour la perfection des nôtres; je crois qu'on peut conclure de ces considérations diverses que l'effet moral du spectacle et des théâtres ne sauroit jamais être bon ni salutaire en lui-même, puisqu'à ne compter que leurs avantages, on n'y trouve aucune sorte d'utilité réelle sans inconvénients qui la surpassent. Or, par une suite de son inutilité même, le théâtre, qui ne peut rien pour corriger les mœurs, peut beaucoup pour les altérer. En favorisant tous nos penchants, il donne un nouvel ascendant à ceux qui nous dominent; les continuelles émotions qu'on y ressent nous énervent, nous affoiblissent, nous rendent plus incapables de résister à nos passions; et le stérile intérêt qu'on prend à la vertu ne sert qu'à contenter notre amour-propre sans nous contraindre à la pratiquer. Ceux de mes compatriotes qui ne désapprouvent pas les spectacles en eux-mêmes ont donc tort.

Outre ces effets du théâtre relatifs aux choses représentées, il y en a d'autres non moins nécessaires, qui se rapportent directement à la scène et aux personnages représentants; et c'est à ceux-là que les Génevois déjà cités attribuent le goût de luxe, de parure et de dissipation, dont ils craignent avec raison l'introduction parmi nous. Ce n'est pas seulement la fréquentation des comédiens, mais celle du théâtre, qui peut amener ce goût par son appareil et la parure des acteurs. N'eût-il d'autre effet que d'interrompre à certaines heures le cours des affaires civiles et domestiques, et d'offrir une ressource assurée à l'oisiveté; il n'est pas possible que la commodité d'aller tous les jours régulièrement au même lieu s'oublier soi-même et s'occuper d'objets étrangers ne donne au citoyen d'autres habitudes et ne lui forme de nouvelles mœurs. Mais ces changements seront-ils avantageux ou nuisibles? c'est une question qui dépend moins de l'examen du spectacle que de celui des spectateurs. Il est sûr que ces changements les amèneront tous à peu près au même point. C'est donc par l'état où chacun étoit d'abord qu'il faut estimer les différences.

Quand les amusements sont indifférents par leur nature (et je veux bien pour un moment considérer les spectacles comme tels), c'est la nature des occupations qu'ils interrompent qui les fait juger bons ou mauvais, surtout lorsqu'ils sont assez vifs pour devenir des occupations eux-mêmes; et substituer leur goût à celui du travail. La raison veut qu'on favorise les amusements des gens dont les occupations sont nuisibles, et qu'on détourne des mêmes amusements ceux dont les occupations sont utiles. Une autre considération générale est qu'il n'est pas bon de laisser à des hommes oisifs et corrompus le choix de leurs amusements, de peur qu'ils ne les imaginent conformes à leurs inclinations vicieuses, et ne deviennent aussi malfaisants dans leurs plaisirs que dans leurs affaires. Mais laissez un peuple simple et laborieux se délasser de ses travaux quand et comme il lui plaît;

jamais il n'est à craindre qu'il abuse de cette liberté : et l'on ne doit point se tourmenter à lui chercher des divertissements agréables ; car, comme il faut peu d'apprêts aux mets que l'abstinence et la faim assaisonnent, il n'en faut pas non plus beaucoup aux plaisirs de gens épuisés de fatigue, pour qui le repos seul en est un très-doux. Dans une grande ville, pleine de gens intrigants, désœuvrés, sans religion, sans principes, dont l'imagination, dépravée par l'oisiveté, la fainéantise, par l'amour du plaisir et par de grands besoins, n'engendre que des monstres et n'inspire que des forfaits ; dans une grande ville où les mœurs et l'honneur ne sont rien, parce que chacun, dérobant aisément sa conduite aux yeux du public, ne se montre que par son crédit et n'est estimé que par ses richesses ; la police ne sauroit trop multiplier les plaisirs permis, ni trop s'appliquer à les rendre agréables, pour ôter aux particuliers la tentation d'en chercher de plus dangereux. Comme les empêcher de s'occuper c'est les empêcher de malfaire, deux heures par jour dérobées à l'activité du vice sauvent la douzième partie des crimes qui se commettroient ; et tout ce que les spectacles vus ou à voir causent d'entretiens dans les cafés et autres refuges des fainéants et fripons du pays, est encore autant de gagné pour les pères de famille, soit sur l'honneur de leurs filles ou de leurs femmes, soit sur leur bourse ou sur celle de leurs fils.

Mais, dans les petites villes, dans les lieux moins peuplés, où les particuliers, toujours sous les yeux du public, sont censeurs nés les uns des autres, et où la police a sur tous une inspection facile, il faut suivre des maximes toutes contraires. S'il y a de l'industrie, des arts, des manufactures, on doit se garder d'offrir des distractions relâchantes à l'âpre intérêt qui fait ses plaisirs de ses soins, et enrichit le prince de l'avarice des sujets. Si le pays, sans commerce, nourrit les habitants dans l'inaction, loin de fomenter en eux l'oisiveté à laquelle une vie simple et facile ne les porte déjà que trop, il faut la leur rendre insupportable, en les contraignant, à force d'ennui, d'employer utilement un temps dont ils ne sauroient abuser. Je vois qu'à Paris, où l'on juge de tout sur les apparences, parce qu'on n'a le loisir de rien examiner, on croit, à l'air de désœuvrement et de langueur dont frappent au premier coup d'œil la plupart des villes de province, que les habitants, plongés dans une stupide inaction, n'y font que végéter, ou tracasser et se brouiller ensemble. C'est une erreur dont on reviendroit aisément si l'on songeoit que la plupart des gens de lettres qui brillent à Paris, la plupart des découvertes utiles et des inventions nouvelles, y viennent de ces provinces si méprisées. Restez quelque temps dans une petite ville, où vous aurez cru d'abord ne trouver que des automates ; non seulement vous y verrez bientôt des gens beaucoup plus sensés que vos singes des grandes villes, mais vous manquerez rarement d'y découvrir dans l'obscurité quelque homme ingénieux qui vous surprendra par ses talents, par ses ouvrages, que vous surprendrez encore plus en les admirant, et qui, vous montrant des prodiges de travail, de patience et d'industrie, croira ne vous montrer que des choses communes à Paris. Telle est la simplicité du vrai génie : il n'est ni intrigant ni actif; il ignore le chemin des honneurs et de la fortune, et ne songe point à le chercher; il ne se compare à personne; toutes ses ressources sont en lui seul : insensible aux outrages, et peu sensible aux louanges, s'il se connoît, il ne s'assigne point sa place, et jouit de lui-même sans s'apprécier.

Dans une petite ville on trouve, proportion gardée, moins d'activité, sans doute, que dans une capitale, parce que les passions sont moins vives, et les besoins moins pressants; mais plus d'esprits originaux, plus d'industrie inventive, plus de choses vraiment neuves, parce qu'on y est moins imitateur, qu'ayant peu de modèles, chacun tire plus de lui-même, et met plus du sien dans tout ce qu'il fait; parce que l'esprit humain, moins étendu, moins noyé parmi les opinions vulgaires, s'élabore et fermente mieux dans la tranquille solitude; parce qu'en voyant moins on imagine davantage; enfin, parce que, moins pressé du temps, on a plus de loisir d'étendre et digérer ses idées.

Je me souviens d'avoir vu dans ma jeunesse, aux environs de Neuchâtel, un spectacle assez agréable et peut-être unique sur la terre, une montagne entière couverte d'habitations dont chacune fait le centre des terres qui en dépendent ; en sorte que ces maisons, à distances aussi égales que les fortunes des propriétaires, offrent à la fois aux nombreux habitants de cette montagne le recueillement de la retraite et les douceurs de la société. Ces heureux paysans, tous à leur aise, francs de tailles, d'impôts, de subdélégués, de corvées, cultivent avec tout le soin possible des biens dont le produit est pour eux, et emploient le loisir que cette culture leur laisse à faire mille ouvrages de leurs mains, et à mettre à profit le génie inventif que leur donna la nature. L'hiver surtout, temps où la hauteur des neiges leur ôte une communication facile, chacun, renfermé bien chaudement, avec sa nombreuse famille, dans sa jolie et propre maison de bois[1], qu'il a bâtie lui-même, s'occupe de mille travaux amusants, qui chassent l'ennui

---

[1] Je crois entendre un bel esprit de Paris se récrier, pourvu qu'il ne lise pas lui-même, à cet endroit comme à bien d'autres, et démontrer doctement aux dames (car c'est surtout aux dames que ces messieurs démontrent) qu'il est impossible qu'une maison de bois soit chaude. Grossier mensonge ! erreur de physique ! Ah ! pauvre auteur ! Quant à moi, je crois la démonstration sans réplique. Tout ce que je sais c'est que les Suisses passent chaudement leur hiver, au milieu des neiges, dans des maisons de bois.

de son asile, et ajoutent à son bien-être. Jamais menuisier, serrurier, vitrier, tourneur de profession, n'entra dans le pays ; tous le sont pour eux-mêmes, aucun ne l'est pour autrui ; dans la multitude de meubles commodes et même élégants qui composent leur ménage et parent leur logement, on n'en voit pas un qui n'ait été fait de la main du maître. Il leur reste encore du loisir pour inventer et faire mille instruments divers, d'acier, de bois, de carton, qu'ils vendent aux étrangers, dont plusieurs même parviennent jusqu'à Paris, entre autres ces petites horloges de bois qu'on y voit depuis quelques années. Ils en font aussi de fer ; ils font même des montres ; et, ce qui paroît incroyable, chacun réunit à lui seul toutes les professions diverses dans lesquelles se subdivise l'horlogerie, et fait tous ses outils lui-même.

Ce n'est pas tout : ils ont des livres utiles et sont passablement instruits ; ils raisonnent sensément de toutes choses, et de plusieurs avec esprit [1]. Ils font des siphons, des aimants, des lunettes, des pompes, des baromètres, des chambres noires ; leurs tapisseries sont des multitudes d'instruments de toute espèce : vous prendriez le poêle d'un

---

[1] Je puis citer en exemple un homme de mérite, bien connu dans Paris, et plus d'une fois honoré des suffrages de l'académie des sciences ; c'est M. Rivaz, célèbre Valaisan. Je sais bien qu'il n'a pas beaucoup d'égaux parmi ses compatriotes ; mais enfin c'est en vivant comme eux qu'il apprit à les surpasser.

paysan pour un atelier de mécanique et pour un cabinet de physique expérimentale. Tous savent un peu dessiner, peindre, chiffrer; la plupart jouent de la flûte; plusieurs ont un peu de musique et chantent juste. Ces arts ne leur sont point enseignés par des maîtres, mais leur passent, pour ainsi dire, par tradition. De ceux que j'ai vus savoir la musique, l'un me disoit l'avoir apprise de son père, un autre de sa tante, un autre de son cousin; quelques-uns croyoient l'avoir toujours sue. Un de leurs plus fréquents amusements est de chanter avec leurs femmes et leurs enfants les psaumes à quatre parties; et l'on est tout étonné d'entendre sortir de ces cabanes champêtres l'harmonie forte et mâle de Goudimel[1], depuis si long-temps oubliée de nos savants artistes.

Je ne pouvois non plus me lasser de parcourir ces charmantes demeures, que les habitants de m'y témoigner la plus franche hospitalité. Malheureusement j'étois jeune; ma curiosité n'étoit que celle d'un enfant, et je songeois plus à m'amuser qu'à m'instruire. Depuis trente ans, le peu d'observations que je fis se sont effacées de ma mémoire. Je me souviens seulement que j'admirois sans cesse, en ces hommes singuliers, un mélange étonnant de finesse et de simplicité, qu'on croiroit presque incompatibles, et que je n'ai plus observé

[1] * Voyez à la fin du tome XIII, lettre à M. Perdriau, une note sur ce musicien, un des plus célèbres du seizième siècle.

nulle part. Du reste, je n'ai rien retenu de leurs mœurs, de leur société, de leurs caractères. Aujourd'hui que j'y porterois d'autres yeux, faut-il ne revoir plus cet heureux pays ! Hélas ! il est sur la route du mien.

Après cette légère idée, supposons qu'au sommet de la montagne dont je viens de parler, au centre des habitations, on établisse un spectacle fixe et peu coûteux, sous prétexte, par exemple, d'offrir une honnête récréation à des gens continuellement occupés, et en état de supporter cette petite dépense ; supposons encore qu'ils prennent du goût pour ce même spectacle, et cherchons ce qui doit résulter de son établissement.

Je vois d'abord que leurs travaux, cessant d'être leurs amusements aussitôt qu'ils en auront un autre, celui-ci les dégoûtera des premiers, le zèle ne fournira plus tant de loisir, ni les mêmes inventions. D'ailleurs il y aura chaque jour un temps réel de perdu pour ceux qui assisteront au spectacle ; et l'on ne se remet pas à l'ouvrage l'esprit rempli de ce qu'on vient de voir ; on en parle, ou l'on y songe. Par conséquent relâchement de travail : premier préjudice.

Quelque peu qu'on paie à la porte, on paie enfin ; c'est toujours une dépense qu'on ne faisoit pas. Il en coûte pour soi, pour sa femme, pour ses enfants, quand on les y mène, et il les y faut mener quelquefois. De plus, un ouvrier ne va point dans une assemblée se montrer en habit de travail ; il faut prendre plus souvent ses habits des dimanches, changer de linge plus souvent, se poudrer, se raser : tout cela coûte du temps et de l'argent. Augmentation de dépense : deuxième préjudice.

Un travail moins assidu et une dépense plus forte exigent un dédommagement. On le trouvera sur le prix des ouvrages qu'on sera forcé de renchérir. Plusieurs marchands, rebutés de cette augmentation, quitteront les *Montagnons*[1], et se pourvoiront chez les autres Suisses leurs voisins, qui, sans être moins industrieux, n'auront point de spectacles, et n'augmenteront point leurs prix. Diminution de débit : troisième préjudice.

Dans les mauvais temps les chemins ne sont pas praticables ; et comme il faudra toujours, dans ces temps-là, que la troupe vive, elle n'interrompra pas ses représentations. On ne pourra donc éviter de rendre le spectacle abordable en tout temps. L'hiver il faudra faire des chemins dans la neige, peut-être les paver ; et Dieu veuille qu'on n'y mette pas des lanternes ! Voilà des dépenses publiques ; par conséquent des contributions de la part des particuliers. Établissement d'impôts : quatrième préjudice.

Les femmes des Montagnons, allant d'abord pour voir, et ensuite pour être vues, voudront être pa-

---

[1] C'est le nom qu'on donne dans le pays aux habitants de cette montagne.

rées ; elles voudront l'être avec distinction ; la femme de M. le justicier ne voudra pas se montrer au spectacle mise comme celle du maître d'école ; la femme du maître d'école s'efforcera de se mettre comme celle du justicier[1]. De là naîtra bientôt une émulation de parure qui ruinera les maris, les gagnera peut-être, et qui trouvera sans cesse mille nouveaux moyens d'éluder les lois somptuaires. Introduction du luxe : cinquième préjudice.

Tout le reste est facile à concevoir. Sans mettre en ligne de compte les autres inconvénients dont j'ai parlé, ou dont je parlerai dans la suite ; sans avoir égard à l'espèce du spectacle et à ses effets moraux, je m'en tiens uniquement à ce qui regarde le travail et le gain, et je crois montrer, par une conséquence évidente, comment un peuple aisé, mais qui doit son bien-être à son industrie, changeant la réalité contre l'apparence, se ruine à l'instant qu'il veut briller.

Au reste, il ne faut point se récrier contre la chimère de ma supposition ; je ne la donne que pour telle, et ne veux que rendre sensibles du plus au moins ses suites inévitables. Otez quelques circonstances, vous retrouverez ailleurs d'autres *Montagnons* ; et, *mutatis mutandis*, l'exemple a son application.

[1] * Dans l'édition de Genève, dans celle de M. Belin, le *justicier* est remplacé par le *châtelain* ; s'il eût été question de la France, on auroit vu figurer le *subdélégué*.

Ainsi, quand il seroit vrai que les spectacles ne sont pas mauvais en eux-mêmes, on auroit toujours à chercher s'ils ne le deviendroient point à l'égard du peuple auquel on les destine. En certains lieux ils seront utiles pour attirer les étrangers, pour augmenter la circulation des espèces, pour exciter les artistes, pour varier les modes, pour occuper les gens trop riches ou aspirant à l'être, pour les rendre moins malfaisants, pour distraire le peuple de ses misères, pour lui faire oublier ses chefs en voyant ses baladins, pour maintenir et perfectionner le goût quand l'honnêteté est perdue, pour couvrir d'un vernis de procédés la laideur du vice, pour empêcher, en un mot, que les mauvaises mœurs ne dégénèrent en brigandage. En d'autres lieux ils ne serviroient qu'à détruire l'amour du travail, à décourager l'industrie, à ruiner les particuliers, à leur inspirer le goût de l'oisiveté, à leur faire chercher les moyens de subsister sans rien faire, à rendre un peuple inactif et lâche, à l'empêcher de voir les objets publics et particuliers dont il doit s'occuper, à tourner la sagesse en ridicule, à substituer un jargon de théâtre à la pratique des vertus, à mettre toute la morale en métaphysique, à travestir les citoyens en beaux esprits, les mères de famille en petites-maîtresses, et les filles en amoureuses de comédie. L'effet général sera le même sur tous les hommes; mais les hommes, ainsi changés, conviendront plus ou moins à leur pays. En devenant égaux, les mauvais gagneront, les bons perdront encore davantage; tous contracteront un caractère de mollesse, un esprit d'inaction, qui ôtera aux uns de grandes vertus, et préservera les autres de méditer de grands crimes.

De ces nouvelles réflexions il résulte une conséquence directement contraire à celle que je tirois des premières; savoir que, quand le peuple est corrompu, les spectacles lui sont bons, et mauvais quand il est bon lui-même. Il sembleroit donc que ces deux effets contraires devroient s'entre-détruire, et les spectacles rester indifférents à tous: mais il y a cette différence, que l'effet qui renforce le bien et le mal, étant tiré de l'esprit des pièces, est sujet comme elles à mille modifications qui le réduisent presque à rien; au lieu que celui qui change le bien en mal, et le mal en bien, résultant de l'existence même du spectacle, est un effet constant, réel, qui revient tous les jours et doit l'emporter à la fin.

Il suit de là que, pour juger s'il est à propos ou non d'établir un théâtre en quelque ville, il faut premièrement savoir si les mœurs y sont bonnes ou mauvaises: question sur laquelle il ne m'appartient peut-être pas de prononcer par rapport à nous. Quoi qu'il en soit, tout ce que je puis accorder là-dessus c'est qu'il est vrai que la comédie ne nous fera point de mal, si plus rien ne nous en peut faire.

Pour prévenir les inconvénients qui peuvent naître de l'exemple des comédiens, vous voudriez qu'on les forçât d'être honnêtes gens. Par ce moyen, dites-vous, on auroit à la fois des spectacles et des mœurs, et l'on réuniroit les avantages des uns et des autres. Des spectacles et des mœurs ! Voilà qui formeroit vraiment un spectacle à voir, d'autant plus que ce seroit la première fois. Mais quels sont les moyens que vous nous indiquez pour contenir les comédiens ? Des lois sévères et bien exécutées. C'est au moins avouer qu'ils ont besoin d'être contenus, et que les moyens n'en sont pas faciles. Des lois sévères ! la première est de n'en point souffrir. Si nous enfreignons celle-là, que deviendra la sévérité des autres ? Des lois bien exécutées ! Il s'agit de savoir si cela se peut : car la force des lois a sa mesure ; celle des vices qu'elles répriment a aussi la sienne. Ce n'est qu'après avoir comparé ces deux quantités et trouvé que la première surpasse l'autre, qu'on peut s'assurer de l'exécution des lois. La connoissance de ces rapports fait la véritable science du législateur; car s'il ne s'agissoit que de publier édits sur édits, réglements sur réglements, pour remédier aux abus à mesure qu'ils naissent, on diroit sans doute de fort belles choses, mais qui, pour la plupart, resteroient sans effet, et serviroient d'indications de ce qu'il faudroit faire, plutôt que de moyens pour l'exécuter. Dans le fond, l'institution des lois n'est pas une chose si merveilleuse, qu'avec du sens et de l'équité tout homme ne pût très-bien trouver de lui-même celles qui, bien observées, seroient les plus utiles à la société. Où est le plus petit écolier de droit qui ne dressera pas un code d'une morale aussi pure que celle des lois de Platon? Mais ce n'est pas de cela seul qu'il s'agit; c'est d'approprier tellement ce code au peuple pour lequel il est fait et aux choses sur lesquelles on y statue, que son exécution s'ensuive du seul concours de ces convenances; c'est d'imposer au peuple, à l'exemple de Solon, moins les meilleures lois en elles-mêmes, que les meilleures qu'il puisse comporter dans la situation donnée. Autrement il vaut encore mieux laisser subsister les désordres que de les prévenir, ou d'y pourvoir par des lois qui ne seront point observées : car, sans remédier au mal, c'est encore avilir les lois.

Une autre observation, non moins importante, est que les choses de mœurs et de justice universelle ne se règlent pas, comme celles de justice particulière et de droit rigoureux, par des édits et par des lois; ou, si quelquefois les lois influent sur les mœurs, c'est quand elles en tirent leur force. Alors elles leur rendent cette même force par une sorte de réaction bien connue des vrais politiques. La première fonction des éphores de Sparte, en entrant en charge, étoit une proclamation publique [1], par laquelle ils enjoignoient aux citoyens, non pas d'observer les lois, mais de les aimer, afin que l'observation ne leur en fût point dure. Cette proclamation, qui n'étoit pas un vain formulaire, montre parfaitement l'esprit de l'institution de Sparte, par laquelle les lois et les mœurs, intimement unies dans les cœurs des citoyens, n'y faisoient, pour ainsi dire, qu'un même corps. Mais ne nous flattons pas de voir Sparte renaître au sein du commerce et de l'amour du gain. Si nous avions les mêmes maximes, on pourroit établir à Genève un spectacle sans aucun risque; car jamais citoyen ni bourgeois n'y mettroit le pied.

Par où le gouvernement peut-il donc avoir prise sur les mœurs? Je réponds que c'est par l'opinion publique. Si nos habitudes naissent de nos propres sentiments dans la retraite, elles naissent de l'opinion d'autrui dans la société. Quand on ne vit pas en soi mais dans les autres, ce sont leurs jugements qui règlent tout; rien ne paroît bon ni désirable aux particuliers que ce que le public a jugé tel, et le seul bonheur que la plupart des hommes connoissent est d'être estimés heureux.

Quant aux choix des instruments propres à diriger l'opinion publique, c'est une autre question, qu'il seroit superflu de résoudre pour vous, et que ce n'est pas ici le lieu de résoudre pour la

---

[1] * PLUTARQUE, traité *des Délais de la justice divine*, § 5.

multitude. Je me contenterai de montrer, par un exemple sensible, que ces instruments ne sont ni des lois ni des peines, ni nulle espèce de moyens coactifs. Cet exemple est sous vos yeux ; je le tire de votre patrie : c'est celui du tribunal des maréchaux de France, établis juges suprêmes du point d'honneur.

De quoi s'agissoit-il dans cette institution ? de changer l'opinion publique sur les duels, sur la réparation des offenses, et sur les occasions où un brave homme est obligé, sous peine d'infamie, de tirer raison d'un affront l'épée à la main. Il sensuit de là,

Premièrement, que, la force n'ayant aucun pouvoir sur les esprits, il falloit écarter avec le plus grand soin tout vestige de violence du tribunal établi pour opérer ce changement. Ce mot même de *tribunal* étoit mal imaginé : j'aimerois mieux celui de *cour d'honneur*. Ses seules armes devoient être l'honneur et l'infamie : jamais de récompense utile, jamais de punition corporelle, point de prison, point d'arrêts, point de gardes armés ; simplement un appariteur, qui auroit fait ses citations en touchant l'accusé d'une baguette blanche, sans qu'il s'ensuivît aucune autre contrainte pour le faire comparoître. Il est vrai que ne pas comparoître au terme fixé par-devant les juges de l'honneur, c'étoit s'en confesser dépourvu, c'étoit se condamner soi-même. De là résultoit naturellement note d'infamie, dégradation de noblesse, incapacité de servir le roi dans ses tribunaux, dans ses armées, et autres punitions de ce genre qui tiennent immédiatement à l'opinion ou en sont un effet nécessaire.

Il s'ensuit, en second lieu, que, pour déraciner le préjugé public, il falloit des juges d'une grande autorité sur la matière en question; et, quant à ce point, l'instituteur entra parfaitement dans l'esprit de l'établissement; car, dans une nation toute guerrière, qui peut mieux juger des justes occasions de montrer son courage et de celles où l'honneur offensé demande satisfaction, que d'anciens militaires chargés de titres d'honneur, qui ont blanchi sous les lauriers, et prouvé cent fois au prix de leur sang qu'ils n'ignorent pas quand le devoir veut qu'on en répande?

Il suit, en troisième lieu, que, rien n'étant plus indépendant du pouvoir suprême que le jugement du public, le souverain devoit se garder, sur toutes choses, de mêler ses décisions arbitraires parmi les arrêts faits pour représenter ce jugement, et, qui plus est, pour le déterminer. Il devoit s'efforcer au contraire de mettre la cour d'honneur au-dessus de lui, comme soumis lui-même à ses décrets respectables. Il ne falloit donc pas commencer par condamner à mort tous les duellistes indistinctement: ce qui étoit mettre d'emblée une opposition choquante entre l'honneur et la loi; car la loi même ne peut obliger personne à se déshonorer. Si tout le peuple a jugé qu'un homme est poltron, le roi, malgré toute sa puissance, aura beau le déclarer brave, personne n'en croira rien ; et cet homme, passant alors pour un poltron qui veut être honoré par force, n'en sera que plus méprisé. Quant à ce que disent les édits, que c'est offenser Dieu de se battre, c'est un avis fort pieux sans doute ; mais la loi civile n'est point juge des péchés ; et toutes les fois que l'autorité souveraine voudra s'interposer dans les conflits de l'honneur et de la religion, elle sera compromise des deux côtés. Les mêmes édits ne raisonnent pas mieux quand ils disent qu'au lieu de se battre il faut s'adresser aux maréchaux : condamner ainsi le combat sans distinction, sans réserve, c'est commencer par juger soi-même ce qu'on renvoie à leur jugement. On sait bien qu'il ne leur est pas permis d'accorder le duel, même quand l'honneur outragé n'a plus d'autres ressources ; et, selon les préjugés du monde, il y a beaucoup de semblables cas : car, quant aux satisfactions cérémonieuses dont on a voulu payer l'offensé, ce sont de véritables jeux d'enfant.

Qu'un homme ait le droit d'accepter une réparation pour lui-même et de pardonner à son ennemi, en ménageant cette maxime avec art, on la peut substituer insensiblement au féroce préjugé qu'elle attaque : mais il n'en est pas de même quand l'honneur des gens auxquels le nôtre est lié se trouve attaqué ; dès-lors il n'y a plus d'accommodement possible. Si mon père a reçu un soufflet, si ma sœur, ma femme, ou ma maîtresse est insultée, conserverai-je mon honneur en faisant bon marché du leur? Il n'y a ni maréchaux ni satisfaction qui suffisent, il faut que je les venge ou que je me déshonore; les édits ne me laissent que le choix du supplice ou de l'infamie. Pour citer un exemple qui se rapporte à mon sujet, n'est-ce pas un concert bien entendu entre l'esprit de la scène et celui des lois, qu'on aille applaudir au théâtre ce même Cid qu'on iroit voir pendre à la Grève?

Ainsi l'on a beau faire; ni la raison, ni la vertu, ni les lois, ne vaincront l'opinion publique tant qu'on ne trouvera pas l'art de la changer. Encore une fois, cet art ne tient point à la violence. Les moyens établis ne serviroient, s'ils étoient pratiqués, qu'à punir les braves gens et sauver les lâches : mais heureusement ils sont trop absurdes pour pouvoir être employés, et n'ont servi qu'à faire changer de noms aux duels. Comment falloit-il donc s'y prendre? Il falloit, ce me semble, soumettre absolument les combats particuliers à la juridiction des maréchaux, soit pour les juger, soit pour les prévenir, soit même pour les permettre. Non seulement il falloit leur laisser le droit d'accorder le champ quand ils le jugeroient à propos; mais il étoit important qu'ils usassent quelquefois de ce droit, ne fût-ce que pour ôter au public une idée assez difficile à détruire, et qui seule annule toute leur autorité; savoir, que, dans les affaires qui passent par-devant eux, ils jugent moins sur leur propre sentiment que sur la volonté du prince. Alors il n'y avoit point de honte à leur demander le combat dans une occasion nécessaire; il n'y en avoit pas même à s'en abstenir quand les raisons de l'accorder n'étoient pas jugées suffisantes; mais il y en aura toujours à leur dire : Je suis offensé, faites en sorte que je sois dispensé de me battre.

Par ce moyen tous les appels secrets seroient infailliblement tombés dans le décri, quand l'honneur offensé pouvant se défendre et le courage se montrer au champ d'honneur, on eût très-justement suspecté ceux qui se seroient cachés pour se battre, et quand ceux que la cour d'honneur eût jugés s'être mal[1] battus seroient, en qualité de vils assassins, restés soumis aux tribunaux criminels. Je conviens que plusieurs duels n'étant jugés qu'après coup, et d'autres même étant solennellement autorisés, il en auroit d'abord coûté la vie à quelques braves gens; mais c'eût été pour la sauver dans la suite à des infinités d'autres : au lieu que du sang qui se verse malgré les édits naît une raison d'en verser davantage.

---

[1] Mal, c'est-à-dire non seulement en lâche et avec fraude, mais injustement et sans raison suffisante; ce qui se fût naturellement présumé de toute affaire non portée au tribunal.

Que seroit-il arrivé dans la suite ? A mesure que la cour d'honneur auroit acquis de l'autorité sur l'opinion du peuple par la sagesse et le poids de ses décisions, elle seroit devenue peu à peu plus sévère, jusqu'à ce que, les occasions légitimes se réduisant tout-à-fait à rien, le point d'honneur eût changé de principes, et que les duels fussent entièrement abolis. On n'a pas eu tous ces embarras, à la vérité ; mais aussi l'on a fait un établissement inutile. Si les duels aujourd'hui sont plus rares, ce n'est pas qu'ils soient méprisés ni punis ; c'est parce que les mœurs ont changé[1] : et la preuve que ce changement vient de causes toutes différentes auxquelles le gouvernement n'a point de part, la preuve que l'opinion publique n'a nullement changé sur ce point, c'est qu'après tant de soins mal entendus, tout gentilhomme qui ne tire pas raison d'un affront l'épée à la main n'est pas moins déshonoré qu'auparavant.

Une quatrième conséquence de l'objet du même établissement est que, nul homme ne pouvant vivre

---

[1] Autrefois les hommes prenoient querelle au cabaret : on les a dégoûtés de ce plaisir grossier en leur faisant bon marché des autres. Autrefois ils s'égorgeoient pour une maîtresse : en vivant plus familièrement avec les femmes, ils ont trouvé que ce n'étoit pas la peine de se battre pour elles. L'ivresse et l'amour ôtés, il reste peu d'importants sujets de dispute. Dans le monde on ne se bat plus que pour le jeu. Les militaires ne se battent plus que pour des passe-droits, ou pour n'être pas forcés de quitter le service. Dans ce siècle éclairé chacun sait calculer, à un écu près, ce que valent son honneur et sa vie.

civilement sans honneur, tous les états où l'on porte une épée, depuis le prince jusqu'au soldat, et tous les états même où l'on n'en porte point, doivent ressortir à cette cour d'honneur, les uns pour rendre compte de leur conduite et de leurs actions, les autres de leurs discours et de leurs maximes, tous également sujets à être honorés ou flétris, selon la conformité ou l'opposition de leur vie ou de leurs sentiments aux principes de l'honneur établis dans la nation, et réformés insensiblement par le tribunal sur ceux de la justice et de la raison. Borner cette compétence aux nobles et aux militaires, c'est couper les rejetons et laisser la racine; car si le point d'honneur fait agir la noblesse, il fait parler le peuple: les uns ne se battent que parce que les autres les jugent; et, pour changer les actions dont l'estime publique est l'objet, il faut auparavant changer les jugements qu'on en porte. Je suis convaincu qu'on ne viendra jamais à bout d'opérer ces changements sans y faire intervenir les femmes mêmes, de qui dépend en grande partie la manière de penser des hommes.

De ce principe il suit encore que le tribunal doit être plus ou moins redouté dans les diverses conditions, à proportion qu'elles ont plus ou moins d'honneur à perdre, selon les idées vulgaires, qu'il faut toujours prendre ici pour règles. Si l'établissement est bien fait, les grands et les princes doivent trembler au seul nom de la cour d'honneur. Il auroit fallu qu'en l'instituant on y eût porté tous les démêlés personnels existants alors entre les premiers du royaume ; que le tribunal les eût jugés définitivement autant qu'ils pouvoient l'être par les seules lois de l'honneur ; que ces jugements eussent été sévères ; qu'il y eût eu des cessions de pas et de rang personnelles et indépendantes du droit des places, des interdictions du port des armes, ou de paroître devant la face du prince, ou d'autres punitions semblables, nulles par elles-mêmes, grièves par l'opinion, jusqu'à l'infamie inclusivement, qu'on auroit pu regarder comme la peine capitale décernée par la cour d'honneur ; que toutes ces peines eussent eu, par le concours de l'autorité suprême, les mêmes effets qu'a naturellement le jugement public quand la force n'annule point ses décisions ; que le tribunal n'eût point statué sur des bagatelles, mais qu'il n'eût jamais rien fait à demi ; que le roi même y eût été cité quand il jeta sa canne par la fenêtre, de peur, dit-il, de frapper un gentilhomme[1] ; qu'il eût comparu en accusé avec sa partie ; qu'il eût été jugé

---

[1] M. de Lauzun. Voilà, selon moi, des coups de canne bien noblement appliqués*.

* Le fait est raconté en détail dans les Mémoires de Saint-Simon, tom x, pag. 89-94, édition de Strasbourg ; mais ce que Rousseau ne pouvoit savoir, et ce que ces Mémoires nous apprennent, c'est que ces coups de canne si *noblement appliqués* étoient la juste punition d'une insolence de Lauzun qui est à peine croyable. Du temps de Rousseau les Mémoires de Saint-Simon étoient au moins connus de quelques personnes, et l'on sait que l'abbé de Voisenon en avoit fait un extrait pour amuser Louis XV. Par là l'anecdote de la canne a pu se répandre

solennellement, condamné à faire réparation au gentilhomme pour l'affront indirect qu'il lui avoit fait; et que le tribunal lui eût en même temps décerné un prix d'honneur pour la modération du monarque dans la colère. Ce prix, qui devoit être un signe très-simple, mais visible, porté par le roi durant toute sa vie, lui eût été, ce me semble, un ornement plus honorable que ceux de la royauté, et je ne doute pas qu'il ne fût devenu le sujet des chants de plus d'un poète. Il est certain que, quant à l'honneur, les rois eux-mêmes sont soumis plus que personne au jugement du public, et peuvent par conséquent, sans s'abaisser, comparoître au tribunal qui le représente. Louis XIV étoit digne de faire de ces choses-là; et je crois qu'il les eût faites si quelqu'un les lui eût suggérées.

Avec toutes ces précautions et d'autres semblables, il est fort douteux qu'on eût réussi, parce qu'une pareille institution est entièrement contraire à l'esprit de la monarchie; mais il est très-sûr que, pour les avoir négligées, pour avoir voulu mêler la force et les lois dans des matières de préjugés, et changer le point d'honneur par la violence, on a compromis l'autorité royale, et rendu méprisables des lois qui passoient leur pouvoir.

dans le monde, et Rousseau l'a pu entendre rapporter sans qu'on y joignît les circonstances qui justifient le roi en cette occasion. Aussi Saint-Simon, en racontant ce trait de Louis XIV, dit-il que c'est *la plus belle action de sa vie*. Cet éloge est exagéré sans doute, mais au moins il est vrai de dire que Louis XIV justement irrité, mais restant maître de sa colère, montra un sentiment exquis de ce qu'il devoit à la fois aux convenances et à lui-même. (*Note de M. Petitain.*)

Cependant en quoi consistoit ce préjugé qu'il s'agissoit de détruire ? Dans l'opinion la plus extravagante et la plus barbare qui jamais entra dans l'esprit humain : savoir, que tous les devoirs de la société sont suppléés par la bravoure ; qu'un homme n'est plus fourbe, fripon, calomniateur; qu'il est civil, humain, poli, quand il sait se battre; que le mensonge se change en vérité, que le vol devient légitime, la perfidie honnête, l'infidélité louable, sitôt qu'on soutient tout cela le fer à la main ; qu'un affront est toujours bien réparé par un coup d'épée, et qu'on n'a jamais tort avec un homme pourvu qu'on le tue. Il y a, je l'avoue, une autre sorte d'affaire où la gentillesse se mêle à la cruauté, et où l'on ne tue les gens que par hasard ; c'est celle où l'on se bat au premier sang. Au premier sang, grand Dieu ! Et qu'en veux-tu faire de ce sang, bête féroce ? Le veux-tu boire ? Le moyen de songer à ces horreurs sans émotion ? Tels sont les préjugés que les rois de France, armés de toute la force publique, ont vainement attaqués. L'opinion, reine du monde, n'est point soumise au pouvoir des rois ; ils sont eux-mêmes ses premiers esclaves.

Je finis cette longue digression, qui malheureusement ne sera pas la dernière ; et de cet exemple, trop brillant peut-être, *si parva licet componere magnis,* je reviens à des applications plus simples. Un des infaillibles effets d'un théâtre établi dans une aussi petite ville que la nôtre sera de changer nos maximes, ou, si l'on veut, nos préjugés et nos opinions publiques; ce qui changera nécessairement nos mœurs contre d'autres, meilleures ou pires, je n'en dis rien encore ; mais sûrement moins convenables à notre constitution. Je demande, monsieur, par quelles lois efficaces vous remédierez à cela. Si le gouvernement peut beaucoup sur les mœurs, c'est seulement par son institution primitive : quand une fois il les a déterminées, non seulement il n'a plus le pouvoir de les changer, à moins qu'il ne change, il a même bien de la peine à les maintenir contre les accidents inévitables qui les attaquent, et contre la pente naturelle qui les altère. Les opinions publiques, quoique si difficiles à gouverner, sont pourtant par elles-mêmes très-mobiles et changeantes. Le hasard, mille causes fortuites, mille circonstances imprévues, font ce que la force et la raison ne sauroient faire ; ou plutôt c'est précisément parce que le hasard les dirige que la force n'y peut rien ; comme les dés qui partent de la main, quelque impulsion qu'on leur donne, n'en amènent pas plus aisément le point désiré.

Tout ce que la sagesse humaine peut faire est de prévenir les changements, d'arrêter de loin tout ce qui les amène; mais, sitôt qu'on les souffre et qu'on les autorise, on est rarement maître de leurs effets, et l'on ne peut jamais se répondre de l'être. Comment donc préviendrons-nous ceux dont nous aurons volontairement introduit la cause ? A l'imitation de l'établissement dont je viens de parler, nous proposerez-vous d'instituer des censeurs ? Nous en avons déjà[1]; et si toute la force de ce tribunal suffit à peine pour nous maintenir tels que nous sommes, quand nous aurons ajouté une nouvelle inclinaison à la pente des mœurs, que fera-t-il pour arrêter ce progrès? il est clair qu'il n'y pourra plus suffire. La première marque de son impuissance à prévenir les abus de la comédie sera de la laisser établir. Car il est aisé de prévoir que ces deux établissements ne sauroient subsister long-temps ensemble, et que la comédie tournera les censeurs en ridicule, ou que les censeurs feront chasser les comédiens.

Mais il ne s'agit pas seulement ici de l'insuffisance des lois pour réprimer de mauvaises mœurs en laissant subsister leur cause. On trouvera, je le prévois, que, l'esprit rempli des abus qu'engendre nécessairement le théâtre, et de l'impossibilité générale de prévenir ces abus, je ne réponds pas assez précisément à l'expédient proposé, qui est d'avoir des comédiens honnêtes gens, c'est-à-dire de les rendre tels. Au fond, cette discussion particulière n'est plus fort nécessaire : tout ce que

[1] Le consistoire, et la chambre de réforme.

j'ai dit jusqu'ici des effets de la comédie, étant indépendant des mœurs des comédiens, n'en auroit pas moins lieu quand ils auroient bien profité des leçons que vous nous exhortez à leur donner, et qu'ils deviendroient par nos soins autant de modèles de vertu. Cependant, par égard au sentiment de ceux de mes compatriotes qui ne voient d'autre danger dans la comédie que le mauvais exemple des comédiens, je veux bien rechercher encore si, même dans leur supposition, cet expédient est praticable avec quelque espoir de succès, et s'il doit suffire pour les tranquilliser.

En commençant par observer les faits avant de raisonner sur les causes, je vois en général que l'état de comédien est un état de licence et de mauvaises mœurs ; que les hommes y sont livrés au désordre ; que les femmes y mènent une vie scandaleuse ; que les uns et les autres, avares et prodigues tout à la fois, toujours accablés de dettes et toujours versant l'argent à pleines mains, sont aussi peu retenus sur leurs dissipations, que peu scrupuleux sur les moyens d'y pourvoir. Je vois encore que par tout pays leur profession est déshonorante ; que ceux qui l'exercent, excommuniés ou non, sont partout méprisés [1], et qu'à Paris même, où ils ont plus de considération et

---

[1] Si les Anglois ont inhumé la célèbre Oldfield à côté de leurs rois, ce n'étoit pas son métier, mais son talent, qu'ils vouloient honorer. Chez eux les grands talents anoblissent dans les moindres

une meilleure conduite que partout ailleurs, un bourgeois craindroit de fréquenter ces mêmes comédiens qu'on voit tous les jours à la table des grands. Une troisième observation, non moins importante, est que ce dédain est plus fort partout où les mœurs sont plus pures, et qu'il y a des pays d'innocence et de simplicité où le métier de comédien est presque en horreur. Voilà des faits incontestables. Vous me direz qu'il n'en résulte que des préjugés. J'en conviens : mais ces préjugés étant universels il faut leur chercher une cause universelle ; et je ne vois pas qu'on la puisse trouver ailleurs que dans la profession même à laquelle ils se rapportent. A cela vous répondez que les comédiens ne se rendent méprisables que parce qu'on les méprise. Mais pourquoi les eût-on méprisés s'ils n'eussent été méprisables? Pourquoi penseroit-on plus mal de leur état que des autres, s'il n'avoit rien qui l'en distinguât ? Voilà ce qu'il faudroit examiner, peut-être, avant de de les justifier aux dépens du public.

Je pourrois imputer ces préjugés aux déclamations des prêtres, si je ne les trouvois établis chez les Romains avant la naissance du christianisme, et non seulement courant vaguement dans l'esprit du peuple, mais autorisés par des lois expresses

états ; les petits avilissent dans les plus illustres. Et, quant à la profession des comédiens, les mauvais et les médiocres sont méprisés à Londres autant ou plus que partout ailleurs.

qui déclaroient les acteurs infâmes, leur ôtoient le titre et les droits de citoyens romains, et mettoient les actrices au rang des prostituées. Ici toute autre raison manque, hors celle qui se tire de la nature de la chose. Les prêtres païens et les dévots, plus favorables que contraires à des spectacles qui faisoient partie des jeux consacrés à la religion[1], n'avoient aucun intérêt à les décrier, et ne les décrioient pas en effet. Cependant on pouvoit dès-lors se récrier, comme vous faites, sur l'inconséquence de déshonorer des gens qu'on protége, qu'on paie, qu'on pensionne : ce qui, à vrai dire, ne me paroît pas si étrange qu'à vous; car il est à propos quelquefois que l'état encourage et protége des professions déshonorantes mais utiles, sans que ceux qui les exercent en doivent être plus considérés pour cela.

J'ai lu quelque part que ces flétrissures étoient moins imposées à de vrais comédiens qu'à des histrions et farceurs qui souilloient leurs jeux d'indécence et d'obscénités : mais cette distinction est insoutenable; car les mots de comédien et d'histrion étoient parfaitement synonymes, et n'avoient d'autre différence, sinon que l'un étoit grec et

---

[1] Tite-Live dit[*] que les jeux scéniques furent introduits à Rome l'an 390, à l'occasion d'une peste qu'il s'agissoit d'y faire cesser. Aujourd'hui l'on fermeroit les théâtres pour le même sujet, et sûrement cela seroit plus raisonnable.

[*] Lib. vii, cap. 2.

l'autre étrusque. Cicéron, dans le livre *de l'Orateur*, appelle histrions les deux plus grands acteurs qu'ait jamais eus Rome, Ésope et Roscius : dans son plaidoyer pour ce dernier, il plaint un si honnête homme d'exercer un métier si peu honnête [1]. Loin de distinguer entre les comédiens, histrions et farceurs, ni entre les acteurs des tragédies et ceux des comédies, la loi couvre indistinctement du même opprobre tous ceux qui montent sur le théâtre : *Quisquis in scenam prodierit, ait prætor, infamis est* [2]. Il est vrai seulement que cet opprobre tomboit moins sur la représentation même que sur l'état où l'on en faisoit métier, puisque la jeunesse de Rome représentoit publiquement, à la fin des grandes pièces, les Atellanes ou Exodes sans déshonneur. A cela près, on voit, dans mille endroits, que tous les comédiens indifféremment étoient esclaves, et traités comme tels quand le public n'étoit pas content d'eux.

---

[1] * Les citations ici ne sont point exactes. Dans son plaidoyer pour le comédien Roscius, Cicéron fait à la vérité (56) un bel éloge de ses vertus et de son mérite personnel ; mais, en cet endroit comme dans tout le reste du plaidoyer, on ne voit rien de défavorable à la profession que Roscius exerçoit. Quant au mot *histrion* employé dans le traité de l'Orateur (liv. 1, chap. 61), il l'est dans l'acception la plus générale, sans application directe à Ésope et Roscius, sans même aucune idée d'abjection et de mépris à attacher au mot lui-même. Aussi le nouveau traducteur (M. Levée) l'a rendu avec raison par le mot *acteurs*. (*OEuvres de Cicéron*, 1816, tome II, page 533.) (*Note de M. Petitain.*)

[2] ** Dig., lib. III, § *De his qui notantur infamiâ.*

Je ne sache qu'un seul peuple qui n'ait pas eu là-dessus les maximes de tous les autres, ce sont les Grecs. Il est certain que chez eux la profession du théâtre étoit si peu déshonnête, que la Grèce fournit des exemples d'acteurs chargés de certaines fonctions publiques, soit dans l'état, soit en ambassade. Mais on pourroit trouver aisément les raisons de cette exception. 1° La tragédie ayant été inventée chez les Grecs aussi bien que la comédie, ils ne pouvoient jeter d'avance une impression de mépris sur un état dont on ne connoissoit pas encore les effets; et quand on commença de les connoître, l'opinion publique avoit déjà pris son pli. 2° Comme la tragédie avoit quelque chose de sacré dans son origine, d'abord ses acteurs furent plutôt regardés comme des prêtres que comme des baladins. 3° Tous les sujets des pièces n'étant tirés que des antiquités nationales dont les Grecs étoient idolâtres, ils voyoient dans ces mêmes acteurs moins des gens qui jouoient des fables, que des citoyens instruits qui représentoient aux yeux de leurs compatriotes l'histoire de leur pays. 4° Ce peuple, enthousiaste de sa liberté jusqu'à croire que les Grecs étoient les seuls hommes libres par nature [1], se rappeloit avec un vif sentiment de plaisir ses anciens malheurs et les crimes de ses maî-

---

[1] Iphigénie le dit en termes exprès dans la tragédie d'Euripide qui porte le nom de cette princesse*.

* Acte v, scène 5.

tres. Ces grands tableaux l'instruisoient sans cesse, et il ne pouvoit se défendre d'un peu de respect pour les organes de cette instruction. 5° La tragédie n'étant d'abord jouée que par des hommes, on ne voyoit point sur leur théâtre ce mélange scandaleux d'hommes et de femmes qui fait des nôtres autant d'écoles de mauvaises mœurs. 6° Enfin leurs spectacles n'avoient rien de la mesquinerie de ceux d'aujourd'hui. Leurs théâtres n'étoient point élevés par l'intérêt et par l'avarice; ils n'étoient point renfermés dans d'obscures prisons; leurs acteurs n'avoient pas besoin de mettre à contribution les spectateurs, ni de compter du coin de l'œil les gens qu'ils voyoient passer la porte, pour être sûrs de leur souper.

Ces grands et superbes spectacles, donnés sous le ciel, à la face de toute une nation, n'offroient de toutes parts que des combats, des victoires, des prix, des objets capables d'inspirer aux Grecs une ardente émulation, et d'échauffer leurs cœurs de sentiments d'honneur et de gloire. C'est au milieu de cet imposant appareil, si propre à élever et remuer l'ame, que les acteurs, animés du même zèle, partageoient, selon leurs talents, les honneurs rendus aux vainqueurs des jeux, souvent aux premiers hommes de la nation. Je ne suis pas surpris que, loin de les avilir, leur métier, exercé de cette manière, leur donnât cette fierté de courage et ce noble désintéressement qui sembloit quelquefois élever l'acteur à son personnage. Avec tout cela, jamais la Grèce, excepté Sparte, ne fut citée en exemple de bonnes mœurs; et Sparte, qui ne souffroit point de théâtre [1], n'avoit garde d'honorer ceux qui s'y montrent. Revenons aux Romains, qui, loin de suivre à cet égard l'exemple des Grecs, en donnèrent un tout contraire. Quand leurs lois déclaroient les comédiens infâmes, étoit-ce dans le dessein d'en déshonorer la profession? Quelle eût été l'utilité d'une disposition si cruelle? Elles ne la déshonoroient point, elles rendoient seulement authentique le déshonneur qui en est inséparable; car jamais les bonnes lois ne changent la nature des choses, elles ne font que la suivre; et celles-là seules sont observées. Il ne s'agit donc pas de crier d'abord contre les préjugés, mais de savoir premièrement si ce ne sont que des préjugés; si la profession de comédien n'est point en effet déshonorante en elle-même; car si, par malheur, elle l'est, nous aurons beau statuer qu'elle ne l'est pas, au lieu de la réhabiliter, nous ne ferons que nous avilir nous-mêmes.

Qu'est-ce que le talent du comédien? L'art de se contrefaire, de revêtir un autre caractère que le sien, de paroître différent de ce qu'on est, de se passionner de sang froid, de dire autre chose que

---

[1] * Rousseau a reconnu lui-même la fausseté de cette assertion. Voyez dans la *Correspondance* sa lettre à M. Le Roy, du 4 novembre 1758.

ce qu'on pense, aussi naturellement que si l'on le pensoit réellement, et d'oublier enfin sa propre place à force de prendre celle d'autrui. Qu'est-ce que la profession du comédien? Un métier par lequel il se donne en représentation pour de l'argent, se soumet à l'ignominie et aux affronts qu'on achète le droit de lui faire, et met publiquement sa personne en vente. J'adjure tout homme sincère de dire s'il ne sent pas au fond de son ame qu'il y a dans ce trafic de soi-même quelque chose de servile et de bas. Vous autres philosophes, qui vous prétendez si fort au-dessus des préjugés, ne mourriez-vous pas tous de honte, si, lâchement travestis en rois, il vous falloit aller faire aux yeux du public un rôle différent du vôtre, et exposer vos majestés aux huées de la populace? Quel est donc, au fond, l'esprit que le comédien reçoit de son état? un mélange de bassesse, de fausseté, de ridicule orgueil, et d'indigne avilissement, qui le rend propre à toutes sortes de personnages, hors le plus noble de tous, celui d'homme, qu'il abandonne.

Je sais que le jeu du comédien n'est pas celui d'un fourbe qui veut en imposer, qu'il ne prétend pas qu'on le prenne en effet pour la personne qu'il représente, ni qu'on le croie affecté des passions qu'il imite, et qu'en donnant cette imitation pour ce qu'elle est, il la rend tout-à-fait innocente. Aussi ne l'accusé-je pas d'être précisément un trompeur, mais de cultiver, pour tout métier, le talent de tromper les hommes, et de s'exercer à des habitudes qui, ne pouvant être innocentes qu'au théâtre, ne servent partout ailleurs qu'à malfaire. Ces hommes si bien parés, si bien exercés au ton de la galanterie et aux accents de la passion, n'abuseront-ils jamais de cet art pour séduire de jeunes personnes? Ces valets filous, si subtils de la langue et de la main sur la scène, dans les besoins d'un métier plus dispendieux que lucratif n'auront-ils jamais de distractions utiles? Ne prendront-ils jamais la bourse d'un fils prodigue, ou d'un père avare pour celle de Léandre ou d'Argan[1]? Partout la tentation de malfaire augmente avec la facilité; et il faut que les comédiens soient plus vertueux que les autres hommes, s'ils ne sont pas plus corrompus.

L'orateur, le prédicateur, pourra-t-on me dire encore, paient de leur personne ainsi que le comédien. La différence est très-grande. Quand l'orateur se montre, c'est pour parler, et non pour se donner en spectacle : il ne représente que lui-même, il ne fait que son propre rôle, ne parle qu'en son propre nom, ne dit ou ne doit dire que

---

[1] On a relevé ceci comme outré et comme ridicule. On a eu raison. Il n'y a point de vice dont les comédiens soient moins accusés que de la friponnerie; leur métier, qui les occupe beaucoup, et leur donne même des sentiments d'honneur à certains égards, les éloigne d'une telle bassesse. Je laisse ce passage, parce que je me suis fait une loi de ne rien ôter; mais je le désavoue hautement comme une très-grande injustice.

ce qu'il pense : l'homme et le personnage étant le même être, il est à sa place; il est dans le cas de tout autre citoyen qui remplit les fonctions de son état. Mais un comédien sur la scène, étalant d'autres sentiments que les siens, ne disant que ce qu'on lui fait dire, représentant souvent un être chimérique, s'anéantit, pour ainsi dire, s'annule avec son héros; et, dans cet oubli de l'homme, s'il en reste quelque chose, c'est pour être le jouet des spectateurs. Que dirai-je de ceux qui semblent avoir peur de valoir trop par eux-mêmes, et se dégradent jusqu'à représenter des personnages auxquels ils seroient bien fâchés de ressembler? C'est un grand mal sans doute de voir tant de scélérats dans le monde faire des rôles d'honnêtes gens; mais y a-t-il rien de plus odieux, de plus choquant, de plus lâche, qu'un honnête homme à la comédie faisant le rôle d'un scélérat, et déployant tout son talent pour faire valoir de criminelles maximes, dont lui-même est pénétré d'horreur?

Si l'on ne voit en tout ceci qu'une profession peu honnête, on doit voir encore une source de mauvaises mœurs dans le désordre des actrices, qui force et entraîne celui des acteurs. Mais pourquoi ce désordre est-il inévitable? Ah! pourquoi? Dans tout autre temps on n'auroit pas besoin de le demander; mais, dans ce siècle où règnent si fièrement les préjugés et l'erreur sous le nom de philosophie, les hommes, abrutis par leur vain savoir, ont fermé leur esprit à la voix de la raison, et leur cœur à celle de la nature.

Dans tout état, dans tout pays, dans toute condition, les deux sexes ont entre eux une liaison si forte et si naturelle, que les mœurs de l'un décident toujours de celles de l'autre. Non que ces mœurs soient toujours les mêmes, mais elles ont toujours le même degré de bonté, modifié dans chaque sexe par les penchants qui lui sont propres. Les Angloises sont douces et timides; les Anglois sont durs et féroces. D'où vient cette apparente opposition? De ce que le caractère de chaque sexe est ainsi renforcé, et que c'est aussi le caractère national de porter tout à l'extrême. A cela près, tout est semblable. Les deux sexes aiment à vivre à part; tous deux font cas des plaisirs de la table; tous deux se rassemblent pour boire après le repas, les hommes du vin, les femmes du thé; tous deux se livrent au jeu sans fureur, et s'en font un métier plutôt qu'une passion; tous deux ont un grand respect pour les choses honnêtes; tous deux aiment la patrie et les lois; tous deux honorent la foi conjugale, et, s'ils la violent, ils ne se font point un honneur de la violer; la paix domestique plaît à tous deux: tous deux sont silencieux et taciturnes; tous deux difficiles à émouvoir; tous deux emportés dans leurs passions; pour tous deux l'amour est terrible et tragique, il décide du sort de leurs jours; il ne s'agit pas de moins, dit Muralt, que d'y laisser la raison ou la vie ; enfin tous deux se plaisent à la campagne, et les dames angloises errent aussi volontiers dans leurs parcs solitaires, qu'elles vont se montrer à Vauxhall. De ce goût commun pour la solitude naît aussi celui des lectures contemplatives et des romans dont l'Angleterre est inondée [1]. Ainsi tous deux, plus recueillis avec eux-mêmes, se livrent moins à des imitations frivoles, prennent mieux le goût des vrais plaisirs de la vie, et songent moins à paroître heureux qu'à l'être.

J'ai cité les Anglois par préférence, parce qu'ils sont, de toutes les nations du monde, celle où les mœurs des deux sexes paroissent d'abord le plus contraires. De leur rapport dans ce pays-là nous pouvons conclure pour les autres : toute la différence consiste en ce que la vie des femmes est un développement continuel de leurs mœurs ; au lieu que celles des hommes s'effaçant davantage dans l'uniformité des affaires, il faut attendre, pour en juger, de les voir dans les plaisirs. Voulez-vous donc connoître les hommes, étudiez les femmes. Cette maxime est générale, et jusque-là tout le monde sera d'accord avec moi. Mais si j'ajoute qu'il n'y a point de bonnes mœurs pour les femmes hors d'une vie retirée et domestique ; si je dis que les paisibles soins de la famille et du ménage sont leur

---

[1] Ils y sont, comme les hommes, sublimes ou détestables. On n'a jamais fait encore, en quelque langue que ce soit, de roman égal à *Clarisse*, ni même approchant.

partage, que la dignité de leur sexe est dans sa modestie, que la honte et la pudeur sont en elles inséparables de l'honnêteté, que rechercher les regards des hommes c'est déjà s'en laisser corrompre, et que toute femme qui se montre se déshonore ; à l'instant va s'élever contre moi cette philosophie d'un jour, qui naît et meurt dans le coin d'une grande ville, et veut étouffer de là le cri de la nature et la voix unanime du genre humain.

Préjugés populaires! me crie-t-on; petites erreurs de l'enfance! tromperie des lois et de l'éducation! La pudeur n'est rien; elle n'est qu'une invention des lois sociales pour mettre à couvert les droits des pères et des époux, et maintenir quelque ordre dans les familles. Pourquoi rougirions-nous des besoins que nous donna la nature? Pourquoi trouverions-nous un motif de honte dans un acte aussi indifférent en soi et aussi utile dans ses effets que celui qui concourt à perpétuer l'espèce? Pourquoi, les désirs étant égaux des deux parts, les démonstrations en seroient-elles différentes? Pourquoi l'un des sexes se refuseroit-il plus que l'autre aux penchants qui leur sont communs? Pourquoi l'homme auroit-il sur ce point d'autres lois que les animaux?

Tes pourquoi, dit le dieu, ne finiroient jamais.

Mais ce n'est pas à l'homme, c'est à son auteur qu'il les faut adresser. N'est-il pas plaisant qu'il faille dire pourquoi j'ai honte d'un sentiment naturel, si cette honte ne m'est pas moins naturelle que ce sentiment même ? Autant vaudroit me demander aussi pourquoi j'ai ce sentiment. Est-ce à moi de rendre compte de ce qu'a fait la nature ? Par cette manière de raisonner, ceux qui ne voient pas pourquoi l'homme est existant devroient nier qu'il existe.

J'ai peur que ces grands scrutateurs des conseils de Dieu n'aient un peu légèrement pesé ses raisons. Moi, qui ne me pique pas de les connoître, j'en crois voir qui leur ont échappé. Quoi qu'ils en disent, la honte qui voile aux yeux d'autrui les plaisirs de l'amour est quelque chose : elle est la sauvegarde commune que la nature a donnée aux deux sexes dans un état de foiblesse et d'oubli d'eux-mêmes qui les livre à la merci du premier venu : c'est ainsi qu'elle couvre leur sommeil des ombres de la nuit, afin que, durant ce temps de ténèbres, ils soient moins exposés aux attaques les uns des autres : c'est ainsi qu'elle fait chercher à tout animal souffrant la retraite et les lieux déserts, afin qu'il souffre et meure en paix hors des atteintes qu'il ne peut plus repousser.

A l'égard de la pudeur du sexe en particulier, quelle arme plus douce eût pu donner cette même nature à celui qu'elle detinoit à se défendre ? Les désirs sont égaux ! Qu'est-ce à dire ? Y a-t-il de part et d'autre mêmes facultés de les satisfaire ? Que deviendroit l'espèce humaine si l'ordre de l'attaque et de la défense étoit changé? L'assaillant choisiroit, au hasard, des temps où la victoire seroit impossible ; l'assailli seroit laissé en paix quand il auroit besoin de se rendre, et poursuivi sans relâche quand il seroit trop foible pour succomber ; enfin le pouvoir et la volonté, toujours en discorde, ne laissant jamais partager les désirs, l'amour ne seroit plus le soutien de la nature, il en seroit le destructeur et le fléau.

Si les deux sexes avoient également fait et reçu les avances, la vaine importunité n'eût point été sauvée, des feux toujours languissants dans une ennuyeuse liberté ne se fussent jamais irrités, le plus doux de tous les sentiments eût à peine effleuré le cœur humain, et son objet eût été mal rempli. L'obstacle apparent qui semble éloigner cet objet est au fond ce qui le rapproche. Les désirs voilés par la honte n'en deviennent que plus séduisants ; en les gênant, la pudeur les enflamme : ses craintes, ses détours, ses réserves, ses timides aveux, sa tendre et naïve finesse, disent mieux ce qu'elle croit taire que la passion ne l'eût dit sans elle : c'est elle qui donne du prix aux faveurs, et de la douceur aux refus. Le véritable amour possède en effet ce que la seule pudeur lui dispute : ce mélange de foiblesse et de modestie le rend plus touchant et plus tendre ; moins il obtient, plus la valeur de ce qu'il obtient en augmente ; et c'est ainsi qu'il jouit à la fois de ses privations et de ses plaisirs.

Pourquoi, disent-ils, ce qui n'est pas honteux à l'homme le seroit-il à la femme? pourquoi l'un des sexes se feroit-il un crime de ce que l'autre se croit permis? Comme si les conséquences étoient les mêmes des deux côtés! comme si tous les austères devoirs de la femme ne dérivoient pas de cela seul, qu'un enfant doit avoir un père! Quand ces importantes considérations nous manqueroient, nous aurions toujours la même réponse à faire, et toujours elle seroit sans réplique : ainsi l'a voulu la nature, c'est un crime d'étouffer sa voix. L'homme peut être audacieux, telle est sa destination [1]; il faut bien que quelqu'un se déclare; mais toute femme sans pudeur est coupable et dépravée, parce qu'elle foule aux pieds un sentiment naturel à son sexe.

---

[1] Distinguons cette audace de l'insolence et de la brutalité; car rien ne part de sentiments plus opposés et n'a d'effets plus contraires. Je suppose l'amour innocent et libre, ne recevant de loi que de lui-même; c'est à lui seul qu'il appartient de présider à ses mystères, et de former l'union des personnes ainsi que celle des cœurs. Qu'un homme insulte à la pudeur du sexe, et attente avec violence aux charmes d'un jeune objet qui ne sent rien pour lui; sa grossièreté n'est point passionnée, elle est outrageante; elle annonce une ame sans mœurs, sans délicatesse, incapable à la fois d'amour et d'honnêteté. Le plus grand prix des plaisirs est dans le cœur qui les donne : un véritable amant ne trouveroit que douleur, rage et désespoir, dans la possession même de ce qu'il aime, s'il croyoit n'en point être aimé.

Vouloir contenter insolemment ses désirs sans l'aveu de celle

Comment peut-on disputer la vérité de ce sentiment? toute la terre n'en rendît-elle pas l'éclatant témoignage, la seule comparaison des sexes suffiroit pour la constater. N'est-ce pas la nature qui pare les jeunes personnes de ces traits si doux, qu'un peu de honte rend plus touchants encore? N'est-ce pas elle qui met dans leurs yeux ce regard timide et tendre auquel on résiste avec tant de peine? N'est-ce pas elle qui donne à leur teint plus d'éclat et à leur peau plus de finesse, afin qu'une modeste rougeur s'y laisse mieux apercevoir? N'est-ce pas elle qui les rend craintives afin qu'elles fuient, et foibles afin qu'elles cèdent? A quoi bon leur donner un cœur plus sensible à la pitié, moins de vitesse à la course, un corps moins robuste, une stature moins haute, des muscles plus délicats, si elle ne les eût destinées à se laisser vaincre? Assujetties aux incommodités

qui les fait naître, est l'audace d'un satyre; celle d'un homme est de savoir les témoigner sans déplaire, de les rendre intéressants, de faire en sorte qu'on les partage, d'asservir les sentiments avant d'attaquer la personne. Ce n'est pas encore assez d'être aimé, les désirs partagés ne donnent pas seuls le droit de les satisfaire; il faut de plus le consentement de la volonté. Le cœur accorde en vain ce que la volonté refuse. L'honnête homme et l'amant s'en abstient, même quand il pourroit l'obtenir. Arracher ce consentement tacite, c'est user de toute la violence permise en amour. Le lire dans les yeux, le voir dans les manières, malgré le refus de la bouche, c'est l'art de celui qui sait aimer; s'il achève alors d'être heureux, il n'est point brutal, il est honnête; il n'outrage point la pudeur, il la respecte, il la sert; il lui laisse l'honneur de défendre encore ce qu'elle eût peut-être abandonné.

de la grossesse et aux douleurs de l'enfantement, ce surcroît de travail exigeoit-il une diminution de forces ? Mais pour les réduire à cet état pénible, il les falloit assez fortes pour ne succomber qu'à leur volonté, et assez foibles pour avoir toujours un prétexte de se rendre. Voilà précisément le point où les a placées la nature.

Passons du raisonnement à l'expérience. Si la pudeur étoit un préjugé de la société et de l'éducation, ce sentiment devroit augmenter dans les lieux où l'éducation est plus soignée, et où l'on raffine incessamment sur les lois sociales; il devroit être plus foible partout où l'on est resté plus près de l'état primitif. C'est tout le contraire [1]. Dans nos montagnes, les femmes sont timides et modestes; un mot les fait rougir, elles n'osent lever les yeux sur les hommes, et gardent le silence devant eux. Dans les grandes villes, la pudeur est ignoble et basse : c'est la seule chose dont une femme bien élevée auroit honte, et l'honneur d'avoir fait rougir un honnête homme n'appartient qu'aux femmes du meilleur air.

L'argument tiré de l'exemple des bêtes ne conclut point et n'est pas vrai. L'homme n'est point

---

[1] Je m'attends à l'objection : Les femmes sauvages n'ont point de pudeur, car elles vont nues. Je réponds que les nôtres en ont encore moins, car elles s'habillent. Voyez la fin de cet Essai, au sujet des filles de Lacédémone.

un chien ni un loup. Il ne faut qu'établir dans son espèce les premiers rapports de la société pour donner à ses sentiments une moralité toujours inconnue aux bêtes. Les animaux ont un cœur et des passions, mais la sainte image de l'honnête et du beau n'entra jamais que dans le cœur de l'homme.

Malgré cela, où a-t-on pris que l'instinct ne produit jamais dans les animaux des effets semblables à ceux que la honte produit parmi les hommes ? Je vois tous les jours des preuves du contraire. J'en vois se cacher dans certains besoins, pour dérober aux sens un objet de dégoût ; je les vois ensuite, au lieu de fuir, s'empresser d'en couvrir les vestiges. Que manque-t-il à ces soins pour avoir un air de décence et d'honnêteté, sinon d'être pris par des hommes ? Dans leurs amours, je vois des caprices, des choix, des refus concertés, qui tiennent de bien près à la maxime d'irriter la passion par les obstacles. A l'instant même où j'écris ceci, j'ai sous les yeux un exemple qui le confirme. Deux jeunes pigeons, dans l'heureux temps de leurs premières amours, m'offrent un tableau bien différent de la sotte brutalité que leur prêtent nos prétendus sages. La blanche colombe va suivant pas à pas son bien-aimé, et prend chasse elle-même aussitôt qu'il se retourne. Reste-t-il dans l'inaction, de légers coups de bec le réveillent : s'il se retire, on le poursuit ; s'il se défend, un petit vol de six pas l'attire encore : l'innocence de la nature ménage les agaceries et la molle résistance avec un art qu'auroit à peine la plus habile coquette. Non, la folâtre Galatée ne faisoit pas mieux, et Virgile eût pu tirer d'un colombier l'une de ses plus charmantes images.

Quand on pourroit nier qu'un sentiment particulier de pudeur fût naturel aux femmes, en seroit-il moins vrai que, dans la société, leur partage doit être une vie domestique et retirée, et qu'on doit les élever dans des principes qui s'y rapportent ? Si la timidité, la pudeur, la modestie, qui leur sont propres, sont des inventions sociales, il importe à la société que les femmes acquièrent ces qualités, il importe de les cultiver en elles ; et toute femme qui les dédaigne offense les bonnes mœurs. Y a-t-il au monde un spectacle aussi touchant, aussi respectable, que celui d'une mère de famille entourée de ses enfants, réglant les travaux de ses domestiques, procurant à son mari une vie heureuse, et gouvernant sagement la maison ? C'est là qu'elle se montre dans toute la dignité d'une honnête femme ; c'est là qu'elle impose vraiment du respect, et que la beauté partage avec honneur les hommages rendus à la vertu.

Une maison dont la maîtresse est absente est un corps sans ame, qui bientôt tombe en corruption ; une femme hors de sa maison perd son plus grand lustre ; et, dépouillée de ses vrais ornements, elle se montre avec indécence. Si elle a un mari, que cherche-t-elle parmi les hommes ? Si elle n'en a pas, comment s'expose-t-elle à rebuter, par un maintien peu modeste, celui qui seroit tenté de le devenir ? Quoi qu'elle puisse faire, on sent qu'elle n'est pas à sa place en public ; et sa beauté même, qui plaît sans intéresser, n'est qu'un tort de plus que le cœur lui reproche. Que cette impression nous vienne de la nature ou de l'éducation, elle est commune à tous les peuples du monde ; partout on considère les femmes à proportion de leur modestie ; partout on est convaincu qu'en négligeant les manières de leur sexe elles en négligent les devoirs ; partout on voit qu'alors, tournant en effronterie la mâle et ferme assurance de l'homme, elles s'avilissent par cette odieuse imitation, et déshonorent à la fois leur sexe et le nôtre.

Je sais qu'il règne en quelques pays des coutumes contraires ; mais voyez aussi quelles mœurs elles ont fait naître. Je ne voudrois pas d'autre exemple pour confirmer mes maximes. Appliquons aux mœurs des femmes ce que j'ai dit ci-devant de l'honneur qu'on leur porte. Chez tous les anciens peuples policés elles vivoient très-renfermées ; elles se montroient rarement en public, jamais avec des hommes ; elles ne se promenoient point avec eux ; elles n'avoient point la meilleure place au spectacle, elles ne s'y mettoient point en montre¹; il ne leur étoit pas même permis d'assister à tous, et l'on sait qu'il y avoit peine de mort contre celles qui s'oseroient montrer aux jeux olympiques.

Dans la maison elles avoient un appartement particulier où les hommes n'entroient point. Quand leurs maris donnoient à manger, elles se présentoient rarement à table; les honnêtes femmes en sortoient avant la fin du repas, et les autres n'y paroissoient point au commencement. Il n'y avoit aucune assemblée commune pour les deux sexes; ils ne passoient point la journée ensemble. Ce soin de ne pas se rassasier les uns des autres faisoit qu'on s'en revoyoit avec plus de plaisir : il est sûr qu'en général la paix domestique étoit mieux affermie, et qu'il régnoit plus d'union entre les époux² qu'il n'en règne aujourd'hui.

Tels étoient les usages des Perses, des Grecs, des Romains, et même des Égyptiens, malgré les mauvaises plaisanteries d'Hérodote, qui se réfutent

---

¹ Au théâtre d'Athènes, les femmes occupoient une galerie haute appelée *cercis*, peu commode pour voir et pour être vues; mais il paroît, par l'aventure de Valérie et de Sylla*, qu'au cirque de Rome elles étoient mêlées avec les hommes.

² On en pourroit attribuer la cause à la facilité du divorce; mais les Grecs en faisoient peu d'usage, et Rome subsista cinq cents ans avant que personne s'y prévalût de la loi qui le permettoit.

* PLUTARQUE, *Vie de Sylla*, § 72. — La galerie, dont il est parlé dans cette note pour le théâtre d'Athènes, étoit réservée aux femmes honnêtes et qui tenoient à leur réputation. Quant aux courtisanes, il paroît qu'elles se plaçoient soit parmi les hommes, soit dans une galerie particulière. *Voyage d'Anacharsis*, chap. XI.

d'elles-mêmes. Si quelquefois les femmes sortoient des bornes de cette modestie, le cri public montroit que c'étoit une exception. Que n'a-t-on pas dit de la liberté du sexe à Sparte! On peut comprendre aussi par la *Lisistrata* d'Aristophane combien l'impudence des Athéniennes étoit choquante aux yeux des Grecs; et, dans Rome déjà corrompue, avec quel scandale ne vit-on point encore les dames romaines se présenter au tribunal des triumvirs!

Tout est changé. Depuis que des foules de barbares, traînant avec eux leurs femmes dans leurs armées, eurent inondé l'Europe, la licence des camps, jointe à la froideur naturelle des climats septentrionaux, qui rend la réserve moins nécessaire, introduisit une autre manière de vivre que favorisèrent les livres de chevalerie, où les belles dames passoient leur vie à se faire enlever par des hommes, en tout bien et en tout honneur. Comme ces livres étoient les écoles de galanterie du temps, les idées de liberté qu'ils inspirent s'introduisirent surtout dans les cours et les grandes villes, où l'on se pique davantage de politesse; par le progrès même de cette politesse, elle dut enfin dégénérer en grossièreté. C'est ainsi que la modestie naturelle au sexe est peu à peu disparue, et que les mœurs des vivandières se sont transmises aux femmes de qualité.

Mais voulez-vous savoir combien ces usages,

contraires aux idées naturelles, sont choquants pour qui n'en a pas l'habitude ; jugez-en par la surprise et l'embarras des étrangers et provinciaux à l'aspect de ces manières si nouvelles pour eux. Cet embarras fait l'éloge des femmes de leurs pays; et il est à croire que celles qui le causent en seroient moins fières, si la source leur en étoit mieux connue. Ce n'est point qu'elles en imposent; c'est plutôt qu'elles font rougir, et que la pudeur, chassée par la femme de ses discours et de son maintien, se réfugie dans le cœur de l'homme.

Revenant maintenant à nos comédiennes, je demande comment un état, dont l'unique objet est de se montrer en public, et, qui pis est, de se montrer pour de l'argent, conviendroit à d'honnêtes femmes, et pourroit compatir en elles avec la modestie et les bonnes mœurs. A-t-on besoin même de disputer sur les différences morales des sexes, pour sentir combien il est difficile que celle qui se met à prix en représentation ne s'y mette bientôt en personne, et ne se laisse jamais tenter de satisfaire des désirs qu'elle prend tant de soin d'exciter? Quoi ! malgré mille timides précautions, une femme honnête et sage, exposée au moindre danger, a bien de la peine encore à se conserver un cœur à l'épreuve; et ces jeunes personnes audacieuses, sans autre éducation qu'un système de coquetterie et des rôles amoureux, dans une parure très-peu modeste [1], sans cesse entourées d'une jeunesse ardente et téméraire, au milieu des douces voix de l'amour et du plaisir, résisteront à leur âge, à leur cœur, aux objets qui les environnent, aux discours qu'on leur tient, aux occasions toujours renaissantes, et à l'or auquel elles sont d'avance à demi vendues ! Il faudroit nous croire une simplicité d'enfant pour vouloir nous en imposer à ce point. Le vice a beau se cacher dans l'obscurité, son empreinte est sur les fronts coupables : l'audace d'une femme est le signe assuré de sa honte; c'est pour avoir trop à rougir qu'elle ne rougit plus; et si quelquefois la pudeur survit à la chasteté, que doit-on penser de la chasteté quand la pudeur même est éteinte ?

Supposons, si l'on veut, qu'il y ait eu quelques exceptions ; supposons

<blockquote>Qu'il en soit jusqu'à trois que l'on pourroit nommer.</blockquote>

Je veux bien croire là-dessus ce que je n'ai jamais ni vu ni ouï dire. Appellerons-nous un métier honnête celui qui fait d'une honnête femme un prodige, et qui nous porte à mépriser celles qui l'exercent, à moins de compter sur un miracle continuel ? L'immodestie tient si bien à leur état, et elles le sentent si bien elles-mêmes, qu'il n'y en a pas une

---

[1] Que sera-ce, en leur supposant la beauté qu'on a raison d'exiger d'elles ! Voyez les *Entretiens sur le Fils naturel**.

* Ouvrage de Diderot.

qui ne se crût ridicule de feindre au moins de prendre pour elle les discours de sagesse et d'honneur qu'elle débite au public. De peur que ces maximes sévères ne fissent un progrès nuisible à son intérêt, l'actrice est toujours la première à parodier son rôle et à détruire son propre ouvrage. Elle quitte, en atteignant la coulisse, la morale du théâtre aussi bien que sa dignité; et si l'on prend des leçons de vertu sur la scène, on les va bien vite oublier dans les foyers.

Après ce que j'ai dit ci-devant, je n'ai pas besoin, je crois, d'expliquer encore comment le désordre des actrices entraîne celui des acteurs, surtout dans un métier qui les force à vivre entre eux dans la plus grande familiarité. Je n'ai pas besoin de montrer comment d'un état déshonorant naissent des sentiments déshonnêtes, ni comment les vices divisent ceux que l'intérêt commun devroit réunir. Je ne m'étendrai pas sur mille sujets de discorde et de querelles, que la distribution des rôles, le partage de la recette, le choix des pièces, la jalousie des applaudissements, doivent exciter sans cesse, principalement entre les actrices, sans parler des intrigues de galanterie. Il est plus inutile encore que j'expose les effets que l'association du luxe et de la misère, inévitable entre ces gens-là, doit naturellement produire. J'en ai déjà trop dit pour vous et pour les hommes raisonnables; je n'en dirois jamais assez pour les gens prévenus qui ne veulent pas voir ce que la raison leur montre, mais seulement ce qui convient à leurs passions ou à leurs préjugés.

Si tout cela tient à la profession du comédien, que ferons-nous, monsieur, pour prévenir des effets inévitables? Pour moi, je ne vois qu'un seul moyen ; c'est d'ôter la cause. Quand les maux de l'homme lui viennent de sa nature ou d'une manière de vivre qu'il ne peut changer, les médecins les préviennent-ils? Défendre au comédien d'être vicieux, c'est défendre à l'homme d'être malade.

S'ensuit-il de là qu'il faille mépriser tous les comédiens? Il s'ensuit, au contraire, qu'un comédien qui a de la modestie, des mœurs, de l'honnêteté, est, comme vous l'avez très-bien dit, doublement estimable, puisqu'il montre par là que l'amour de la vertu l'emporte en lui sur les passions de l'homme et sur l'ascendant de sa profession. Le seul tort qu'on lui peut imputer est de l'avoir embrassée : mais trop souvent un écart de jeunesse décide du sort de la vie ; et, quand on se sent un vrai talent, qui peut résister à son attrait? les grands acteurs portent avec eux leur excuse ; ce sont les mauvais qu'il faut mépriser.

Si j'ai resté si long-temps dans les termes de la proposition générale, ce n'est pas que je n'eusse eu plus d'avantage encore à l'appliquer précisément à la ville de Genève : mais la répugnance de mettre mes concitoyens sur la scène m'a fait différer autant que je l'ai pu de parler de nous. Il y faut pourtant venir à la fin ; et je n'aurois rempli qu'imparfaitement ma tâche, si je ne cherchois sur notre situation particulière, ce qui résultera de l'établissement d'un théâtre dans notre ville, au cas que votre avis et vos raisons déterminent le gouvernement à l'y souffrir. Je me bornerai à des effets si sensibles, qu'ils ne puissent être contestés de personne qui connoisse un peu notre constitution.

Genève est riche, il est vrai ; mais, quoiqu'on n'y voie point ces énormes disproportions de fortune qui appauvrissent tout un pays pour enrichir quelques habitants et sèment la misère autour de l'opulence, il est certain que, si quelques Génevois possèdent d'assez grands biens, plusieurs vivent dans une disette assez dure, et que l'aisance du plus grand nombre vient d'un travail assidu, d'économie et de modération, plutôt que d'une richesse positive. Il y a bien des villes plus pauvres que la nôtre où le bourgeois peut donner beaucoup plus à ses plaisirs, parce que le territoire qui le nourrit ne s'épuise pas, et que son temps n'étant d'aucun prix, il peut le perdre sans préjudice. Il n'en va pas ainsi parmi nous, qui, sans terres pour subsister, n'avons tous que notre industrie. Le peuple génevois ne se soutient qu'à force de travail, et n'a le nécessaire qu'autant qu'il se refuse tout superflu : c'est une des raisons de nos lois somptuaires. Il me semble que ce qui doit d'abord frapper tout étranger entrant dans Genève, c'est l'air de vie et d'activité qu'il y voit régner. Tout s'occupe, tout est en mouvement, tout s'empresse à son travail et à ses affaires. Je ne crois pas que nulle autre aussi petite ville au monde offre un pareil spectacle. Visitez le quartier Saint-Gervais, toute l'horlogerie de l'Europe y paroît rassemblée. Parcourez le Molard et les rues basses, un appareil de commerce en grand, des monceaux de ballots, de tonneaux confusément jetés, une odeur d'Inde et de droguerie, vous font imaginer un port de mer. Aux Pâquis, aux Eaux-vives, le bruit et l'aspect des fabriques d'indiennes et de toile peinte semblent vous transporter à Zurich. La ville se multiplie en quelque sorte par les travaux qui s'y font; et j'ai vu des gens, sur ce premier coup d'œil, en estimer le peuple à cent mille ames. Les bras, l'emploi du temps, la vigilance, l'austère parcimonie; voilà les trésors du Génevois; voilà avec quoi nous attendons un amusement de gens oisifs, qui, nous ôtant à la fois le temps et l'argent, doublera réellement notre perte.

Genève ne contient pas vingt-quatre mille ames, vous en convenez. Je vois que Lyon, bien plus riche à proportion, et du moins cinq ou six fois plus peuplé, entretient exactement un théâtre, et que, quand ce théâtre est un opéra, la ville n'y sauroit suffire. Je vois que Paris, la capitale de la France et le gouffre des richesses de ce grand royaume, en entretient trois assez médiocrement, et un quatrième en certains temps de l'année. Supposons ce quatrième [1] permanent. Je vois que, dans plus de six cent mille habitants, ce rendez-vous de l'opulence et de l'oisiveté fournit à peine journellement au spectacle mille ou douze cents spectateurs, tout compensé. Dans le reste du royaume, je vois Bordeaux, Rouen, grands ports de mer; je vois Lille, Strasbourg, grandes villes de guerre, pleines d'officiers oisifs qui passent leur vie à attendre qu'il soit midi et huit heures, avoir un théâtre de comédie : encore faut-il des taxes involontaires pour le soutenir. Mais combien d'autres villes incomparablement plus grandes que la nôtre, combien de siéges de parlements et de cours souveraines, ne peuvent entretenir une comédie à demeure!

Pour juger si nous sommes en état de mieux faire, prenons un terme de comparaison bien connu, tel, par exemple, que la ville de Paris. Je dis donc que,

---

[1] Si je ne compte point le concert spirituel, c'est qu'au lieu d'être un spectacle ajouté aux autres, il n'en est que le supplément. Je ne compte pas non plus les petits spectacles de la Foire*; mais aussi je la compte toute l'année, au lieu qu'elle ne dure pas six mois. En recherchant, par comparaison, s'il est possible qu'une troupe subsiste à Genève, je suppose partout des rapports plus favorables à l'affirmative que ne le donnent les faits connus.

* Les trois théâtres *permanents* à Paris étoient le Théâtre-François, l'Opéra et la Comédie-Italienne ; le quatrième étoit ce *Théâtre de la Foire* où Piron et Le Sage ont fait représenter toutes leurs petites pièces.

si plus de six cent mille habitants ne fournissent journellement et l'un dans l'autre aux théâtres de Paris que douze cents spectateurs, moins de vingt-quatre mille habitants n'en fourniront certainement pas plus de quarante-huit à Genève : encore faut-il déduire les *gratis* de ce nombre, et supposer qu'il n'y a pas proportionnellement moins de désœuvrés à Genève qu'à Paris ; supposition qui me paroît insoutenable.

Or, si les comédiens françois, pensionnés du roi, et propriétaires de leur théâtre, ont bien de la peine à se soutenir à Paris avec une assemblée de trois cents spectateurs par représentation [1], je demande comment les comédiens de Genève se soutiendront avec une assemblée de quarante-huit spectateurs pour toute ressource. Vous me direz qu'on vit à meilleur compte à Genève qu'à Paris. Oui ; mais les billets d'entrées coûteront aussi moins à proportion : et puis la dépense de la table n'est rien pour des comédiens ; ce sont les habits, c'est la parure qui leur coûte : il faudra faire venir tout cela de Paris, ou dresser des ouvriers maladroits. C'est dans les lieux où toutes ces choses sont com-

---

[1] Ceux qui ne vont au spectacle que les beaux jours, où l'assemblée est nombreuse, trouveront cette estimation trop foible ; mais ceux qui, pendant dix ans, les auront suivis, comme moi, bons et mauvais jours, la trouveront sûrement trop forte. S'il faut donc diminuer le nombre journalier de trois cents spectateurs à Paris, il faut diminuer proportionnellement celui de quarante-huit à Genève ; ce qui renforce mes objections.

munes qu'on les fait à meilleur marché. Vous direz encore qu'on les assujettira à nos lois somptuaires. Mais c'est en vain qu'on voudroit porter la réforme sur le théâtre; jamais Cléopâtre et Xerxès ne goûteront notre simplicité. L'état des comédiens étant de paroître, c'est leur ôter le goût de leur métier de les en empêcher, et je doute que jamais bon acteur consente à se faire quaker. Enfin l'on peut m'objecter que la troupe de Genève, étant bien moins nombreuse que celle de Paris, pourra subsister à bien moindres frais. D'accord : mais cette différence sera-t-elle en raison de celle de quarante-huit à trois cents? Ajoutez qu'une troupe plus nombreuse a aussi l'avantage de pouvoir jouer plus souvent; au lieu que, dans une petite troupe où les doubles manquent, tous ne sauroient jouer tous les jours; la maladie, l'absence d'un seul comédien fait manquer une représentation, et c'est autant de perdu pour la recette.

Le Génevois aime excessivement la campagne; on en peut juger par la quantité de maisons répandues autour de la ville. L'attrait de la chasse et la beauté des environs entretiennent ce goût salutaire. Les portes fermées avant la nuit, ôtant la liberté de la promenade au-dehors, et les maisons de campagne étant si près, fort peu de gens aisés couchent en ville durant l'été. Chacun ayant passé la journée à ses affaires part le soir à portes fermantes, et va dans sa petite retraite respirer l'air le plus pur et jouir du plus charmant paysage qui soit sous le ciel. Il y a même beaucoup de citoyens et bourgeois qui y résident toute l'année, et n'ont point d'habitation dans Genève. Tout cela est autant de perdu pour la comédie ; et, pendant toute la belle saison, il ne restera presque, pour l'entretenir, que des gens qui n'y vont jamais. A Paris, c'est tout autre chose : on allie fort bien la comédie avec la campagne, et tout l'été l'on ne voit, à l'heure où finissent les spectacles, que carrosses sortir des portes. Quant aux gens qui couchent en ville, la liberté d'en sortir à toute heure les tente moins que les incommodités qui l'accompagnent ne les rebutent. On s'ennuie sitôt des promenades publiques, il faut aller chercher si loin la campagne, l'air en est si empesté d'immondices et la vue si peu attrayante, qu'on aime mieux aller s'enfermer au spectacle. Voilà donc encore une différence au désavantage de nos comédiens, et une moitié de l'année perdue pour eux. Pensez-vous, monsieur, qu'ils trouveront aisément sur le reste à remplir un si grand vide ? Pour moi, je ne vois aucun autre remède à cela que de changer l'heure où l'on ferme les portes, d'immoler notre sûreté à nos plaisirs, et de laisser une place forte ouverte pendant la nuit [1]

---

[1] Je sais que toutes nos grandes fortifications sont la chose du monde la plus inutile, et que, quand nous aurions assez de troupes pour les défendre, cela seroit fort inutile encore : car sûrement on ne viendra pas nous assiéger. Mais, pour n'avoir point

au milieu de trois puissances dont la plus éloignée n'a pas demi-lieue à faire pour arriver à nos glacis.

Ce n'est pas tout : il est impossible qu'un établissement si contraire à nos anciennes maximes soit généralement applaudi. Combien de généreux citoyens verront avec indignation ce monument du luxe et de la mollesse s'élever sur les ruines de notre antique simplicité, et menacer de loin la liberté publique ! Pensez-vous qu'ils iront autoriser cette innovation de leur présence, après l'avoir hautement improuvée ? Soyez sûr que plusieurs vont sans scrupule au spectacle à Paris, qui n'y mettront jamais les pieds à Genève, parce que le bien de leur patrie leur est plus cher que leur amusement. Où sera l'imprudente mère qui osera mener sa fille à cette dangereuse école ? et combien de femmes respectables croiroient se déshonorer en y allant elles-mêmes ! Si quelques personnes s'abstiennent à Paris d'aller au spectacle, c'est uniquement par un principe de religion, qui sûrement ne sera pas moins fort parmi nous ; et nous aurons de plus les motifs de mœurs, de vertu, de

---

de siége à craindre, nous n'en devons pas moins veiller à nous garantir de toute surprise : rien n'est si facile que d'assembler des gens de guerre à notre voisinage. Nous avons trop appris l'usage qu'on en peut faire, et nous devons songer que les plus mauvais droits hors d'une place se trouvent excellents quand on est dedans.

patriotisme, qui retiendront encore ceux que la religion ne retiendroit pas [1].

J'ai fait voir qu'il est absolument impossible qu'un théâtre de comédie se soutienne à Genève par le seul concours des spectateurs. Il faudra donc de deux choses l'une : ou que les riches se cotisent pour le soutenir, charge onéreuse qu'assurément ils ne seront pas d'humeur à supporter long-temps; ou que l'état s'en mêle et le soutienne à ses propres frais. Mais comment le soutiendra-t-il? Sera-ce en retranchant sur les dépenses nécessaires, auxquelles suffit à peine son modique revenu, de quoi pourvoir à celle-là? ou bien destinera-t-il à cet usage important les sommes que l'économie et l'intégrité de l'administration permet quelquefois de mettre en réserve pour les plus pressants besoins? Faudra-t-il réformer notre petite garnison et garder nous-mêmes nos portes? Faudra-t-il réduire les foibles honoraires de nos magistrats? ou nous ôterons-nous pour cela toute ressource au moindre accident imprévu? Au défaut de ces expédients, je n'en vois plus qu'un qui soit praticable, c'est la voie des taxes et impositions,

[1] Je n'entends point par là qu'on puisse être vertueux sans religion : j'eus long-temps cette opinion trompeuse, dont je suis trop désabusé. Mais j'entends qu'un croyant peut s'abstenir quelquefois, par des motifs de vertus purement sociales, de certaines actions indifférentes par elles-mêmes, et qui n'intéressent point immédiatement la conscience, comme est celle d'aller aux spectacles dans un lieu où il n'est pas bon qu'on les souffre.

c'est d'assembler nos citoyens et bourgeois en conseil général dans le temple de Saint-Pierre, et là de leur proposer gravement d'accorder un impôt pour l'établissement de la comédie. A Dieu ne plaise que je croie nos sages et dignes magistrats capables de faire jamais une proposition semblable! et, sur votre propre article, on peut juger assez comment elle seroit reçue.

Si nous avions le malheur de trouver quelque expédient propre à lever ces difficultés, ce seroit tant pis pour nous; car cela ne pourroit se faire qu'à la faveur de quelque vice secret qui, nous affoiblissant encore dans notre petitesse, nous perdroit enfin tôt ou tard. Supposons pourtant qu'un beau zèle du théâtre nous fît faire un pareil miracle; supposons les comédiens bien établis dans Genève, bien contenus par nos lois, la comédie florissante et fréquentée; supposons enfin notre ville dans l'état où vous dites qu'ayant des mœurs et des spectacles elle réuniroit les avantages des uns et des autres: avantages au reste qui me semblent peu compatibles; car celui des spectacles, n'étant que de suppléer aux mœurs, est nul partout où les mœurs existent.

Le premier effet sensible de cet établissement sera, comme je l'ai déjà dit, une révolution dans nos usages, qui en produira nécessairement une dans nos mœurs. Cette révolution sera-t-elle bonne ou mauvaise? c'est ce qu'il est temps d'examiner.

Il n'y a point d'état bien constitué où l'on ne trouve des usages qui tiennent à la forme du gouvernement et servent à la maintenir. Tel étoit, par exemple, autrefois à Londres celui des coteries, si mal à propos tournées en dérision par les auteurs du *Spectateur*. A ces coteries, ainsi devenues ridicules, ont succédé les cafés et les mauvais lieux. Je doute que le peuple anglois ait beaucoup gagné au change. Des coteries semblables sont maintenant établies à Genève sous le nom de *cercles*; et j'ai lieu, monsieur, de juger, par votre article, que vous n'avez point observé sans estime le ton de sens et de raison qu'elles y font régner. Cet usage est ancien parmi nous, quoique son nom ne le soit pas. Les coteries existoient dans mon enfance sous le nom de *sociétés*; mais la forme en étoit moins bonne et moins régulière. L'exercice des armes qui nous rassemble tous les printemps, les divers prix qu'on tire une partie de l'année, les fêtes militaires que ces prix occasionent, le goût de la chasse, commun à tous les Génevois, réunissant fréquemment les hommes, leur donnoient occasion de former entre eux des sociétés de table, des parties de campagne, et enfin des liaisons d'amitié : mais ces assemblées, n'ayant pour objet que le plaisir et la joie, ne se formoient guère qu'au cabaret. Nos discordes civiles où la nécessité des affaires obligeoit de s'assembler plus souvent et de délibérer de sang froid, firent changer ces sociétés tumultueuses en des rendez-vous plus honnêtes. Ces rendez-vous prirent le nom de cercles ; et d'une fort triste cause sont sortis de très-bons effets [1].

Ces cercles sont des sociétés de douze ou quinze personnes qui louent un appartement commode qu'on pourvoit à frais communs de meubles et de provisions nécessaires. C'est dans cet appartement que se rendent tous les après-midi ceux des associés que leurs affaires ou leurs plaisirs ne retiennent point ailleurs. On s'y rassemble ; et là, chacun se livrant sans gêne aux amusements de son goût, on joue, on cause, on lit, on boit, on fume. Quelquefois on y soupe, mais rarement, parce que le Génevois est rangé, et se plaît à vivre avec sa famille. Souvent aussi l'on va se promener ensemble, et les amusements qu'on se donne sont des exercices propres à rendre et à maintenir le corps robuste. Les femmes et les filles, de leur côté, se rassemblent par sociétés, tantôt chez l'une, tantôt chez l'autre. L'objet de cette réunion est un petit jeu de commerce, un goûter, et, comme on peut bien croire, un intarissable babil. Les hommes, sans être fort sévèrement exclus de ces sociétés, s'y mêlent assez rarement ; et je penserois plus mal encore de ceux qu'on y voit toujours que de ceux qu'on n'y voit jamais.

Tels sont les amusements journaliers de la bour-

[1] Je parlerai ci-après des inconvénients.

geoisie de Genève. Sans être dépourvus de plaisir et de gaieté, ces amusements ont quelque chose de simple et d'innocent qui convient à des mœurs républicaines; mais, dès l'instant qu'il y aura comédie, adieu les cercles, adieu les sociétés! Voilà la révolution que j'ai prédite, tout cela tombe nécessairement. Et si vous m'objectez l'exemple de Londres, cité par moi-même, où les spectacles établis n'empêchoient point les coteries, je répondrai qu'il y a, par rapport à nous, une différence extrême; c'est qu'un théâtre, qui n'est qu'un point dans cette ville immense, sera dans la nôtre un grand objet qui absorbera tout.

Si vous me demandez ensuite où est le mal que les cercles soient abolis..... Non, monsieur, cette question ne viendra pas d'un philosophe: c'est un discours de femme ou de jeune homme qui traitera nos cercles de corps-de-garde, et croira sentir l'odeur du tabac. Il faut pourtant répondre; car, pour cette fois, quoique je m'adresse à vous, j'écris pour le peuple, et sans doute il y paroît; mais vous m'y avez forcé.

Je dis premièrement que, si c'est une mauvaise chose que l'odeur du tabac, c'en est une fort bonne de rester maître de son bien, et d'être sûr de coucher chez soi. Mais j'oublie déjà que je n'écris pas pour des d'Alembert. Il faut m'expliquer d'une autre manière.

Suivons les indications de la nature, consultons le bien de la société : nous trouverons que les deux sexes doivent se rassembler quelquefois, et vivre ordinairement séparés. Je l'ai dit tantôt par rapport aux femmes, je le dis maintenant par rapport aux hommes. Ils se sentent autant et plus qu'elles de leur trop intime commerce : elles n'y perdent que leurs mœurs, et nous y perdons à la fois nos mœurs et notre constitution; car ce sexe plus foible, hors d'état de prendre notre manière de vivre, trop pénible pour lui, nous force de prendre la sienne, trop molle pour nous; et, ne voulant plus souffrir de séparation, faute de pouvoir se rendre hommes, les femmes nous rendent femmes.

Cet inconvénient, qui dégrade l'homme, est très-grand partout; mais c'est surtout dans les états comme le nôtre qu'il importe de le prévenir. Qu'un monarque gouverne des hommes ou des femmes, cela lui doit être assez indifférent, pourvu qu'il soit obéi; mais dans une république il faut des hommes[1].

---

[1] On me dira qu'il en faut aux rois pour la guerre. Point du tout. Au lieu de trente mille hommes, ils n'ont, par exemple, qu'à lever cent mille femmes. Les femmes ne manquent pas de courage : elles préfèrent l'honneur à la vie : quand elles se battent, elles se battent bien. L'inconvénient de leur sexe est de ne pouvoir supporter les fatigues de la guerre et l'intempérie des saisons. Le secret est donc d'en avoir toujours le triple de ce qu'il en faut pour se battre, afin de sacrifier les deux autres tiers aux maladies et à la mortalité.

Qui croiroit que cette plaisanterie, dont on voit assez l'application, ait été prise en France au pied de la lettre par des gens d'esprit?

Les anciens passoient presque leur vie en plein air, ou vaquant à leurs affaires, ou réglant celles de l'état sur la place publique, ou se promenant à la campagne, dans des jardins, au bord de la mer, à la pluie, au soleil, et presque toujours tête nue'. A tout cela point de femmes ; mais on savoit bien les trouver au besoin, et nous ne voyons point, par leurs écrits et par les échantillons de leurs conversations qui nous restent, que l'esprit, ni le goût, ni l'amour même, perdissent rien à cette réserve. Pour nous, nous avons pris des manières toutes contraires : lâchement dévoués aux volontés du sexe que nous devrions protéger et non servir, nous avons appris à le mépriser en lui obéissant, à l'outrager par nos soins railleurs ; et chaque femme de Paris rassemble dans son appartement un sérail d'hommes plus femmes qu'elle, qui savent rendre à la beauté toutes sortes d'hommages, hors celui du cœur dont elle est digne. Mais voyez ces mêmes hommes, toujours contraints dans ces prisons volontaires, se lever, se rasseoir, aller et venir sans cesse à la cheminée, à la fenêtre, prendre et poser cent fois un écran, feuil-

---

' Après la bataille gagnée par Cambyse sur Psammenite, on distinguoit parmi les morts les Égyptiens, qui avoient toujours la tête nue, à l'extrême dureté de leurs crânes ; au lieu que les Perses, toujours coiffés de leurs grosses tiares, avoient les crânes si tendres, qu'on les brisoit sans effort. Hérodote lui-même fut, long-temps après, témoin de cette différence*.

* HÉRODOTE, liv. III, ch. 12. Cité aussi par Montaigne, liv. 1, ch. 35.

leter des livres, parcourir des tableaux, tourner, pirouetter par la chambre, tandis que l'idole, étendue sans mouvement dans sa chaise longue, n'a d'actif que la langue et les yeux. D'où vient cette différence, si ce n'est que la nature, qui impose aux femmes cette vie sédentaire et casanière, en prescrit aux hommes une tout opposée, et que cette inquiétude indique en eux un vrai besoin? Si les Orientaux, que la chaleur du climat fait assez transpirer, font peu d'exercice et ne se promènent point, au moins ils vont s'asseoir en plein air et respirer à leur aise; au lieu qu'ici les femmes ont grand soin d'étouffer leurs amis dans de bonnes chambres bien fermées.

Si l'on compare la force des hommes anciens à celle des hommes d'aujourd'hui, on n'y trouve aucune espèce d'égalité. Nos exercices de l'Académie sont des jeux d'enfants auprès de ceux de l'ancienne gymnastique : on a quitté la paume comme trop fatigante ; on ne peut plus voyager à cheval. Je ne dis rien de nos troupes. On ne conçoit plus les marches des armées grecques et romaines. Le chemin, le travail, le fardeau du soldat romain fatigue seulement à le lire, et accable l'imagination. Le cheval n'étoit pas permis aux officiers d'infanterie. Souvent les généraux faisoient à pied les mêmes journées que leurs troupes. Jamais les deux Catons n'ont autrement voyagé, ni seuls, ni avec leurs armées. Othon lui-même, l'efféminé Othon, marchoit armé de fer à la tête de la sienne allant au-devant de Vitellius. Qu'on trouve à présent un seul homme de guerre capable d'en faire autant. Nous sommes déchus en tout. Nos peintres et nos sculpteurs se plaignent de ne plus trouver de modèles comparables à ceux de l'antique. Pourquoi cela? L'homme a-t-il dégénéré? L'espèce a-t-elle une décrépitude physique ainsi que l'individu? Au contraire, les Barbares du Nord, qui ont, pour ainsi dire, peuplé l'Europe d'une nouvelle race, étoient plus grands et plus forts que les Romains, qu'ils ont vaincus et subjugués. Nous devrions donc être plus forts nous-mêmes, qui, pour la plupart, descendons de ces nouveaux venus. Mais les premiers Romains vivoient en hommes [1], et trouvoient dans leurs continuels exercices la vigueur que la nature leur avoit refusée; au lieu que nous perdons la nôtre dans la vie indolente et lâche où nous réduit la dépendance du sexe. Si les Barbares dont je viens de parler vivoient avec les femmes, ils ne vivoient pas pour cela comme elles; c'étoient elles qui avoient le courage de vivre comme eux, ainsi que faisoient aussi celles de Sparte. La femme se rendoit robuste, et l'homme ne s'énervoit pas.

[1] Les Romains étoient les hommes les plus petits et les plus foibles de tous les peuples de l'Italie; et cette différence étoit si grande, dit Tite Live, qu'elle s'apercevoit au premier coup d'œil dans les troupes des uns et des autres. Cependant l'exercice et la discipline prévalurent tellement sur la nature, que les foibles firent ce que ne pouvoient faire les forts, et les vainquirent.

Si ce soin de contrarier la nature est nuisible au corps, il l'est encore plus à l'esprit. Imaginez quelle peut être la trempe de l'ame d'un homme uniquement occupé de l'importante affaire d'amuser les femmes, et qui passe sa vie entière à faire pour elles ce qu'elles devroient faire pour nous quand, épuisés de travaux dont elles sont incapables, nos esprits ont besoin de délassement. Livrés à ces puériles habitudes, à quoi pourrions-nous jamais nous élever de grand? Nos talents, nos écrits se sentent de nos frivoles occupations [1]; agréables, si l'on veut, mais petits et froids comme nos senti-

---

[1] Les femmes en général n'aiment aucun art, ne se connoissent à aucun, et n'ont aucun génie. Elles peuvent réussir aux petits ouvrages qui ne demandent que de la légèreté d'esprit, du goût, de la grâce, quelquefois même de la philosophie et du raisonnement. Elles peuvent acquérir de la science, de l'érudition, des talents, et tout ce qui s'acquiert à force de travail. Mais ce feu céleste qui échauffe et embrase l'ame, ce génie qui consume et dévore, cette brûlante éloquence, ces transports sublimes qui portent leurs ravissements jusqu'au fond des cœurs, manqueront toujours aux écrits des femmes : ils sont tous froids et jolis comme elles : ils auront tant d'esprit que vous voudrez, jamais d'ame; ils seroient cent fois plutôt sensés que passionnés. Elles ne savent ni décrire ni sentir l'amour même. La seule Sapho, que je sache, et une autre, méritèrent d'être exceptées. Je parierois tout au monde que les *Lettres Portugaises* ont été écrites par un homme[*]. Or, partout où dominent les femmes, leur goût doit aussi dominer : et voilà ce qui détermine celui de notre siècle.

[*] On sait positivement aujourd'hui que ces Lettres, dont M. Barbier a donné en 1806 une nouvelle édition, sont réellement d'une religieuse portugaise qui s'appeloit *Marianne Alcaforada*, et qu'elles furent adressées au comte de Chamilly, dit alors *comte de Saint-Léger*. Voyez la *Notice* de M. Barbier en tête de son édition, et le feuilleton du *Journal de l'Empire*, du 5 janvier 1810.

ments, ils ont pour tout mérite ce tour facile qu'on n'a pas grand'peine à donner à des riens. Ces foules d'ouvrages éphémères qui naissent journellement, n'étant faits que pour amuser des femmes, et n'ayant ni force ni profondeur, volent tous de la toilette au comptoir. C'est le moyen de récrire incessamment les mêmes, et de les rendre toujours nouveaux. On m'en citera deux ou trois qui serviront d'exceptions; mais moi, j'en citerai cent mille qui confirmeront la règle. C'est pour cela que la plupart des productions de notre âge passeront avec lui; et la postérité croira qu'on fit bien peu de livres dans ce même siècle où l'on en fait tant.

Il ne seroit pas difficile de montrer qu'au lieu de gagner à ces usages, les femmes y perdent. On les flatte sans les aimer; on les sert sans les honorer: elles sont entourées d'agréables, mais elles n'ont plus d'amants; et le pis est que les premiers, sans avoir les sentiments des autres, n'en usurpent pas moins tous les droits. La société des deux sexes, devenue trop commune et trop facile, a produit ces deux effets, et c'est ainsi que l'esprit général de la galanterie étouffe à la fois le génie et l'amour.

Pour moi, j'ai peine à concevoir comment on rend assez peu d'honneur aux femmes pour leur oser adresser sans cesse ces fades propos galants, ces compliments insultants et moqueurs, auxquels on ne daigne pas même donner un air de bonne foi : les outrager par ces évidents mensonges, n'est-ce pas leur déclarer assez nettement qu'on ne trouve aucune vérité obligeante à leur dire? Que l'amour se fasse illusion sur les qualités de ce qu'on aime, cela n'arrive que trop souvent; mais est-il question d'amour dans tout ce maussade jargon? ceux mêmes qui s'en servent ne s'en servent-ils pas également pour toutes les femmes? et ne seroient-ils pas au désespoir qu'on les crût sérieusement amoureux d'une seule? Qu'ils ne s'en inquiètent pas. Il faudroit avoir d'étranges idées de l'amour pour les en croire capables, et rien n'est plus éloigné de son ton que celui de la galanterie. De la manière que je conçois cette passion terrible, son trouble, ses égarements, ses palpitations, ses transports, ses brûlantes expressions, son silence plus énergique, ses inexprimables regards, que leur timidité rend téméraires, et qui montrent les désirs par la crainte; il me semble qu'après un langage aussi véhément, si l'amant venoit à dire une seule fois, *je vous aime,* l'amante indignée lui diroit, *vous ne m'aimez plus,* et ne le reverroit de sa vie.

Nos cercles conservent encore parmi nous quelque image des mœurs antiques. Les hommes entre eux, dispensés de rabaisser leurs idées à la portée des femmes et d'habiller galamment la raison, peuvent se livrer à des discours graves et sérieux sans crainte du ridicule. On ose parler de patrie et de vertu sans passer pour rabâcheur; on ose être soi-même sans s'asservir aux maximes d'une caillette. Si le tour de la conversation devient moins poli, les raisons prennent plus de poids ; on ne se paie point de plaisanterie ni de gentillesse ; on ne se tire point d'affaire par de bons mots ; on ne se ménage point dans la dispute ; chacun, se sentant attaqué de toutes les forces de son adversaire, est obligé d'employer toutes les siennes pour se défendre. Voilà comment l'esprit acquiert de la justesse et de la vigueur. S'il se mêle à tout cela quelques propos licencieux, il ne faut point trop s'en effaroucher ; les moins grossiers ne sont pas toujours les plus honnêtes, et ce langage un peu rustaud est préférable encore à ce style plus recherché, dans lequel les deux sexes se séduisent mutuellement et se familiarisent décemment avec le vice. La manière de vivre, plus conforme aux inclinations de l'homme, est aussi mieux assortie à son tempérament : on ne reste point toute la journée établi sur une chaise ; on se livre à des jeux d'exercice, on va, on vient ; plusieurs cercles se tiennent à la campagne, d'autres s'y rendent. On a des jardins pour la promenade, des cours spacieuses pour s'exercer, un grand lac pour nager, tout le pays ouvert pour la chasse ; et il ne faut pas croire que cette chasse se fasse aussi commodément qu'aux environs de Paris, où l'on trouve le gibier sous ses pieds et où l'on tire à cheval. Enfin ces honnêtes et innocentes institutions rassemblent tout ce qui peut contribuer à former dans les mêmes hommes des amis, des citoyens, des soldats, et par conséquent tout ce qui convient le mieux à un peuple libre.

On accuse d'un défaut les sociétés des femmes, c'est de les rendre médisantes et satiriques; et l'on peut bien comprendre en effet que les anecdotes d'une petite ville n'échappent pas à ces comités féminins; on pense bien aussi que les maris absents y sont peu ménagés; et que toute femme jolie et fêtée n'a pas beau jeu dans le cercle de sa voisine. Mais peut-être y a-t-il dans cet inconvénient plus de bien que de mal, et toujours est-il incontestablement moindre que ceux dont il tient la place : car lequel vaut le mieux qu'une femme dise avec ses amies du mal de son mari, ou que, tête à tête avec un homme, elle lui en fasse, qu'elle critique le désordre de sa voisine, ou qu'elle l'imite? Quoique les Génevoises disent assez librement ce qu'elles savent, et quelquefois ce qu'elles conjecturent, elles ont une véritable horreur de la calomnie, et l'on ne leur entendra jamais intenter contre autrui des accusations qu'elles croient fausses ; tandis qu'en d'autres pays les femmes, également coupables par leur silence et par leurs discours, cachent, de peur de représailles, le mal qu'elles savent, et publient par vengeance celui qu'elles ont inventé.

Combien de scandales publics ne retient pas la crainte de ces sévères observatrices! Elles font presque dans notre ville la fonction de censeurs. C'est ainsi que, dans les beaux temps de Rome, les citoyens, surveillants les uns des autres, s'accusoient publiquement par zèle pour la justice : mais quand Rome fut corrompue, et qu'il ne resta plus rien à faire pour les bonnes mœurs que de cacher les mauvaises, la haine des vices qui les démasque en devint un. Aux citoyens zélés succédèrent des délateurs infames ; et au lieu qu'autrefois les bons accusoient les méchants, ils en furent accusés à leur tour. Grâce au ciel, nous sommes loin d'un terme si funeste. Nous ne sommes point réduits à nous cacher à nos propres yeux de peur de nous faire horreur. Pour moi, je n'en aurai pas meilleure opinion des femmes, quand elles seront plus circonspectes : on se ménagera davantage quand on aura plus de raison de se ménager, et quand chacune aura besoin pour elle-même de la discrétion dont elle donnera l'exemple aux autres.

Qu'on ne s'alarme donc point tant du caquet des sociétés de femmes. Qu'elles médisent tant qu'elles voudront, pourvu qu'elles médisent entre elles. Des femmes véritablement corrompues ne sauroient supporter long-temps cette manière de vivre ; et, quelque chère que leur pût être la médisance, elles voudroient médire avec des hommes. Quoi qu'on m'ait pu dire à cet égard, je n'ai jamais vu aucune de ces sociétés sans un secret mouvement d'estime et de respect pour celles qui la composoient. Telle est, me disois-je, la destination de la nature, qui donne différents goûts aux deux sexes, afin qu'ils vivent séparés et chacun à sa manière [1]. Ces aimables personnes passent ainsi leurs jours, livrées aux occupations qui leur conviennent, ou à des amusements innocents et simples, très-propres à toucher un cœur honnête et à donner bonne opinion d'elles. Je ne sais ce qu'elles ont dit, mais elles ont vécu ensemble; elles ont pu parler des hommes, mais elles se sont passées d'eux; et tandis qu'elles critiquoient si sévèrement la conduite des autres, au moins la leur étoit irréprochable.

Les cercles d'hommes ont aussi leurs inconvénients, sans doute : quoi d'humain n'a pas les siens? On joue, on boit, on s'enivre, on passe les nuits : tout cela peut être vrai, tout cela peut être exagéré. Il y a partout mélange de bien et de mal, mais à diverses mesures. On abuse de tout : axiome trivial, sur lequel on ne doit ni tout rejeter ni tout admettre. La règle pour choisir est simple. Quand le bien surpasse le mal, la chose doit être admise

---

[1] Ce principe, auquel tiennent toutes bonnes mœurs, est développé d'une manière plus claire et plus étendue dans un manuscrit dont je suis dépositaire, et que je me propose de publier, s'il me reste assez de temps pour cela, quoique cette annonce ne soit guère propre à lui concilier d'avance la faveur des dames.

On comprendra facilement que le manuscrit dont je parlois dans cette note étoit celui de la *Nouvelle Héloïse*, qui parut deux ans après cet ouvrage*.

* Voyez la quatrième Partie, Lettre x.

malgré ses inconvénients ; quand le mal surpasse le bien, il la faut rejeter même avec ses avantages. Quand la chose est bonne en elle-même et n'est mauvaise que dans ses abus, quand les abus peuvent être prévenus sans beaucoup de peine, ou tolérés sans grand préjudice, ils peuvent servir de prétéxte et non de raison pour abolir un usage utile : mais ce qui est mauvais en soi sera toujours mauvais[1], quoi qu'on fasse pour en tirer un bon usage. Telle est la différence essentielle des cercles aux spectacles.

Les citoyens d'un même état, les habitants d'une même ville, ne sont point des anachorètes, ils ne sauroient vivre toujours seuls et séparés : quand ils le pourroient, il ne faudroit pas les y contraindre. Il n'y a que le plus farouche despotisme qui s'alarme à la vue de sept ou huit hommes assemblés, craignant toujours que leurs entretiens ne roulent sur leurs misères.

Or, de toutes les sortes de liaisons qui peuvent rassembler les particuliers dans une ville comme la nôtre, les cercles forment, sans contredit, la plus raisonnable, la plus honnête, et la moins dangereuse, parce qu'elle ne veut ni ne peut se cacher, qu'elle est publique, permise, et que l'ordre et la règle y règnent. Il est même facile à démontrer que les abus qui peuvent en résulter naîtroient

---

[1] Je parle dans l'ordre moral : car dans l'ordre physique il n'y a rien d'absolument mauvais. Le tout est bien.

également de toutes les autres, ou qu'elles en produiroient de plus grands encore. Avant de songer à détruire un usage établi, on doit avoir bien pesé ceux qui s'introduiront à sa place. Quiconque en pourra proposer un qui soit praticable et duquel ne résulte aucun abus, qu'il le propose, et qu'ensuite les cercles soient abolis ; à la bonne heure. En attendant, laissons, s'il le faut, passer la nuit à boire à ceux qui, sans cela, la passeroient peut-être à faire pis.

Toute intempérance est vicieuse, et surtout celle qui nous ôte la plus noble de nos facultés. L'excès du vin dégrade l'homme, aliène au moins sa raison pour un temps, et l'abrutit à la longue. Mais enfin le goût du vin n'est pas un crime ; il en fait rarement commettre ; il rend l'homme stupide et non pas méchant [1]. Pour une querelle passagère qu'il cause, il forme cent attachements durables. Généralement parlant, les buveurs ont de la cordialité, de la franchise ; ils sont presque tous bons, droits, justes, fidèles, braves et honnêtes gens à leur défaut près. En ose-t-on dire

---

[1] Ne calomnions point le vice même ; n'a-t-il pas assez de sa laideur ? Le vin ne donne pas de la méchanceté, il la décèle. Celui qui tua Clitus dans l'ivresse fit mourir Philotas de sang froid. Si l'ivresse a ses fureurs, quelle passion n'a pas les siennes ? La différence est que les autres restent au fond de l'ame, et que celle-là s'allume et s'éteint à l'instant. A cet emportement près, qui passe et qu'on évite aisément, soyons sûrs que quiconque fait dans le vin de méchantes actions couve à jeun de méchants desseins.

autant des vices qu'on substitue à celui-là ? ou bien prétend-on faire de toute une ville un peuple d'hommes sans défauts et retenus en toute chose? Combien de vertus apparentes cachent souvent des vices réels ! le sage est sobre par tempérance, le fourbe l'est par fausseté. Dans les pays de mauvaises mœurs, d'intrigues, de trahisons, d'adultères, on redoute un état d'indiscrétion où le cœur se montre sans qu'on y songe. Partout les gens qui abhorrent le plus l'ivresse sont ceux qui ont le plus d'intérêt à s'en garantir. En Suisse, elle est presque en estime ; à Naples, elle est en horreur : mais au fond laquelle est le plus à craindre, de l'intempérance du Suisse ou de la réserve de l'Italien?

Je le répète, il vaudroit mieux être sobre et vrai, non-seulement pour soi, même pour la société; car tout ce qui est mal en morale est mal encore en politique. Mais le prédicateur s'arrête au mal personnel, le magistrat ne voit que les conséquences publiques ; l'un n'a pour objet que la perfection de l'homme où l'homme n'atteint point; l'autre, que le bien de l'état autant qu'il y peut atteindre : ainsi tout ce qu'on a raison de blâmer en chaire ne doit pas être puni par les lois. Jamais peuple n'a péri par l'excès du vin, tous périssent par le désordre des femmes. La raison de cette différence est claire : le premier de ces deux vices détourne des autres, le second les engendre tous.

La diversité des âges y fait encore. Le vin tente moins la jeunesse et l'abat moins aisément ; un sang ardent lui donne d'autres désirs ; dans l'âge des passions toutes s'enflamment au feu d'une seule ; la raison s'altère en naissant ; et l'homme, encore indompté, devient indisciplinable avant que d'avoir porté le joug des lois. Mais qu'un sang à demi glacé cherche un secours qui le ranime, qu'une liqueur bienfaisante supplée aux esprits qu'il n'a plus [1] : quand un vieillard abuse de ce doux remède, il a déjà rempli ses devoirs envers sa patrie, il ne la prive que du rebut de ses ans.

Il a tort, sans doute : il cesse avant la mort d'être citoyen. Mais l'autre ne commence pas même à l'être : il se rend plutôt l'ennemi public, par la séduction de ses complices, par l'exemple et l'effet de ses mœurs corrompues, surtout par la morale pernicieuse qu'il ne manque pas de répandre pour les autoriser. Il vaudroit mieux qu'il n'eût point existé.

De la passion du jeu naît un plus dangereux abus, mais qu'on prévient ou réprime aisément. C'est une affaire de police, dont l'inspection devient plus facile et mieux séante dans les cercles que dans les maisons particulières. L'opinion peut beaucoup encore en ce point ; et sitôt qu'on vou-

---

[1] Platon, dans ses lois[*], permet aux seuls vieillards l'usage du vin ; et même il leur en permet quelquefois l'excès.

[*] Livre II (tome VIII, page 86, édition de Deux-Ponts.)

dra mettre en honneur les jeux d'exercice et d'adresse, les cartes, les dés, les jeux de hasard, tomberont infailliblement. Je ne crois pas même, quoi qu'on en dise, que ces moyens oisifs et trompeurs de remplir sa bourse prennent jamais grand crédit chez un peuple raisonneur et laborieux, qui connoît trop le prix du temps et de l'argent pour aimer à les perdre ensemble.

Conservons donc les cercles, même avec leurs défauts ; car ces défauts ne sont pas dans les cercles, mais dans les hommes qui les composent ; et il n'y a point dans la vie sociale de forme imaginable sous laquelle ces mêmes défauts ne produisent de plus nuisibles effets. Encore un coup, ne cherchons point la chimère de la perfection, mais le mieux possible selon la nature de l'homme et la constitution de la société. Il y a tel peuple à qui je dirois : Détruisez cercles et coteries, ôtez toute barrière de bienséance entre les sexes, remontez, s'il est possible, jusqu'à n'être que corrompus. Mais vous, Génevois, évitez de le devenir, s'il est temps encore ; craignez le premier pas, qu'on ne fait jamais seul, et songez qu'il est plus aisé de garder de bonnes mœurs que de mettre un terme aux mauvaises.

Deux ans seulement de comédie, et tout est bouleversé. L'on ne sauroit se partager entre tant d'amusements : l'heure des spectacles étant celle des cercles les fera dissoudre, il s'en détachera trop de membres ; ceux qui resteront seront trop peu assidus pour être d'une grande ressource les uns aux autres, et laisser subsister long-temps les associations. Les deux sexes réunis journellement dans un même lieu ; les parties qui se lieront pour s'y rendre ; les manières de vivre qu'on y verra dépeintes et qu'on s'empressera d'imiter ; l'exposition des dames et demoiselles parées tout de leur mieux et mises en étalage dans des loges comme sur le devant d'une boutique, en attendant les acheteurs ; l'affluence de la belle jeunesse, qui viendra de son côté s'offrir en montre, et trouvera bien plus beau de faire des entrechats au théâtre que l'exercice à Plain-Palais ; les petits soupers de femmes qui s'arrangeront en sortant, ne fût-ce qu'avec les actrices ; enfin le mépris des anciens usages qui résultera de l'adoption des nouveaux ; tout cela substituera bientôt l'agréable vie de Paris et les bons airs de France à notre ancienne simplicité ; et je doute un peu que des Parisiens à Genève y conservent long-temps le goût de notre gouvernement.

Il ne faut point le dissimuler, les intentions sont droites encore ; mais les mœurs inclinent déjà visiblement vers la décadence, et nous suivons de loin les traces des mêmes peuples dont nous ne laissons pas de craindre le sort. Par exemple, on m'assure que l'éducation de la jeunesse est généralement beaucoup meilleure qu'elle n'étoit autrefois; ce qui pourtant ne peut guère se prouver qu'en montrant qu'elle fait de meilleurs citoyens. Il est certain que les enfants font mieux la révérence, qu'ils savent plus galamment donner la main aux dames, et leur dire une infinité de gentillesses pour lesquelles je leur ferois, moi, donner le fouet; qu'ils savent décider, trancher, interroger, couper la parole aux hommes, importuner tout le monde, sans modestie et sans discrétion. On me dit que cela les forme : je conviens que cela les forme à être impertinents; et c'est, de toutes les choses qu'ils apprennent par cette méthode, la seule qu'ils n'oublient point. Ce n'est pas tout : pour les retenir auprès des femmes, qu'ils sont destinés à désennuyer, on a soin de les élever précisément comme elles; on les garantit du soleil, du vent, de la pluie, de la poussière, afin qu'ils ne puissent jamais rien supporter de tout cela. Ne pouvant les préserver entièrement du contact de l'air, on fait du moins qu'il ne leur arrive qu'après avoir perdu la moitié de son ressort. On les prive de tout exercice; on leur ôte toutes leurs facultés; on les rend ineptes à tout autre usage qu'aux soins auxquels ils sont destinés, et la seule chose que les femmes n'exigent pas de ces vils esclaves est de se consacrer à leur service à la façon des Orientaux. A cela près, tout ce qui les distingue d'elles, c'est que la nature leur en ayant refusé les grâces, ils y substituent des ridicules. A mon dernier voyage à Genève, j'ai déjà vu plusieurs de ces jeunes demoiselles en justaucorps, les dents blanches, la main potelée, la voix flûtée, un joli parasol vert à la main, contrefaire assez maladroitement les hommes.

On étoit plus grossier de mon temps. Les enfants, rustiquement élevés, n'avoient point de teint à conserver, et ne craignoient point les injures de l'air, auxquelles ils s'étoient aguerris de bonne heure. Les pères les menoient avec eux à la chasse, en campagne, à tous leurs exercices, dans toutes les sociétés. Timides et modestes devant les gens âgés, ils étoient hardis, fiers, querelleurs entre eux; ils n'avoient point de frisure à conserver; ils se défioient à la lutte, à la course, aux coups; ils se battoient à bon escient, se blessoient quelquefois, et puis s'embrassoient en pleurant. Ils revenoient au logis suant, essoufflés, déchirés : c'étoient de vrais polissons; mais ces polissons ont fait des hommes qui ont dans le cœur du zèle pour servir la patrie et du sang à verser pour elle. Plaise à Dieu qu'on en puisse dire autant un jour de nos beaux petits messieurs requinqués, et que ces hommes de quinze ans ne soient pas des enfants à trente.

Heureusement ils ne sont point tous ainsi. Le plus grand nombre encore a gardé cette antique rudesse, conservatrice de la bonne constitution ainsi que des bonnes mœurs. Ceux mêmes qu'une éducation trop délicate amollit pour un temps seront contraints, étant grands, de se plier aux habitudes de leurs compatriotes. Les uns perdront leur âpreté dans le commerce du monde; les autres gagneront des forces en les exerçant; tous deviendront, je l'espère, ce que furent leurs ancêtres, ou du moins ce que leurs pères sont aujourd'hui. Mais ne nous flattons pas de conserver notre liberté en renonçant aux mœurs qui nous l'ont acquise.

Je reviens à nos comédiens; et toujours, en leur supposant un succès qui me paroît impossible, je trouve que ce succès attaquera notre constitution, non-seulement d'une manière indirecte en attaquant nos mœurs, mais immédiatement en rompant l'équilibre qui doit régner entre les diverses parties de l'état pour conserver le corps entier dans son assiette.

Parmi plusieurs raisons que j'en pourrois donner, je me contenterai d'en choisir une qui convient mieux au plus grand nombre, parce qu'elle se borne à des considérations d'intérêt et d'argent, toujours plus sensibles au vulgaire que des effets moraux, dont il n'est pas en état de voir les liaisons avec leurs causes ni l'influence sur le destin de l'état.

On peut considérer les spectacles, quand ils réussissent, comme une espèce de taxe qui, bien que volontaire, n'en est pas moins onéreuse au peuple, en ce qu'elle lui fournit une continuelle occasion de dépense à laquelle il ne résiste pas. Cette taxe est mauvaise, non-seulement parce qu'il n'en revient rien au souverain, mais surtout parce que la répartition, loin d'être proportionnelle, charge le pauvre au-delà de ses forces, et soulage le riche en suppléant aux amusements plus coûteux qu'il se donneroit au défaut de celui-là. Il suffit, pour en convenir, de faire attention que la différence du prix des places n'est ni ne peut être en proportion de celle des fortunes des gens qui les remplissent. À la Comédie Françoise, les premières loges et le théâtre sont à quatre francs pour l'ordinaire, et à six quand on tierce [1]; le parterre est à vingt sous, on a même tenté plusieurs fois de l'augmenter. Or on ne dira pas que le bien des plus riches qui vont au théâtre n'est que le quadruple du bien des plus pauvres qui vont au parterre. Généralement parlant, les premiers sont d'une opulence excessive, et la plupart des autres n'ont rien [2]. Il en est de ceci comme des impôts sur le

---

[1] * Aux premières représentations et aux pièces courues, le prix des places étoit augmenté de moitié en sus ; ce qui s'appeloit *tiercer*. On voit par ce passage, qu'au temps où Rousseau écrivoit (1758), l'absurde coutume de placer des bancs sur le théâtre subsistoit encore. Leur suppression ne date en effet que de 1759.

[2] Quand on augmenteroit la différence du prix des places en proportion de celle des fortunes, on ne rétabliroit point pour cela l'équilibre. Ces places inférieures, mises à trop bas prix, seroient abandonnées à la populace ; et chacun, pour en occuper de plus

blé, sur le vin, sur le sel, sur toute chose nécessaire à la vie, qui ont un air de justice au premier coup-d'œil, et sont au fond très-iniques; car le pauvre, qui ne peut dépenser que pour son nécessaire, est forcé de jeter les trois quarts de ce qu'il dépense en impôts, tandis que, ce même nécessaire n'étant que la moindre partie de la dépense du riche, l'impôt lui est presque insensible[1]. De cette manière, celui qui a peu paie beaucoup, et celui qui a beaucoup paie peu : je ne vois pas quelle grande justice on trouve à cela.

On me demandera qui force le pauvre d'aller aux spectacles. Je répondrai, premièrement, ceux qui les établissent et lui en donnent la tentation; en second lieu, sa pauvreté même, qui, le condamnant à des travaux continuels, sans espoir de les voir finir, lui rend quelque délassement plus

---

honorables, dépenseroit toujours au-delà de ses moyens. C'est une observation qu'on peut faire aux spectacles de la Foire. La raison de ce désordre est que les premiers rangs sont alors un terme fixe dont les autres se rapprochent toujours sans qu'on le puisse éloigner. Le pauvre tend sans cesse à s'élever au-dessus de ses vingt sous : mais le riche, pour le fuir, n'a plus d'asile au-delà de ses quatre francs; il faut, malgré lui, qu'il se laisse accoster; et, si son orgueil en souffre, sa bourse en profite.

[1] Voilà pourquoi les *imposteurs* de Bodin et autres fripons publics établissent toujours leurs monopoles sur les choses nécessaires à la vie, afin d'affamer doucement le peuple sans que le riche en murmure. Si le moindre objet de luxe ou de faste étoit attaqué, tout seroit perdu ; mais, pourvu que les grands soient contents, qu'importe que le peuple vive?

nécessaire pour les supporter. Il ne se tient point malheureux de travailler sans relâche quand tout le monde en fait de même : mais n'est-il pas cruel à celui qui travaille de se priver des récréations des gens oisifs ? Il les partage donc ; et ce même amusement, qui fournit un moyen d'économie au riche, affoiblit doublement le pauvre, soit par un surcroît réel de dépenses, soit par moins de zèle au travail, comme je l'ai ci-devant expliqué.

De ces nouvelles réflexions il suit évidemment, ce me semble, que les spectacles modernes, où l'on n'assiste qu'à prix d'argent, tendent partout à favoriser et augmenter l'inégalité des fortunes, moins sensiblement, il est vrai, dans les capitales que dans une petite ville comme la nôtre. Si j'accorde que cette inégalité, portée jusqu'à certain point, peut avoir ses avantages, vous m'accorderez bien aussi qu'elle doit avoir des bornes, surtout dans un petit état, et surtout dans une république. Dans une monarchie où tous les ordres sont intermédiaires entre le prince et le peuple, il peut être assez indifférent que quelques hommes passent de l'un à l'autre; car, comme d'autres les remplacent, ce changement n'interrompt point la progression. Mais dans une démocratie, où les sujets et le souverain ne sont que les mêmes hommes considérés sous différents rapports, sitôt que le plus petit nombre l'emporte en richesses sur le plus grand, il faut que l'état périsse ou change de forme. Soit que le riche devienne plus riche ou le pauvre plus indigent, la différence des fortunes n'en augmente pas moins d'une manière que de l'autre; et cette différence, portée au-delà de sa mesure, est ce qui détruit l'équilibre dont j'ai parlé.

Jamais, dans une monarchie, l'opulence d'un particulier ne peut le mettre au-dessus du prince; mais, dans une république, elle peut aisément le mettre au-dessus des lois. Alors le gouvernement n'a plus de force, et le riche est toujours le vrai souverain. Sur ces maximes incontestables il reste à considérer si l'inégalité n'a pas atteint parmi nous le dernier terme où elle peut parvenir sans ébranler la république. Je m'en rapporte là-dessus à ceux qui connoissent mieux que moi notre constitution et la répartition de nos richesses. Ce que je sais c'est que, le temps seul donnant à l'ordre des choses une pente naturelle vers cette inégalité et un progrès successif jusqu'à son dernier terme, c'est une grande imprudence de l'accélérer encore par des établissements qui la favorisent. Le grand Sully, qui nous aimoit, nous l'eût bien su dire : Spectacles et comédies dans toute petite république, et surtout dans Genève, affoiblissement d'état.

Si le seul établissement du théâtre nous est si nuisible, quel fruit tirerons-nous des pièces qu'on y représente? Les avantages mêmes qu'elles peuvent procurer aux peuples pour lesquels elles ont été composées nous tourneront à préjudice, en nous donnant pour instruction ce qu'on leur a donné pour censure, ou du moins en dirigeant nos goûts et nos inclinations sur les choses du monde qui nous conviennent le moins. La tragédie nous représentera des tyrans et des héros. Qu'en avons-nous à faire? Sommes-nous faits pour en avoir ou le devenir? Elle nous donnera une vaine admiration de la puissance et de la grandeur. De quoi nous servira-t-elle? Serons-nous plus grands ou plus puissants pour cela? Que nous importe d'aller étudier sur la scène les devoirs des rois, en négligeant de remplir les nôtres? La stérile admiration des vertus de théâtre nous dédommagera-t-elle des vertus simples et modestes qui font le bon citoyen? Au lieu de nous guérir de nos ridicules, la comédie nous portera ceux d'autrui : elle nous persuadera que nous avons tort de mépriser des vices qu'on estime si fort ailleurs. Quelque extravagant que soit un marquis, c'est un marquis enfin. Concevez combien ce titre sonne dans un pays assez heureux pour n'en point avoir; et qui sait combien de courtauds croiront se mettre à la mode en imitant les marquis du siècle dernier? Je ne répéterai point ce que j'ai déjà dit de la bonne foi toujours raillée, du vice adroit toujours triomphant, et de l'exemple continuel des forfaits mis en plaisanterie. Quelles leçons pour un peuple dont tous les sentiments ont encore leur droiture naturelle, qui croit qu'un scélérat est toujours méprisable, et qu'un homme de bien ne peut être ridicule! Quoi! Platon bannissoit Homère de sa république, et nous souffrirons Molière dans la nôtre! Que pourroit-il nous arriver de pis que de ressembler aux gens qu'il nous peint, même à ceux qu'il nous fait aimer?

J'en ai dit assez, je crois, sur leur chapitre; et je ne pense guère mieux des héros de Racine, de ces héros si parés, si doucereux, si tendres, qui, sous un air de courage et de vertu, ne nous montrent que les modèles des jeunes gens dont j'ai parlé, livrés à la galanterie, à la mollesse, à l'amour, à tout ce qui peut efféminer l'homme et l'attiédir sur le goût de ses véritables devoirs. Tout le théâtre françois ne respire que la tendresse; c'est la grande vertu à laquelle on y sacrifie toutes les autres, ou du moins qu'on y rend la plus chère aux spectateurs. Je ne dis pas qu'on ait tort en cela, quant à l'objet du poète: je sais que l'homme sans passions est une chimère; que l'intérêt du théâtre n'est fondé que sur les passions; que le cœur ne s'intéresse point à celles qui lui sont étrangères, ni à celles qu'on n'aime pas à voir en autrui, quoiqu'on y soit sujet soi-même. L'amour de l'humanité, celui de la patrie, sont les sentiments dont les peintures touchent le plus ceux qui en sont pénétrés: mais quand ces deux passions sont éteintes, il ne reste que l'amour proprement dit pour leur suppléer, parce que son charme est plus naturel et s'efface plus difficilement du cœur que celui de toutes les autres. Cependant il n'est pas également convenable à tous les hommes : c'est plutôt comme supplément des bons sentiments que comme bon sentiment lui-même qu'on peut l'admettre; non qu'il ne soit louable en soi, comme toute passion bien réglée, mais parce que les excès en sont dangereux et inévitables.

Le plus méchant des hommes est celui qui s'isole le plus, qui concentre le plus son cœur en lui-même; le meilleur est celui qui partage également ses affections à tous ses semblables. Il vaut beaucoup mieux aimer une maîtresse que de s'aimer seul au monde. Mais quiconque aime tendrement ses parents, ses amis, sa patrie, et le genre humain, se dégrade par un attachement désordonné qui nuit bientôt à tous les autres, et leur est infailliblement préféré. Sur ce principe, je dis qu'il y a des pays où les mœurs sont si mauvaises, qu'on seroit trop heureux d'y pouvoir remonter à l'amour; d'autres où elles sont assez bonnes pour qu'il soit fâcheux d'y descendre, et j'ose croire le mien dans ce dernier cas. J'ajouterai que les objets trop passionnés sont plus dangereux à nous montrer qu'à personne, parce que nous n'avons naturellement que trop de penchant à les aimer. Sous un air flegmatique et froid, le Génevois cache une ame ardente et sensible, plus facile à émouvoir qu'à retenir. Dans ce séjour de la raison, la beauté n'est pas étrangère ni sans empire ; le levain de la mélancolie y fait souvent fermenter l'amour ; les hommes n'y sont que trop capables de sentir des passions violentes, les femmes de les inspirer ; et les tristes effets qu'elles y ont quelquefois produits ne montrent que trop le danger de les exciter par des spectacles touchants et tendres. Si les héros de quelques pièces soumettent l'amour au devoir, en admirant leur force le cœur se prête à leur foiblesse ; on apprend moins à se donner leur courage qu'à se mettre dans le cas d'en avoir besoin. C'est plus d'exercice pour la vertu ; mais qui l'ose exposer à ces combats mérite d'y succomber. L'amour, l'amour même, prend son masque pour la surprendre ; il se pare de son enthousiasme, il usurpe sa force, il affecte son langage ; et quand on s'aperçoit de l'erreur, qu'il est tard pour en revenir ! Que d'hommes bien nés, séduits par ces apparences, d'amants tendres et généreux qu'ils étoient d'abord, sont devenus par degrés de vils corrupteurs, sans mœurs, sans respect pour la foi conjugale, sans égards pour les droits de la confiance et de l'amitié ! Heureux qui sait se reconnoître au bord du précipice et s'empêcher d'y tomber ! Est-ce au milieu d'une course rapide qu'on doit espérer de s'arrêter ? Est-ce en s'attendrissant tous les jours qu'on apprend à surmonter la tendresse ? On triomphe aisément d'un foible penchant ; mais celui qui connut le véritable amour et l'a su vaincre, ah ! pardonnons à ce mortel, s'il existe, d'oser prétendre à la vertu!

Ainsi, de quelque manière qu'on envisage les choses, la même vérité nous frappe toujours. Tout ce que les pièces de théâtre peuvent avoir d'utile à ceux pour qui elles ont été faites nous deviendra préjudiciable, jusqu'au goût que nous croirons avoir acquis par elles, et qui ne sera qu'un faux goût, sans tact, sans délicatesse, substitué mal à propos parmi nous à la solidité de la raison. Le goût tient à plusieurs choses : les recherches d'imitation qu'on voit au théâtre, les comparaisons qu'on a lieu d'y faire, les réflexions sur l'art de plaire aux spectateurs, peuvent le faire germer, mais non suffire à son développement. Il faut de grandes villes, il faut des beaux-arts et du luxe, il faut un commerce intime entre les citoyens, il faut une étroite dépendance les uns des autres, il faut de la galanterie et même de la débauche, il faut des vices qu'on soit forcé d'embellir, pour faire chercher à tout des formes agréables, et réussir à les trouver. Une partie de ces choses nous manquera toujours, et nous devons trembler d'acquérir l'autre.

Nous aurons des comédiens, mais quels ? Une bonne troupe viendra-t-elle de but en blanc s'établir dans une ville de vingt-quatre mille ames ? Nous en aurons donc d'abord de mauvais, et nous serons d'abord de mauvais juges. Les formerons-nous, ou s'ils nous formeront ? Nous aurons de bonnes pièces; mais les recevant pour telles sur la parole d'autrui, nous serons dispensés de les examiner, et ne gagnerons pas plus à les voir jouer qu'à les lire. Nous n'en ferons pas moins les connoisseurs, les arbitres du théâtre; nous n'en voudrons pas moins décider pour notre argent, et n'en serons que plus ridicules. On ne l'est point pour manquer de goût, quand on le méprise; mais c'est l'être que de s'en piquer et n'en avoir qu'un mauvais. Et qu'est-ce au fond que ce goût si vanté ? l'art de se connoître en petites choses. En vérité, quand on en a une aussi grande à conserver que la liberté, tout le reste est bien puéril.

Je ne vois qu'un remède à tant d'inconvénients; c'est que, pour nous approprier les drames de notre théâtre, nous les composions nous-mêmes, et que nous ayons des auteurs avant des comédiens. Car il n'est pas bon qu'on nous montre toutes sortes d'imitations, mais seulement celles des choses honnêtes et qui conviennent à des hommes libres[1].

---

[1] « Si quis ergò in nostram urbem venerit, qui animi sapientiâ
« in omnes possit sese vertere formas, et omnia imitari, volue-
« ritque poëmata sua ostentare, venerabimur quidem ipsum, ut
« sacrum, admirabilem, et jucundum : dicemus autem non esse
« ejusmodi hominem in republicâ nostrâ, neque fas esse ut insit;
« mittemusque in aliam urbem, unguento caput ejus perungen-
« tes, lanâque coronantes. Nos autem austeriori minusque jucundo
« utemur poëtâ, fabularumque fictore, utilitatis gratiâ, qui deco-
« rè nobis rationem exprimat, et quæ dici debent dicat in his
« formulis quas à principio pro legibus tulimus, quandò cives
« erudire aggressi sumus. » Plat., de Republ., lib. III.

Il est sûr que des pièces tirées, comme celles des Grecs, des malheurs passés de la patrie ou des défauts présents du peuple, pourroient offrir aux spectateurs des leçons utiles. Alors quels seront les héros de nos tragédies? des Berthelier? des Lévrery? Ah! dignes citoyens! vous fûtes des héros, sans doute; mais votre obscurité vous avilit, vos noms communs déshonorent vos grandes ames[1], et nous ne sommes plus assez grands nous-mêmes pour vous savoir admirer. Quels seront nos tyrans? Des gentilshommes de la Cuillère[2], des évêques

[1] Philibert Berthelier fut le Caton de notre patrie; avec cette différence, que la liberté publique finit par l'un et commença par l'autre. Il tenoit une belette privée quand il fut arrêté : il rendit son épée avec cette fierté qui sied si bien à la vertu malheureuse; puis il continua de jouer avec sa belette, sans daigner répondre aux outrages de ses gardes. Il mourut comme doit mourir un martyr de la liberté.

Jean Lévrery fut le Favonius de Berthelier, non pas en imitant puérilement ses discours et ses manières, mais en mourant volontairement comme lui, sachant bien que l'exemple de sa mort seroit plus utile à son pays que sa vie. Avant d'aller à l'échafaud, il écrivit sur le mur de sa prison cette épitaphe qu'on avoit faite à son prédécesseur,

Quid mihi mors nocuit? Virtus post fata virescit;
Nec cruce, nec sævi gladio perit illa tyranni.

« Quel mal la mort me fait-elle? La vertu s'accroît dans le danger; elle n'est point soumise à la croix, ni au glaive d'un tyran cruel. »

[2] C'étoit une confrérie de gentilshommes savoyards qui avoient fait vœu de brigandage contre la ville de Genève, et qui, pour marque de leur association, portoient une cuillère pendue au cou*.

* Il en est parlé au livre II des *Confessions*.

de Genève, des comtes de Savoie, des ancêtres d'une maison avec laquelle nous venons de traiter, et à qui nous devons du respect. Cinquante ans plus tôt, je ne répondrois pas que le diable[1] et l'antechrist n'y eussent aussi fait leur rôle. Chez les Grecs, peuple d'ailleurs assez badin, tout étoit grave et sérieux sitôt qu'il s'agissoit de la patrie; mais, dans ce siècle plaisant où rien n'échappe au ridicule, hormis la puissance, on n'ose parler d'héroïsme que dans les grands états, quoiqu'on n'en trouve que dans les petits.

Quant à la comédie, il n'y faut pas songer : elle causeroit chez nous les plus affreux désordres; elle serviroit d'instrument aux factions, aux partis, aux vengeances particulières. Notre ville est si petite, que les peintures de mœurs les plus générales y dégénéreroient bientôt en satires et personnalités.

[1] J'ai lu dans ma jeunesse une tragédie de l'*Escalade*, où le diable étoit en effet un des acteurs. On me disoit que cette pièce ayant une fois été représentée, ce personnage, en entrant sur la scène, se trouva double, comme si l'original eût été jaloux qu'on eût l'audace de le contrefaire, et qu'à l'instant l'effroi fit fuir tout le monde et finir la représentation. Ce conte est burlesque, et le paroîtra bien plus à Paris qu'à Genève; cependant, qu'on se prête aux suppositions, on trouvera dans cette double apparition un effet théâtral et vraiment effrayant. Je n'imagine qu'un spectacle plus simple et plus terrible encore, c'est celui de la main sortant du mur et traçant des mots inconnus au festin de Balthazar. Cette seule idée fait frissonner. Il me semble que nos poètes lyriques sont loin de ces inventions sublimes; ils font, pour épouvanter, un fracas de décorations sans effet. Sur la scène même il ne faut pas tout dire à la vue, mais ébranler l'imagination.

L'exemple de l'ancienne Athènes, ville incomparablement plus peuplée que Genève, nous offre une leçon frappante : c'est au théâtre qu'on y prépara l'exil de plusieurs grands hommes et la mort de Socrate ; c'est par la fureur du théâtre qu'Athènes périt ; et ses désastres ne justifièrent que trop le chagrin qu'avoit témoigné Solon aux premières représentations de Thespis [1]. Ce qu'il y a de bien sûr pour nous, c'est qu'il faudra mal augurer de la république, quand on verra les citoyens, travestis en beaux esprits, s'occuper à faire des vers françois et des pièces de théâtre ; talents qui ne sont point les nôtres et que nous ne posséderons jamais. Mais que M. de Voltaire daigne nous composer des tragédies sur le modèle de *la Mort de César*, du premier acte de *Brutus*; et, s'il nous faut absolument un théâtre, qu'il s'engage à le remplir toujours de son génie, et à vivre autant que ses pièces !

Je serois d'avis qu'on pesât mûrement toutes ces réflexions avant de mettre en ligne de compte le goût de parure et de dissipation que doit produire parmi notre jeunesse l'exemple des comédiens. Mais enfin cet exemple aura son effet encore ; et si généralement partout les lois sont insuffisantes pour réprimer des vices qui naissent de la nature des choses, comme je crois l'avoir montré, combien plus le seront-elles parmi nous, où le premier

---

[1] *PLUTARQUE, *Vie de Solon*, § 62.

signe de leur foiblesse sera l'établissement des comédiens! car ce ne seront point eux proprement qui auront introduit ce goût de dissipation; au contraire, ce même goût les aura prévenus, les aura introduits eux-mêmes, et ils ne feront que fortifier un penchant déjà tout formé, qui, les ayant fait admettre, à plus forte raison les fera maintenir avec leurs défauts.

Je m'appuie toujours sur la supposition qu'ils subsisteront commodément dans une aussi petite ville; et je dis que, si nous les honorons, comme vous le prétendez, dans un pays où tous sont à peu près égaux, ils seront les égaux de tout le monde, et auront de plus la faveur publique qui leur est naturellement acquise. Ils ne seront point, comme ailleurs, tenus en respect par les grands dont ils recherchent la bienveillance et dont ils craignent la disgrâce. Les magistrats leur en imposeront: soit. Mais ces magistrats auront été particuliers; ils auront pu être familiers avec eux; ils auront des enfants qui le seront encore, des femmes qui aimeront le plaisir. Toutes ces liaisons seront des moyens d'indulgence et de protection auxquels il sera impossible de résister toujours. Bientôt les comédiens, sûrs de l'impunité, la procureront encore à leurs imitateurs : c'est par eux qu'aura commencé le désordre; mais on ne voit plus où il pourra s'arrêter. Les femmes, la jeunesse, les riches, les gens oisifs, tout sera pour eux, tout éludera des lois qui les gênent, tout favorisera leur licence : chacun, cherchant à les satisfaire, croira travailler pour ses plaisirs. Quel homme osera s'opposer à ce torrent, si ce n'est peut-être quelque ancien pasteur rigide qu'on n'écoutera point, et dont le sens et la gravité passeront pour pédanterie chez une jeunesse inconsidérée? Enfin pour peu qu'ils joignent d'art et de manége à leur succès, je ne leur donne pas trente ans pour être les arbitres de l'état[1]. On verra les aspirants aux charges briguer leur faveur pour obtenir les suffrages : les élections se feront dans les loges des actrices, et les chefs d'un peuple libre seront les créatures d'une bande d'histrions. La plume tombe des mains à cette idée. Qu'on l'écarte tant qu'on voudra, qu'on m'accuse d'outrer la prévoyance; je n'ai plus qu'un mot à dire. Quoi qu'il arrive, il faudra que ces gens-là réforment leurs mœurs parmi nous, ou qu'ils corrompent les nôtres. Quand cette alternative aura cessé de nous effrayer, les comédiens pourront venir, ils n'auront plus de mal à nous faire.

Voilà, monsieur, les considérations que j'avois à proposer au public et à vous sur la question qu'il

---

[1] On doit toujours se souvenir que, pour que la comédie se soutienne à Genève, il faut que ce goût y devienne une fureur; s'il n'est que modéré, il faudra qu'elle tombe. La raison veut donc qu'en examinant les effets du théâtre on les mesure sur une cause capable de le soutenir.

vous a plu d'agiter dans un article où elle étoit, à mon avis, tout-à-fait étrangère. Quand mes raisons, moins fortes qu'elles ne me paroissent, n'auroient pas un poids suffisant pour contre-balancer les vôtres, vous conviendrez au moins que, dans un aussi petit état que la république de Genève, toutes innovations sont dangereuses, et qu'il n'en faut jamais faire sans des motifs urgents et graves. Qu'on nous montre donc la pressante nécessité de celle-ci. Où sont les désordres qui nous forcent de recourir à un expédient si suspect? Tout est-il perdu sans cela? Notre ville est-elle si grande, le vice et l'oisiveté y ont-ils déjà fait un tel progrès, qu'elle ne puisse plus désormais subsister sans spectacles? Vous nous dites qu'elle en souffre de plus mauvais qui choquent également le goût et les mœurs : mais il y a bien de la différence entre montrer de mauvaises mœurs et attaquer les bonnes; car ce dernier effet dépend moins des qualités du spectacle que de l'impression qu'il cause. En ce sens, quel rapport entre quelques farces passagères et une comédie à demeure, entre les polissonneries d'un charlatan et les représentations régulières des ouvrages dramatiques, entre des tréteaux de foire élevés pour réjouir la populace et un théâtre estimé où les honnêtes gens penseront s'instruire? L'un de ces amusements est sans conséquence et reste oublié dès le lendemain; mais l'autre est une affaire importante qui mérite toute l'attention du gouvernement. Par tout pays il est permis d'amuser les enfants, et peut être enfant qui veut sans beaucoup d'inconvénients. Si ces fades spectacles manquent de goût, tant mieux; on s'en rebutera plus vite : s'ils sont grossiers, ils seront moins séduisants. Le vice ne s'insinue guère en choquant l'honnêteté, mais en prenant son image; et les mots sales sont plus contraires à la politesse qu'aux bonnes mœurs. Voilà pourquoi les expressions sont toujours plus recherchées et les oreilles plus scrupuleuses dans les pays plus corrompus. S'aperçoit-on que les entretiens de la halle échauffent beaucoup la jeunesse qui les écoute? Si font bien les discrets propos du théâtre, et il vaudroit mieux qu'une jeune fille vît cent parades qu'une seule représentation de l'*Oracle* [1].

Au reste, j'avoue que j'aimerois mieux, quant à moi, que nous pussions nous passer entièrement de tous ces tréteaux, et que, petits et grands, nous sussions tirer nos plaisirs et nos devoirs de notre état et de nous-mêmes; mais, de ce qu'on devroit peut-être chasser les bateleurs, il ne s'ensuit pas qu'il faille appeler les comédiens. Vous avez vu dans votre propre pays la ville de Marseille se défendre long-temps d'une pareille innovation, résister même aux ordres réitérés du ministre, et garder encore, dans ce mépris d'un amusement frivole, une image honorable de son ancienne li-

---

[1] * Comédie de Saint-Foix.

berté. Quel exemple pour une ville qui n'a point encore perdu la sienne !

Qu'on ne pense pas surtout faire un pareil établissement par manière d'essai, sauf à l'abolir quand on en sentira les inconvénients : car ces inconvénients ne se détruisent pas avec le théâtre qui les produit, ils restent quand leur cause est ôtée ; et, dès qu'on commence à les sentir, ils sont irrémédiables. Nos mœurs altérées, nos goûts changés, ne se rétabliront pas comme ils se seront corrompus ; nos plaisirs mêmes, nos innocents plaisirs, auront perdu leurs charmes, le spectacle nous en aura dégoûtés pour toujours. L'oisiveté devenue nécessaire, les vides du temps que nous ne saurons plus remplir nous rendront à charge à nous-mêmes ; les comédiens, en partant, nous laisseront l'ennui pour arrhes de leur retour ; il nous forcera bientôt à les rappeler ou à faire pis. Nous aurons mal fait d'établir la comédie, nous ferons mal de la laisser subsister, nous ferons mal de la détruire : après la première faute, nous n'aurons plus que le choix de nos maux.

Quoi ! ne faut-il donc aucun spectacle dans une république ? Au contraire, il en faut beaucoup. C'est dans les républiques qu'ils sont nés, c'est dans leur sein qu'on les voit briller avec un véritable air de fête. A quels peuples convient-il mieux de s'assembler souvent et de former entre eux les doux liens du plaisir et de la joie, qu'à ceux qui ont tant de raisons de s'aimer et de rester à jamais unis? Nous avons déjà plusieurs de ces fêtes publiques; ayons-en davantage encore, je n'en serai que plus charmé. Mais n'adoptons point ces spectacles exclusifs qui renferment tristement un petit nombre de gens dans un antre obscur; qui les tiennent craintifs et immobiles dans le silence et l'inaction; qui n'offrent aux yeux que cloisons, que pointes de fer, que soldats, qu'affligeantes images de la servitude et de l'inégalité. Non, peuples heureux, ce ne sont pas là vos fêtes. C'est en plein air, c'est sous le ciel qu'il faut vous rassembler et vous livrer au doux sentiment de votre bonheur. Que vos plaisirs ne soient efféminés ni mercenaires, que rien de ce qui sent la contrainte et l'intérêt ne les empoisonne, qu'ils soient libres et généreux comme vous, que le soleil éclaire vos innocents spectacles; vous en formerez un vous-mêmes, le plus digne qu'il puisse éclairer.

Mais quels seront enfin les objets de ces spectacles? qu'y montrera-t-on? Rien, si l'on veut. Avec la liberté, partout où règne l'affluence, le bien-être y règne aussi. Plantez au milieu d'une place un piquet couronné de fleurs, rassemblez-y le peuple, et vous aurez une fête. Faites mieux encore : donnez les spectateurs en spectacle; rendez-les acteurs eux-mêmes; faites que chacun se voie et s'aime dans les autres, afin que tous en soient mieux unis. Je n'ai pas besoin de renvoyer aux jeux des anciens Grecs : il en est de plus modernes, il en est d'existants encore, et je les trouve précisément parmi nous. Nous avons tous les ans des revues, des prix publics, des rois de l'arquebuse, du canon, de la navigation. On ne peut trop multiplier des établissements si utiles [1] et si agréables, on ne peut trop avoir de semblables rois. Pourquoi ne ferions-nous pas, pour nous rendre dispos et robustes, ce que nous faisons pour nous

---

[1] Il ne suffit pas que le peuple ait du pain et vive dans sa condition; il faut qu'il vive agréablement, afin qu'il en remplisse mieux les devoirs, qu'il se tourmente moins pour en sortir, et que l'ordre public soit mieux établi. Les bonnes mœurs tiennent plus qu'on ne pense à ce que chacun se plaise dans son état. Le manége et l'esprit d'intrigue viennent d'inquiétude et de mécontentement; tout va mal quand l'un aspire à l'emploi d'un autre. Il faut aimer son métier pour le bien faire. L'assiette de l'état n'est bonne et solide que quand, tous se sentant à leur place, les forces particulières se réunissent et concourent au bien public, au lieu de s'user l'une contre l'autre, comme elles font dans tout état mal constitué. Cela posé, que doit-on penser de ceux qui voudroient ôter au peuple les fêtes, les plaisirs, et toute espèce d'amusement, comme autant de distractions qui le détournent de son travail? Cette maxime est barbare et fausse. Tant pis, si le peuple n'a de temps que pour gagner son pain; il lui en faut encore pour le manger avec joie, autrement il ne le gagnera pas long-temps. Ce Dieu juste et bienfaisant qui veut qu'il s'occupe, veut aussi qu'il se délasse: la nature lui impose également l'exercice et le repos, le plaisir et la peine. Le dégoût du travail accable plus les malheureux que le travail même. Voulez-vous donc rendre un peuple actif et laborieux; donnez-lui des fêtes, offrez-lui des amusements qui lui fassent aimer son état, et l'empêchent d'en envier un plus doux. Des jours ainsi perdus feront mieux valoir tous les autres. Présidez à ses plaisirs pour les rendre honnêtes; c'est le vrai moyen d'animer ses travaux.

exercer aux armes? La république a-t-elle moins besoin d'ouvriers que de soldats? Pourquoi, sur le modèle des prix militaires, ne fonderions-nous pas d'autres prix de gymnastique pour la lutte, pour la course, pour le disque, pour divers exercices du corps? Pourquoi n'animerions-nous pas nos bateliers par des joutes sur le lac? Y auroit-il au monde un plus brillant spectacle que de voir sur ce vaste et superbe bassin des centaines de bateaux, élégamment équipés, partir à la fois, au signal donné, pour aller enlever un drapeau arboré au but, puis servir de cortége au vainqueur revenant en triomphe recevoir le prix mérité? Toutes ces sortes de fêtes ne sont dispendieuses qu'autant qu'on le veut bien, et le seul concours les rend assez magnifiques. Cependant il faut y avoir assisté chez le Génevois pour comprendre avec quelle ardeur il s'y livre. On ne le reconnoît plus : ce n'est plus ce peuple si rangé qui ne se départ point de ses règles économiques; ce n'est plus ce long raisonneur qui pèse tout, jusqu'à la plaisanterie, à la balance du jugement. Il est vif, gai, caressant; son cœur est alors dans ses yeux comme il est toujours sur ses lèvres ; il cherche à communiquer sa joie et ses plaisirs; il invite, il presse, il force, il se dispute les survenants. Toutes les sociétés n'en font qu'une, tout devient commun à tous. Il est presque indifférent à quelle table on se mette : ce seroit l'image de celles de

Lacédémone, s'il n'y régnoit un peu plus de profusion ; mais cette profusion même est alors bien placée, et l'aspect de l'abondance rend plus touchant celui de la liberté qui la produit.

L'hiver, temps consacré au commerce privé des amis, convient moins aux fêtes publiques. Il en est pourtant une espèce dont je voudrois bien qu'on se fît moins de scrupule ; savoir, les bals entre de jeunes personnes à marier. Je n'ai jamais bien conçu pourquoi l'on s'effarouche si fort de la danse et des assemblées qu'elle occasione : comme s'il y avoit plus de mal à danser qu'à chanter ; que l'un et l'autre de ces amusements ne fût pas également une inspiration de la nature ; et que ce fût un crime à ceux qui sont destinés à s'unir de s'égayer en commun par une honnête récréation ! L'homme et la femme ont été formés l'un pour l'autre : Dieu veut qu'ils suivent leur destination ; et certainement le premier et le plus saint de tous les liens de la société est le mariage. Toutes les fausses religions combattent la nature ; la nôtre seule, qui la suit et la règle, annonce une institution divine et convenable à l'homme. Elle ne doit point ajouter sur le mariage, aux embarras de l'ordre civil, des difficultés que l'Évangile ne prescrit pas, et que tout bon gouvernement condamne. Mais qu'on me dise où de jeunes personnes à marier auront occasion de prendre du goût l'une pour l'autre, et de se voir avec plus de décence et de circonspection que dans une assemblée où les yeux du public, incessamment ouverts sur elles, les forcent à la réserve, à la modestie, à s'observer avec le plus grand soin. En quoi Dieu est-il offensé par un exercice agréable, salutaire, propre à la vivacité des jeunes gens, qui consiste à se présenter l'un à l'autre avec grâce et bienséance, et auquel le spectateur impose une gravité dont on n'oseroit sortir un instant? Peut-on imaginer un moyen plus honnête de ne point tromper autrui, du moins quant à la figure, et de se montrer avec les agréments et les défauts qu'on peut avoir aux gens qui ont intérêt de nous bien connoître avant de s'obliger à nous aimer? Le devoir de se chérir réciproquement n'emporte-t-il pas celui de se plaire? et n'est-ce pas un soin digne de deux personnes vertueuses et chrétiennes qui cherchent à s'unir, de préparer ainsi leur cœur à l'amour mutuel que Dieu leur impose?

Qu'arrive-t-il dans ces lieux où règne une contrainte éternelle, où l'on punit comme un crime la plus innocente gaieté, où les jeunes gens des deux sexes n'osent jamais s'assembler en public, et où l'indiscrète sévérité d'un pasteur ne sait prêcher au nom de Dieu qu'une gêne servile, et la tristesse et l'ennui? On élude une tyrannie insupportable que la nature et la raison désavouent. Aux plaisirs permis dont on prive une jeunesse enjouée et folâtre, elle en substitue de plus dangereux : les tête-à-tête adroitement concertés prennent la place des assemblées publiques. A force de se cacher comme si l'on étoit coupable, on est tenté de le devenir. L'innocente joie aime à s'évaporer au grand jour, mais le vice est ami des ténèbres, et jamais l'innocence et le mystère n'habitèrent long-temps ensemble.

Pour moi, loin de blâmer de si simples amusements, je voudrois au contraire qu'ils fussent publiquement autorisés, et qu'on y prévînt tout désordre particulier en les convertissant en bals solennels et périodiques, ouverts indistinctement à toute la jeunesse à marier. Je voudrois qu'un magistrat[1], nommé par le conseil, ne dédaignât pas de présider à ces bals. Je voudrois que les pères et mères y assistassent, pour veiller sur leurs enfants, pour être témoins de leurs grâces et de leur adresse, des applaudissements qu'ils auroient mérités, et jouir ainsi du plus doux spectacle qui puisse toucher un cœur paternel. Je voudrois qu'en général toute personne mariée y fût admise

[1] A chaque corps de métier, à chacune des sociétés publiques dont est composé notre état, préside un de ces magistrats, sous le nom de *seigneur-commis*. Ils assistent à toutes les assemblées, et même aux festins. Leur présence n'empêche point une honnête familiarité entre les membres de l'association; mais elle maintient tout le monde dans le respect qu'on doit porter aux lois, aux mœurs, à la décence, même au sein de la joie et du plaisir. Cette institution est très-belle, et forme un des grands liens qui unissent le peuple à ses chefs.

au nombre des spectateurs et des juges, sans qu'il fût permis à aucune de profaner la dignité conjugale en dansant elle-même; car à quelle fin honnête pourroit-elle se donner ainsi en montre au public? Je voudrois qu'on formât dans la salle une enceinte commode et honorable, destinée aux gens âgés de l'un et de l'autre sexe, qui, ayant déjà donné des citoyens à la patrie, verroient encore leurs petits-enfants se préparer à le devenir. Je voudrois que nul n'entrât ni ne sortît sans saluer ce parquet, et que tous les couples de jeunes gens vinssent, avant de commencer leur danse et après l'avoir finie, y faire une profonde révérence, pour s'accoutumer de bonne heure à respecter la vieillesse. Je ne doute pas que cette agréable réunion des deux termes de la vie humaine ne donnât à cette assemblée un certain coup d'œil attendrissant, et qu'on ne vît quelquefois couler dans le parquet des larmes de joie et de souvenir, capables peut-être d'en arracher à un spectateur sensible. Je voudrois que tous les ans, au dernier bal, la jeune personne qui, durant les précédents, se seroit comportée le plus honnêtement, le plus modestement, et auroit plu davantage à tout le monde, au jugement du parquet, fût honorée d'une couronne par la main du *seigneur-commis*[1], et du titre de reine du bal, qu'elle porteroit toute l'année. Je voudrois qu'à la clôture de la même

---

[1] Voyez la note précédente.

assemblée on la reconduisît en cortége ; que le père et la mère fussent félicités et remerciés d'avoir une fille si bien née, et de l'élever si bien. Enfin je voudrois que, si elle venoit à se marier dans le cours de l'an, la seigneurie lui fît un présent ou lui accordât quelque distinction publique, afin que cet honneur fût une chose assez sérieuse pour ne pouvoir jamais devenir un sujet de plaisanterie.

Il est vrai qu'on auroit souvent à craindre un peu de partialité, si l'âge des juges ne laissoit toute la préférence au mérite. Et quand la beauté modeste seroit quelquefois favorisée, quel en seroit le grand inconvénient? Ayant plus d'assauts à soutenir, n'a-t-elle pas besoin d'être plus encouragée? N'est-elle pas un don de la nature, ainsi que les talents? Où est le mal qu'elle obtienne quelques honneurs qui l'excitent à s'en rendre digne, et puissent contenter l'amour-propre sans offenser la vertu?

En perfectionnant ce projet dans les mêmes vues, sous un air de galanterie et d'amusement, on donneroit à ces fêtes plusieurs fins utiles qui en feroient un objet important de police et de bonnes mœurs. La jeunesse, ayant des rendez-vous sûrs et honnêtes, seroit moins tentée d'en chercher de plus dangereux. Chaque sexe se livreroit plus patiemment, dans les intervalles, aux occupations et aux plaisirs qui lui sont propres, et s'en consoleroit plus aisément d'être privé du commerce continuel de l'autre. Les particuliers de tout état auroient la ressource d'un spectacle agréable, surtout aux pères et mères. Les soins pour la parure de leurs filles seroient pour les femmes un objet d'amusement qui feroit diversion à beaucoup d'autres; et cette parure ayant un objet innocent et louable seroit là tout-à-fait à sa place. Ces occasions de s'assembler pour s'unir, et d'arranger des établissements, seroient des moyens fréquents de rapprocher des familles divisées et d'affermir la paix si nécessaire dans notre état. Sans altérer l'autorité des pères, les inclinations des enfants seroient un peu plus en liberté; le premier choix dépendroit un peu plus de leur cœur; les convenances d'âge, d'humeur, de goût, de caractère, seroient un peu plus consultées; on donneroit moins à celles d'état et de biens, qui font des nœuds mal assortis quand on les suit aux dépens des autres. Les liaisons devenant plus faciles, les mariages seroient plus fréquents; ces mariages, moins circonscrits par les mêmes conditions, préviendroient les partis, tempéreroient l'excessive inégalité, maintiendroient mieux le corps du peuple dans l'esprit de sa constitution. Ces bals, ainsi dirigés, ressembleroient moins à un spectacle public qu'à l'assemblée d'une grande famille; et du sein de la joie et des plaisirs naîtroient la conservation, la concorde et la prospérité de la république [1].

---

[1] Il me paroit plaisant d'imaginer quelquefois les jugements que

Sur ces idées, il seroit aisé d'établir à peu de frais, et sans danger, plus de spectacles qu'il n'en faudroit pour rendre le séjour de notre ville agréable et riant, même aux étrangers, qui, ne trouvant rien de pareil ailleurs, y viendroient au moins pour voir une chose unique; quoique à dire le vrai, sur beaucoup de fortes raisons, je regarde ce concours comme un inconvénient bien plus que comme un avantage; et je suis persuadé, quant à moi, que jamais étranger n'entra dans Genève qu'il n'y ait fait plus de mal que de bien.

Mais savez-vous, monsieur, qui l'on devroit s'efforcer d'attirer et de retenir dans nos murs?

plusieurs porteront de mes goûts, sur mes écrits. Sur celui-ci, l'on ne manquera pas de dire : « Cet homme est fou de la danse. » Je m'ennuie à voir danser. « Il ne peut souffrir la comédie. » J'aime la comédie à la passion. « Il a de l'aversion pour les femmes. » Je ne serai que trop bien justifié là-dessus. « Il est mécontent des comédiens. » J'ai tout sujet de m'en louer, et l'amitié du seul d'entre eux que j'ai connu particulièrement ne peut qu'honorer un honnête homme. Même jugement sur les poètes dont je suis forcé de censurer les pièces : ceux qui sont morts ne seront pas de mon goût, et je serai piqué contre les vivants. La vérité est que Racine me charme, et que je n'ai jamais manqué volontairement une représentation de Molière. Si j'ai moins parlé de Corneille, c'est qu'ayant peu fréquenté ses pièces, et manquant de livres, il ne m'est pas assez resté dans la mémoire pour le citer. Quant à l'auteur d'Atrée et de Catilina, je ne l'ai jamais vu qu'une fois, et ce fut pour en recevoir un service. J'estime son génie et respecte sa vieillesse; mais, quelque honneur que je porte à sa personne, je ne dois que justice à ses pièces, et je ne sais point acquitter mes dettes aux dépens du bien public et de la vérité. Si mes écrits m'inspirent quelque fierté, c'est par la pureté d'intention qui les dicte,

Les Génevois mêmes, qui, avec un sincère amour
pour leur pays, ont tous une si grande inclination
pour les voyages, qu'il n'y a point de contrée où
l'on n'en trouve de répandus. La moitié de nos
concitoyens, épars dans le reste de l'Europe et du
monde, vivent et meurent loin de la patrie; et je
me citerois moi-même avec plus de douleur si j'y
étois moins inutile. Je sais que nous sommes forcés
d'aller chercher au loin les ressources que notre
terrain nous refuse, et que nous pourrions difficilement subsister si nous nous y tenions renfermés.
Mais au moins que ce bannissement ne soit pas
éternel pour tous : que ceux dont le ciel a béni les

c'est par un désintéressement dont peu d'auteurs m'ont donné
l'exemple, et que fort peu voudront imiter. Jamais vue particulière ne souilla le désir d'être utile aux autres qui m'a mis la plume
a la main, et j'ai presque toujours écrit contre mon propre intérêt.
Vitam impendere vero; voilà la devise que j'ai choisie et dont je
me sens digne. Lecteurs, je puis me tromper moi-même, mais non
pas vous tromper volontairement; craignez mes erreurs et non ma
mauvaise foi. L'amour du bien public est la seule passion qui me
fait parler au public; je sais alors m'oublier moi-même, et si quelqu'un m'offense, je me tais sur son compte de peur que la colère
ne me rende injuste. Cette maxime est bonne à mes ennemis, en
ce qu'ils me nuisent à leur aise et sans crainte de représailles; aux
lecteurs, qui ne craignent pas que ma haine leur en impose; et
surtout à moi, qui, restant en paix tandis qu'on m'outrage, n'ai
du moins que le mal qu'on me fait, et non celui que j'éprouverois
encore à le rendre. Sainte et pure vérité, à qui j'ai consacré ma vie,
non, jamais mes passions ne souilleront le sincère amour que j'ai
pour toi; l'intérêt ni la crainte ne sauroient altérer l'hommage que
j'aime à t'offrir, et ma plume ne te refusera jamais rien que ce
qu'elle craint d'accorder à la vengeance !

travaux viennent, comme l'abeille, en rapporter le fruit dans la ruche, réjouir leurs concitoyens du spectacle de leur fortune, animer l'émulation des jeunes gens, enrichir leur pays de leur richesse, et jouir modestement chez eux des biens honnêtement acquis chez les autres. Sera-ce avec des théâtres, toujours moins parfaits chez nous qu'ailleurs, qu'on les y fera revenir? Quitteront-ils la comédie de Paris ou de Londres pour aller revoir celle de Genève? Non, non, monsieur, ce n'est pas ainsi qu'on les peut ramener. Il faut que chacun sente qu'il ne sauroit trouver ailleurs ce qu'il a laissé dans son pays; il faut qu'un charme invincible le rappelle au séjour qu'il n'auroit point dû quitter; il faut que le souvenir de leurs premiers exercices, de leurs premiers spectacles, de leurs premiers plaisirs, reste profondément gravé dans leurs cœurs; il faut que les douces impressions faites durant la jeunesse demeurent et se renforcent dans un âge avancé, tandis que mille autres s'effacent; il faut qu'au milieu de la pompe des grands états et de leur triste magnificence une voix secrète leur crie incessamment au fond de l'ame : Ah! où sont les jeux et les fêtes de ma jeunesse? où est la concorde des citoyens, où est la fraternité publique? où est la pure joie et la véritable allégresse? où sont la paix, la liberté, l'équité, l'innocence? Allons rechercher tout cela. Mon Dieu, avec le cœur du Génevois, avec une ville aussi riante, un pays aussi charmant, un gouvernement aussi juste, des plaisirs si vrais et si purs, et tout ce qu'il faut pour savoir les goûter, à quoi tient-il que nous n'adorions tous la patrie?

Ainsi rappeloit ses citoyens, par des fêtes modestes et des jeux sans éclat, cette Sparte que je n'aurai jamais assez citée pour l'exemple que nous devrions en tirer; ainsi dans Athènes, parmi les beaux-arts, ainsi dans Suse, au sein du luxe et de la mollesse, le Spartiate ennuyé soupiroit après ses grossiers festins et ses fatigants exercices. C'est à Sparte que, dans une laborieuse oisiveté, tout étoit plaisir et spectacle; c'est là que les plus rudes travaux passoient pour des récréations, et que les moindres délassements formoient une instruction publique; c'est là que les citoyens, continuellement assemblés, consacroient la vie entière à des amusements qui faisoient la grande affaire de l'état, et à des jeux dont on ne se délassoit qu'à la guerre.

J'entends déjà les plaisants me demander si, parmi tant de merveilleuses instructions, je ne veux point aussi, dans nos fêtes genevoises, introduire les danses des jeunes Lacédémoniennes. Je réponds que je voudrois bien nous croire les yeux et les cœurs assez chastes pour supporter un tel spectacle, et que de jeunes personnes, dans cet état, fussent à Genève, comme à Sparte, couvertes de l'honnêteté publique; mais, quelque estime que je fasse de mes compatriotes, je sais trop combien il y a loin d'eux aux Lacédémoniens, et je ne leur propose des institutions de ceux-ci que celles dont ils ne sont pas encore incapables. Si le sage Plutarque s'est chargé de justifier l'usage en question, pourquoi faut-il que je m'en charge après lui? Tout est dit en avouant que cet usage ne convenoit qu'aux élèves de Lycurgue; que leur vie frugale et laborieuse, leurs mœurs pures et sévères, la force d'ame qui leur étoit propre, pouvoient seules rendre innocent, sous leurs yeux, un spectacle si choquant pour tout peuple qui n'est qu'honnête.

Mais pense-t-on qu'au fond l'adroite parure de nos femmes ait moins son danger qu'une nudité absolue, dont l'habitude tourneroit bientôt les premiers effets en indifférence, et peut-être en dégoût? Ne sait on pas que les statues et les tableaux n'offensent les yeux que quand un mélange de vêtements rend les nudités obscènes? Le pouvoir immédiat des sens est foible et borné : c'est par l'entremise de l'imagination qu'ils font leurs plus grands ravages; c'est elle qui prend soin d'irriter les désirs, en prêtant à leurs objets encore plus d'attraits que ne leur en donna la nature; c'est elle qui découvre à l'œil avec scandale ce qu'il ne voit pas seulement comme nu, mais comme devant être habillé. Il n'y a point de vêtement si modeste au travers duquel un regard enflammé par l'imagination n'aille porter les désirs. Une jeune Chinoise, avançant un bout de pied couvert et chaussé, fera plus de ravage à Pékin que n'eût fait la plus belle fille du monde dansant toute nue au bas du Taygète. Mais quand on s'habille avec autant d'art et si peu d'exactitude que les femmes font aujourd'hui, quand on ne montre moins que pour faire désirer davantage, quand l'obstacle qu'on oppose aux yeux ne sert qu'à mieux irriter l'imagination, quand on ne cache une partie de l'objet que pour parer celle qu'on expose,

Heu! malè tùm mites defendet pampinus uvas.
Virg. Georg. 1, v. 448.

Terminons ces nombreuses digressions. Grâce au ciel, voici la dernière : je suis à la fin de cet écrit. Je donnois les fêtes de Lacédémone pour modèle de celles que je voudrois voir parmi nous. Ce n'est pas seulement par leur objet, mais aussi par leur simplicité, que je les trouve recommandables : sans pompe, sans luxe, sans appareil, tout y respiroit, avec un charme secret de patriotisme, qui les rendoit intéressantes, un certain esprit martial convenable à des hommes libres[1] : sans af-

---

[1] Je me souviens d'avoir été frappé dans mon enfance d'un spectacle assez simple, et dont pourtant l'impression m'est toujours restée, malgré le temps et la diversité des objets. Le régiment de Saint-Gervais avoit fait l'exercice, et, selon la coutume, on avoit soupé par compagnies : la plupart de ceux qui les composoient se rassemblèrent, après le soupé, dans la place de Saint-Gervais, et

faires et sans plaisirs, au moins de ce qui porte ces noms parmi nous, ils passoient, dans cette douce uniformité, la journée sans la trouver trop longue, et la vie sans la trouver trop courte. Ils s'en retournoient chaque soir, gais et dispos, prendre leur frugal repas, contents de leur patrie, de leurs

se mirent à danser tous ensemble, officiers et soldats, autour de la fontaine, sur le bassin de laquelle étoient montés les tambours, les fifres, et ceux qui portoient les flambeaux. Une danse de gens égayés par un long repas sembleroit n'offrir rien de fort intéressant à voir ; cependant l'accord de cinq ou six cents hommes en uniforme, se tenant tous par la main, et formant une longue bande qui serpentoit en cadence et sans confusion, avec mille tours et retours ; mille espèces d'évolutions figurées, le choix des airs qui les animoient, le bruit des tambours, l'éclat des flambeaux, un certain appareil militaire au sein du plaisir, tout cela formoit une sensation très-vive qu'on ne pouvoit supporter de sang froid. Il étoit tard, les femmes étoient couchées ; toutes se relevèrent. Bientôt les fenêtres furent pleines de spectatrices qui donnoient un nouveau zèle aux acteurs : elles ne purent tenir long-temps à leurs fenêtres, elles descendirent ; les maîtresses venoient voir leurs maris, les servantes apportoient du vin ; les enfants mêmes, éveillés par le bruit, accoururent demi-vêtus entre les pères et les mères. La danse fut suspendue ; ce ne furent qu'embrassements, ris, santés, caresses. Il résulta de tout cela un attendrissement général que je ne saurois peindre, mais que, dans l'allégresse universelle, on éprouve assez naturellement au milieu de tout ce qui nous est cher. Mon père en m'embrassant fut saisi d'un tressaillement que je crois sentir et partager encore. « Jean-Jacques, me disoit-il, « aime ton pays. Vois-tu ces bons Génevois ? ils sont tous amis, « ils sont tous frères, la joie et la concorde règnent au milieu « d'eux. Tu es Génevois ; tu verras un jour d'autres peuples ; « mais quand tu voyagerois autant que ton père, tu ne trouveras « jamais leurs pareils. »

On voulut recommencer la danse, il n'y eut plus moyen ; on ne concitoyens et d'eux-mêmes. Si l'on demande quelque exemple de ces divertissements publics, en voici un rapporté par Plutarque¹. Il y avoit, dit-il, toujours trois danses en autant de bandes, selon la différence des âges; et ces danses se faisoient au chant de chaque bande. Celle des vieillards commençoit la première, en chantant le couplet suivant :

> Nous avons été jadis
> Jeunes, vaillants et hardis.

Suivoit celle des hommes, qui chantoient à leur tour, en frappant de leurs armes en cadence :

> Nous le sommes maintenant,
> A l'épreuve à tout venant.

Ensuite venoient les enfants, qui leur répondoient en chantant de toute leur force :

> Et nous bientôt le serons,
> Qui tous vous surpasserons.

savoit plus ce qu'on faisoit, toutes les têtes étoient tournées d'une ivresse plus douce que celle du vin. Après avoir resté quelque temps encore à rire et à causer sur la place, il fallut se séparer : chacun se retira paisiblement avec sa famille; et voilà comment ces aimables et prudentes femmes ramenèrent leurs maris, non pas en troublant leurs plaisirs, mais en allant les partager. Je sens bien que ce spectacle dont je fus si touché seroit sans attraits pour mille autres; il faut des yeux faits pour le voir, et un cœur fait pour le sentir. Non, il n'y a de pure joie que la joie publique, et les vrais sentiments de la nature ne règnent que sur le peuple. Ah! dignité, fille de l'orgueil et mère de l'ennui, jamais tes tristes esclaves eurent-ils un pareil moment en leur vie?

¹ * *Dicts notables des Lacédémoniens*, § 69.

Voilà, monsieur, les spectacles qu'il faut à des républiques. Quant à celui dont votre article *Genève* m'a forcé de traiter dans cet essai, si jamais l'intérêt particulier vient à bout de l'établir dans nos murs, j'en prévois les tristes effets; j'en ai montré quelques-uns, j'en pourrois montrer davantage. Mais c'est trop craindre un malheur imaginaire que la vigilance de nos magistrats saura prévenir. Je ne prétends point instruire des hommes plus sages que moi : il me suffit d'en avoir dit assez pour consoler la jeunesse de mon pays d'être privée d'un amusement qui coûteroit si cher à la patrie. J'exhorte cette heureuse jeunesse à profiter de l'avis qui termine votre article. Puisse-t-elle connoître et mériter son sort! puisse-t-elle sentir toujours combien le solide bonheur est préférable aux vains plaisirs qui le détruisent! puisse-t-elle transmettre à ses descendants les vertus, la liberté, la paix qu'elle tient de ses pères! c'est le dernier vœu par lequel je finis mes écrits, c'est celui par lequel finira ma vie [1].

[1] * Les lecteurs pourront être curieux de savoir quel a été dans le fait le résultat de la lettre de Rousseau pour Genève particulièrement. Le spectacle n'y étoit pas un plaisir tout-à-fait et de tout temps inconnu. Indépendamment des *Mystères* et autres représentations de cette espèce qui là, comme ailleurs, avoient eu lieu dans le temps où ce genre d'amusement se confondoit presque avec les cérémonies du culte divin, et qui cessèrent peu de temps après la réformation, les historiens de Genève nous apprennent que, dans le cours du dix-septième siècle, les autorités civiles et ecclésiastiques sévirent plus d'une fois contre des jeunes gens qui s'étoient

permis de jouer des espèces de comédies dans des maisons particulières ; qu'en 1714, le conseil ayant autorisé quelques représentations de sauteurs et de marionnettes, le consistoire les fit cesser, s'étant plaint de ce que quelques acteurs se mêloient aux marionnettes, et *jouoient des pièces de Molière* et des scènes italiennes ; qu'enfin en 1738, lorsque les agents de trois puissances médiatrices s'occupoient à calmer les troubles civils, et pendant le temps que dura cette médiation, une troupe de comédiens vint s'établir dans la ville, malgré les représentations des pasteurs et d'une partie de la bourgeoisie. Le conseil, dit l'historien qui nous donne ces détails, n'avoit pas cru pouvoir refuser ce divertissement aux médiateurs. (PICOT, *Hist. de Genève*, tome III, p. 284.)

Postérieurement à cette époque, les progrès toujours croissants de l'industrie et du commerce firent naître mille besoins nouveaux parmi lesquels celui des représentations dramatiques n'étoit pas de nature à se faire le moins sentir. Voltaire qui, en 1755, vint fixer sa résidence aux portes de Genève, trouva donc les esprits tout préparés pour cette innovation à laquelle il croyoit sa gloire poétique intéressée. Il avoit monté chez lui un théâtre où la bonne compagnie de Genève se rendoit en foule, excitée par le double attrait du plaisir et de la vanité. Mais, pour amener les choses au point de maturité nécessaire à l'exécution de son projet favori, l'établissement d'un spectacle dans la ville même, il restoit un pas à faire, et l'article *Genève* fut publié dans l'Encyclopédie ; car on sait que cet article est, sinon de Voltaire, au moins écrit en grande partie sous sa dictée. La *Lettre à d'Alembert* déconcerta tout à coup le projet de Voltaire. *Indè iræ*. On ne peut douter en effet que ce ne fût la principale cause de la haine qu'il conçut contre son auteur, et qui lui dicta depuis tant d'injures en prose et en vers aussi indignes de son génie que déshonorantes pour sa mémoire.

Cependant l'effet produit par la lettre de Rousseau devoit naturellement s'affoiblir chaque jour au milieu de tant de causes qui agissoient en sens contraire. Huit ans n'étoient pas encore écoulés depuis la publication de cette lettre, qu'on vit à Genève (avril 1766) un entrepreneur monter, même à grands frais, un théâtre avec la permission du gouvernement, et cela au milieu même des dissensions civiles qui s'étoient renouvelées plus vives que jamais. Mais peu de temps après la salle fut brûlée (février 1768), et une lettre de Rousseau à d'Ivernois, du 26 avril même année, nous apprend qu'il ne dépendit pas de Voltaire qu'on ne crût que cet incendie étoit l'effet d'un dessein prémédité, et que Rousseau en avoit été l'instigateur.

Le sénat n'osa pas donner une permission nouvelle pour le rétablissement de la comédie, et les particuliers qui en ressentoient le plus vivement la privation n'eurent d'autre ressource que de se cotiser, en 1773, pour faire construire une salle de spectacle à Châtelaine, village françois à demi-lieue de Genève.

Les choses restèrent en cet état jusqu'à ce qu'une révolution nouvelle opérée par le ministre françois de Vergennes, en 1782, et dont le récit est étranger à l'objet de cette note, vint détruire toutes les institutions populaires, ouvrage des derniers temps, et rétablit dans son entier le régime aristocratique, tel qu'il existoit en 1738. Les *cercles* furent défendus, on abolit les milices et les exercices militaires, et tous les citoyens furent désarmés. Dès ce moment il n'y eut plus d'obstacle à l'établissement d'un théâtre permanent à Genève. Pour l'amusement des militaires étrangers qui avoient pris possession de la ville, le gouvernement avoit fait venir des comédiens qui restèrent après l'édit de pacification. Bientôt lui-même fit construire pour eux un vaste et bel édifice, le même qui subsiste encore; l'ouverture de cette nouvelle salle se fit le 18 octobre 1783.

Depuis la chute du gouvernement aristocratique de 1782, arrivée en 1789, la comédie n'a existé et n'existe encore à Genève que d'une manière passagère. Il y avoit sans doute défaut de justesse dans la proportion d'après laquelle Rousseau établissoit que la ville ne pouvoit fournir chaque jour, pour le soutien de son théâtre, que quarante à cinquante spectateurs. Mais il est vrai de dire qu'en général, et encore actuellement, malgré les nouveaux progrès du luxe et de la richesse, les habitudes sociales et le goût du travail font que l'empressement à jouir de ce plaisir n'est pas grand. La tragédie, qui intéresseroit davantage les personnes instruites, en si grand nombre à Genève, est là comme inaccessible. Insensiblement donc, et sans que l'autorité intervînt ou influât en aucune manière, l'usage s'est établi de n'avoir des comédiens à Genève que pendant deux ou trois mois au plus. Un directeur de spectacle va ainsi d'une ville de Suisse à une autre, et le plaisir, devenu plus rare, acquiert ainsi plus d'attrait, mais n'en a jamais eu réellement assez pour amener dans les mœurs et les habitudes privées un changement sensible. Il en est donc maintenant à Genève comme dans nos villes de France des troisième et quatrième ordres. (*Note de M. Petitain.*)

RÉPONSE

A UNE LETTRE ANONYME,

DONT LE CONTENU SE TROUVE EN CARACTÈRE ITALIQUE DANS CETTE RÉPONSE.

Je suis sensible aux attentions dont m'honorent ces messieurs que je ne connois point, mais il faut que je réponde à ma manière, car je n'en ai qu'une.

Des gens de loi, qui estiment, etc. M. Rousseau, ont été surpris et affligés de son opinion, dans sa lettre à M. d'Alembert, sur le tribunal des maréchaux de France.

J'ai cru dire des vérités utiles. Il est triste que de telles vérités surprennent, plus triste qu'elles affligent, et bien plus triste encore qu'elles affligent des gens de loi.

Un citoyen aussi éclairé que M. Rousseau...

Je ne suis point un citoyen éclairé, mais seulement un citoyen zélé.

N'ignore pas qu'on ne peut justement dévoiler aux yeux de la nation les fautes de la législation.

Je l'ignorois, je l'apprends. Mais qu'on me permette à mon tour une petite question. Bodin, Loisel, Fénélon, Boulainvilliers, l'abbé de Saint-Pierre, le président de Montesquieu, le marquis de Mirabeau, l'abbé de Mably, tous bons François et gens éclairés, ont-ils ignoré qu'on ne peut justement dévoiler aux yeux de la nation les fautes de la législation ? On a tort d'exiger qu'un étranger soit plus savant qu'eux sur ce qui est juste ou injuste dans leur pays.

On ne peut justement dévoiler aux yeux de la nation les fautes de la législation.

Cette maxime peut avoir une application particulière et circonscrite selon les lieux et les personnes. Voici la première fois peut-être que la justice est opposée à la vérité.

On ne peut justement dévoiler aux yeux de la nation les fautes de la législation.

Si quelqu'un de nos citoyens m'osoit tenir un pareil discours à Genève, je le poursuivrois criminellement comme traître à la patrie.

On ne peut justement dévoiler aux yeux de la nation les fautes de la législation.

Il y a dans l'application de cette maxime quelque chose que je n'entends point. J. J. Rousseau, citoyen de Genève, imprime un livre en Hollande, et voilà qu'on lui dit en France qu'on ne peut justement dévoiler aux yeux de la nation les fautes de la législation ! Ceci me paroît bizarre. Messieurs, je n'ai point l'honneur d'être votre compatriote ;

ce n'est point pour vous que j'écris; je n'imprime point dans votre pays; je ne me soucie point que mon livre y vienne; si vous me lisez, ce n'est pas ma faute.

On ne peut justement dévoiler aux yeux de la nation les fautes de la législation.

Quoi donc! sitôt qu'on aura fait une mauvaise institution dans quelque coin du monde, à l'instant il faudra que tout l'univers la respecte en silence; il ne sera plus permis à personne de dire aux autres peuples qu'ils feroient mal de l'imiter? Voilà des prétentions assez nouvelles, et un fort singulier droit des gens.

Les philosophes sont faits pour éclairer le ministère, le détromper de ses erreurs, et respecter ses fautes.

Je ne sais pourquoi sont faits les philosophes, ni ne me soucie de le savoir.

Pour éclairer le ministère...

J'ignore si l'on peut éclairer le ministère.

Le détromper de ses erreurs...

J'ignore si l'on peut détromper le ministère de ses erreurs.

Et respecter ses fautes...

J'ignore si l'on peut respecter les fautes du ministère.

Je ne sais rien de ce qui regarde le ministère, parce que ce mot n'est pas connu dans mon pays, et qu'il peut avoir des sens que je n'entends pas.

De plus, M. Rousseau ne nous paroît pas raisonner en politique...

Ce mot sonne trop haut pour moi. Je tâche de raisonner en bon citoyen de Genève. Voilà tout.

Lorsqu'il admet dans un état une autorité supérieure à l'autorité souveraine....

J'en admets trois seulement : premièrement, l'autorité de Dieu; et puis celle de la loi naturelle, qui dérive de la constitution de l'homme; et puis celle de l'honneur, plus forte sur un cœur honnête que tous les rois de la terre.

Ou du moins indépendante d'elle...

Non pas seulement indépendantes, mais supérieures. Si jamais l'autorité souveraine[1] pouvoit être en conflit avec une des trois précédentes, il faudroit que la première cédât en cela. Le blasphémateur Hobbes est en horreur pour avoir soutenu le contraire.

Il ne se rappeloit pas dans ce moment le sentiment de Grotius...

Je ne saurois me rappeler ce que je n'ai jamais su; et probablement je ne saurai jamais ce que je ne me soucie point d'apprendre.

Adopté par les encyclopédistes...

---

[1] Nous pourrions bien ne pas nous entendre les uns les autres sur le sens que nous donnons à ce mot; et, comme il n'est pas bon que nous nous entendions mieux, nous ferons bien de n'en pas disputer.

Le sentiment d'aucun des encyclopédistes n'est une règle pour ses collègues. L'autorité commune est celle de la raison : je n'en reconnois point d'autre.

Les encyclopédistes ses confrères...

Les amis de la vérité sont tous mes confrères.

Le temps nous empêche d'exposer plusieurs autres objections...

Le devoir m'empêcheroit peut-être de les résoudre. Je sais l'obéissance et le respect que je dois, dans mes actions et dans mes discours, aux lois et aux maximes du pays dans lequel j'ai le bonheur de vivre ; mais il ne s'ensuit pas de là que je ne doive écrire aux Génevois que ce qui convient aux Parisiens.

Qui exigeroient une conversation...

Je n'en dirai pas plus en conversation que par écrit ; il n'y a que Dieu et le conseil de Genève à qui je doive compte de mes maximes.

Qui priveroit M. Rousseau d'un temps précieux pour lui et pour le public.

Mon temps est inutile au public, et n'est plus d'un grand prix pour moi-même : mais j'en ai besoin pour gagner mon pain ; c'est pour cela que je cherche la solitude.

A Montmorency, le 15 octobre 1758.

LETTRE

A

M. ROUSSEAU,

CITOYEN DE GENÈVE.

―――

> Quittez-moi votre serpe, instrument de dommage.
> La Font., liv. xii, fab. xx.

La lettre que vous m'avez fait l'honneur de m'adresser, monsieur, sur l'article *Genève* de l'Encyclopédie, a eu tout le succès que vous deviez en attendre. En intéressant les philosophes par les vérités répandues dans votre ouvrage, et les gens de goût par l'éloquence et la chaleur de votre style, vous avez encore su plaire à la multitude par le mépris même que vous témoignez pour elle, et que vous eussiez peut-être marqué davantage en affectant moins de le montrer.

Je ne me propose pas de répondre précisément à votre lettre, mais de m'entretenir avec vous sur ce qui en fait le sujet, et de vous communiquer mes réflexions bonnes ou mauvaises : il seroit trop dangereux de lutter contre une plume telle que la vôtre, et je ne cherche point à écrire des choses brillantes, mais des choses vraies.

Une autre raison m'engage à ne pas demeurer dans le silence ; c'est la reconnoissance que je vous dois des égards avec lesquels vous m'avez combattu. Sur ce point seul je me flatte de ne vous point céder. Vous avez donné aux gens de lettres un exemple digne de vous, et qu'ils imiteront peut-être enfin quand ils connoîtront mieux leurs vrais intérêts. Si la satire et l'injure n'étoient pas aujourd'hui le ton favori de la critique, elle seroit plus honorable à ceux qui l'exercent, et plus utile à ceux qui en sont l'objet. On ne craindroit point de s'avilir en y répondant; on ne songeroit qu'à s'éclairer avec une candeur et une estime réciproques; la vérité seroit connue, et personne ne seroit offensé ; car c'est moins la vérité qui blesse, que la manière de la dire.

Vous avez eu dans votre lettre trois objets principaux ; d'attaquer les spectacles pris en eux-mêmes; de montrer que quand la morale pourroit les tolérer, la constitution de Genève ne lui permettroit pas d'en avoir; de justifier enfin les pasteurs de vôtre Église sur les sentiments que je leur ai attribués en matière de religion. Je suivrai ces trois objets avec vous, et je m'arrêterai d'abord sur le premier, comme sur celui qui intéresse le plus grand nombre des lecteurs. Malgré l'étendue de la matière, je tâcherai d'être le plus court qu'il me sera possible; il n'appartient qu'à vous d'être long et d'être lu, et je ne dois pas me flatter d'être aussi heureux en écarts.

Le caractère de votre philosophie, monsieur, est d'être ferme et inexorable dans sa marche. Vos principes posés, les conséquences sont ce qu'elles peuvent; tant pis pour nous si elles sont fâcheuses; mais, à quelque point qu'elles le soient, elles ne vous le paroissent jamais assez pour vous forcer à revenir sur les principes. Bien loin de craindre les objections qu'on peut faire contre vos paradoxes, vous prévenez ces objections en y répondant par des paradoxes nouveaux. Il me semble voir en vous (la comparaison ne vous offensera pas sans doute) ce chef intrépide des réformateurs, qui pour se défendre d'une hérésie en avançoit une plus grave, qui commença par attaquer les indulgences, et finit par abolir la messe. Vous avez prétendu que la culture des sciences et des arts est nuisible aux mœurs; on pouvoit vous objecter que dans une société policée cette culture est du moins nécessaire jusqu'à un certain point, et vous prier d'en fixer les bornes; vous vous êtes tiré d'embarras en coupant le nœud, et vous n'avez cru pouvoir nous rendre heureux et parfaits qu'en nous réduisant à l'état de bêtes. Pour prouver ce que tant d'opéra françois avoient si bien prouvé avant vous, que nous n'avons point de musique, vous avez déclaré *que nous ne pouvions en avoir, et que si nous en avions une, ce seroit tant pis pour nous.* Enfin, dans la vue d'inspirer plus efficacement à vos compatriotes l'horreur de la comédie, vous la représentez comme une des plus pernicieuses inventions des hommes, et, pour me servir de vos propres termes, comme un divertissement *plus barbare que les combats des gladiateurs.*

Vous procédez avec ordre, et ne portez pas d'abord les grands coups. A ne regarder les spectacles que comme un amusement, cette raison seule vous paroît suffire pour les condamner. *La vie est si courte,* dites-vous, *et le temps si précieux.* Qui en doute, monsieur? Mais en même temps la vie est si malheureuse, et le plaisir si rare. Pourquoi envier aux hommes, destinés presque uniquement par la nature à pleurer et à mourir, quelques délassements passagers, qui les aident à supporter l'amertume ou l'insipidité de leur existence? Si les spectacles, considérés sous ce point de vue, ont un défaut à mes yeux, c'est d'être pour nous une distraction trop légère et un amusement trop foible, précisément par cette raison qu'ils se présentent trop à nous sous la seule idée d'amusement, et d'amusement nécessaire à notre oisiveté. L'illusion se trouvant rarement dans les représentations théâtrales, nous ne les voyons que comme un jeu qui nous laisse presque entièrement à nous. D'ailleurs, le plaisir superficiel et momentané qu'elles peuvent produire est encore affoibli par la nature de ce plaisir même, qui, tout imparfait qu'il est, a l'inconvénient d'être trop recherché, et, si on peut parler de la sorte, appelé de trop loin. Il a fallu, ce me semble, pour imaginer un pareil genre de divertissement, que les hommes en eussent auparavant essayé et usé de bien des espèces; quelqu'un qui s'ennuyoit cruellement (c'étoit vraisemblablement un prince) doit avoir eu la première idée de cet amusement raffiné, qui consiste à représenter sur des planches les infortunes et les travers de nos semblables, pour nous consoler ou nous guérir des nôtres; et à nous rendre spectateurs de la vie, d'acteurs que nous y sommes, pour nous en adoucir le poids et les malheurs.- Cette réflexion triste vient quelquefois troubler le plaisir que je goûte au théâtre; à travers les impressions agréables de la scène, j'aperçois de temps en temps, malgré moi et avec une sorte de chagrin, l'empreinte fâcheuse de son origine; surtout dans ces moments de repos, où l'action suspendue et refroidie laissant l'imagination tranquille ne montre plus que la représentation au lieu de la chose, et l'acteur au lieu du personnage. Telle est, monsieur, la triste destinée de l'homme jusque dans les plaisirs mêmes; moins il peut s'en passer, moins il les goûte; et plus il y met de soins et d'étude, moins leur impression est sensible. Pour nous en convaincre par un exemple encore plus frappant que celui du théâtre, jetons les yeux sur ces maisons décorées par la vanité et par l'opulence, que le vulgaire croit un séjour de délices, et où les raffinements d'un luxe recherché brillent de toutes parts; elles ne rappellent que trop souvent au riche blasé qui les a fait construire, l'image importune de l'ennui qui lui a rendu ces raffinements nécessaires.

Quoi qu'il en soit, monsieur, nous avons trop besoin de plaisirs pour nous rendre difficiles sur le nombre ou sur le choix. Sans doute tous nos divertissements forcés et factices, inventés et mis en usage par l'oisiveté, sont bien au-dessous des plaisirs si purs et si simples que devroient nous offrir les devoirs de citoyen, d'ami, d'époux, de fils et de père : mais rendez-nous donc, si vous le pouvez, ces devoirs moins pénibles et moins tristes ; ou souffrez qu'après les avoir remplis de notre mieux, nous nous consolions de notre mieux aussi des chagrins qui les accompagnent. Rendez les peuples plus heureux, et par conséquent les citoyens moins rares, les amis plus sensibles et plus constants, les pères plus justes, les enfants plus tendres, les femmes plus fidèles et plus vraies ; nous ne chercherons point alors d'autres plaisirs que ceux qu'on goûte au sein de l'amitié, de la patrie, de la nature et de l'amour. Mais il y a long-temps, vous le savez, que le siècle d'Astrée n'existe plus que dans les fables, si même il a jamais existé ailleurs. Solon disoit qu'il avoit donné aux Athéniens, non les meilleures lois en elles-mêmes, mais les meilleures qu'ils pussent observer. Il en est ainsi des devoirs qu'une saine philosophie prescrit aux hommes, et des plaisirs qu'elle leur permet. Elle doit nous supposer et nous prendre tels que nous sommes, pleins de passions et de foiblesses, mécontents de nous-mêmes et des autres, réunissant à un penchant naturel pour l'oisiveté, l'inquiétude et l'activité dans les désirs. Que reste-t-il à faire à la philosophie, que de pallier à nos yeux, par les distractions qu'elle nous offre, l'agitation qui nous tourmente, ou la langueur qui nous consume? Peu de personnes ont, comme vous, monsieur, la force de chercher leur bonheur dans la triste et uniforme tranquillité de la solitude. Mais cette ressource ne vous manque-t-elle jamais à vous-même? N'éprouvez-vous jamais au sein du repos, et quelquefois du travail, ces moments de dégoût et d'ennui qui rendent nécessaires les délassements ou les distractions? La société seroit d'ailleurs trop malheureuse si tous ceux qui peuvent se suffire ainsi que vous, s'en bannissoient par un exil volontaire. Le sage en fuyant les hommes, c'est-à-dire en évitant de s'y livrer (car c'est la seule manière dont il doit les fuir), leur est au moins redevable de ses instructions et de son exemple; c'est au milieu de ses semblables que l'Être suprême lui a marqué son séjour, et il n'est pas plus permis aux philosophes qu'aux rois d'être hors de chez eux.

Je reviens aux plaisirs du théâtre. Vous avez laissé avec raison aux déclamateurs de la chaire cet argument si rebattu contre les spectacles, qu'ils sont contraires à l'esprit du christianisme, qui nous oblige de nous mortifier sans cesse. On s'interdiroit sur ce principe les délassements que la religion condamne le moins. Les solitaires austères de Port-Royal, grands prédicateurs de la mortification chrétienne, et par cette raison grands adversaires de la comédie, ne se refusoient pas dans leur solitude, comme l'a remarqué Racine, le plaisir de faire des sabots, et celui de tourner les jésuites en ridicule.

Il semble donc que les spectacles, à ne les considérer encore que du côté de l'amusement, peuvent être accordés aux hommes, du moins comme un jouet qu'on donne à des enfants qui souffrent. Mais ce n'est pas seulement un jouet qu'on a prétendu leur donner, ce sont des leçons utiles déguisées sous l'apparence du plaisir. Non seulement on a voulu distraire de leurs peines ces enfants adultes; on a voulu que ce théâtre, où ils ne vont en apparence que pour rire ou pour pleurer, devînt pour eux, presque sans qu'ils s'en aperçussent, une école de mœurs et de vertu. Voilà, monsieur, de quoi vous croyez le théâtre incapable; vous lui attribuez même un effet absolument contraire, et vous prétendez le prouver.

Je conviens d'abord avec vous que les écrivains dramatiques ont pour but principal de plaire, et que celui d'être utiles est tout au plus le second : mais qu'importe, s'ils sont en effet utiles, que ce soit leur premier ou leur second objet? Soyons de bonne foi, monsieur, avec nous-mêmes, et convenons que les auteurs de théâtre n'ont rien en cela qui les distingue des autres. L'estime publique est le but principal de tout écrivain; et la première vérité qu'il veut apprendre à ses lecteurs, c'est qu'il est digne de cette estime. En vain affecteroit-il de la dédaigner dans ses ouvrages; l'indifférence se tait, et ne fait point tant de bruit; les injures mêmes dites à une nation ne sont quelquefois qu'un moyen plus piquant de se rappeler à son souvenir. Et le fameux cynique de la Grèce eût bientôt quitté ce tonneau d'où il bravoit les préjugés et les rois, si les Athéniens eussent passé leur chemin sans le regarder et sans l'entendre. La vraie philosophie ne consiste point à fouler aux pieds la gloire, et encore moins à le dire; mais à n'en pas faire dépendre son bonheur, même en tâchant de la mériter. On n'écrit donc, monsieur, que pour être lu, et on ne veut être lu que pour être estimé; j'ajoute, pour être estimé de la multitude, de cette multitude même dont on fait d'ailleurs (et avec raison) si peu de cas. Une voix secrète et importune nous crie que ce qui est beau ; grand et vrai plaît à tout le monde, et que ce qui n'obtient pas le suffrage général manque apparemment de quelqu'une de ces qualités. Ainsi, quand on cherche les éloges du vulgaire, c'est moins comme une récompense flatteuse en elle-même, que comme le gage le plus sûr de la bonté d'un ouvrage. L'amour-propre qui n'annonce que des prétentions modérées, en déclarant qu'il se borne à l'approbation du petit nombre, est un amour-propre timide qui se console d'avance, ou un amour-propre mécontent qui se console après coup. Mais, quel que soit le but d'un écrivain, soit d'être loué, soit d'être utile, ce but n'importe guère au public ; ce n'est point là ce qui règle son jugement, c'est uniquement le degré de plaisir ou de lumière qu'on lui a donné. Il honore ceux qui l'instruisent, il encourage ceux qui l'amusent, il applaudit ceux qui l'instruisent en l'amusant. Or les bonnes pièces de théâtre me paroissent réunir ces deux derniers avantages. C'est la morale mise en action, ce sont les préceptes réduits en exemples ; la tragédie nous offre les malheurs produits par les vices des hommes, la comédie les ridicules attachés à leurs défauts ; l'une et l'autre mettent sous les yeux ce que la morale ne montre que d'une manière abstraite et dans une espèce de lointain. Elles développent et fortifient, par les mouvements qu'elles excitent en nous, les sentiments dont la nature a mis le germe dans nos ames.

On va, selon vous, s'isoler au spectacle, on y va oublier ses proches, ses concitoyens et ses amis. Le spectacle est au contraire celui de tous nos plaisirs qui nous rappelle le plus aux autres hommes, par l'image qu'il nous présente de la vie humaine, et par les impressions qu'il nous donne et qu'il nous laisse. Un poète dans son enthousiasme, un géomètre dans ses méditations profondes, sont bien plus isolés qu'on ne l'est au théâtre. Mais quand les plaisirs de la scène nous feroient perdre pour un moment le souvenir de nos semblables, n'est-ce pas l'effet naturel de toute occupation qui nous attache, de tout amusement qui nous entraîne ? Combien de moments dans la vie où l'homme le plus vertueux oublie ses compatriotes et ses amis sans les aimer moins! et vous-même, monsieur, n'auriez-vous renoncé à vivre avec les vôtres que pour y penser toujours?

Vous avez bien de la peine, ajoutez-vous, à concevoir cette règle de la poétique des anciens, que le théâtre purge les passions en les excitant. La règle, ce me semble, est vraie, mais elle a le défaut d'être mal énoncée; et c'est sans doute par cette raison qu'elle a produit tant de disputes, qu'on se seroit épargnées si on avoit voulu s'entendre. Les passions dont le théâtre tend à nous garantir ne sont pas celles qu'il excite; mais il nous en garantit en excitant en nous les passions contraires : j'entends ici par passion, avec la plupart des écrivains de morale, toute affection vive et profonde qui nous attache fortement à son objet. En ce sens, la tragédie se sert des passions utiles et louables, pour réprimer les passions blâmables et nuisibles ; elle emploie, par exemple, les larmes et la compassion dans *Zaïre*, pour nous précautionner contre l'amour violent et jaloux ; l'amour de la patrie dans *Brutus*, pour nous guérir de l'ambition; la terreur et la crainte de la vengeance céleste dans *Sémiramis*, pour nous faire haïr et éviter le crime. Mais si avec quelques philosophes on n'attache l'idée de passion qu'aux affections criminelles, il faudra pour lors se borner à dire que le théâtre les corrige en nous rappelant aux affections naturelles ou vertueuses que le Créateur nous a données pour combattre ces mêmes passions.

« Voilà, objectez-vous, un remède bien foible
« et cherché bien loin : l'homme est naturellement
« bon; l'amour de la vertu, quoi qu'en disent les
« philosophes, est inné dans nous; il n'y a per-
« sonne, excepté les scélérats de profession, qui,
« avant d'entendre une tragédie, ne soit déjà per-
« suadé des vérités dont elle va nous instruire; et
« à l'égard des hommes plongés dans le crime, ces
« vérités sont bien inutiles à leur faire entendre,
« et leur cœur n'a point d'oreilles. » L'homme est naturellement bon, je le veux; cette question demanderoit un trop long examen; mais vous con-

viendrez du moins que la société, l'intérêt, l'exemple, peuvent faire de l'homme un être méchant. J'avoue que quand il voudra consulter sa raison, il trouvera qu'il ne peut être heureux que par la vertu; et c'est en ce seul sens que vous pouvez regarder l'amour de la vertu comme inné dans nous; car vous ne croyez pas apparemment que le fœtus et les enfants à la mamelle aient aucune notion du juste et de l'injuste. Mais la raison, ayant à combattre en nous des passions qui étouffent sa voix, emprunte le secours du théâtre pour imprimer plus profondément dans notre ame les vérités que nous avons besoin d'apprendre. Si ces vérités glissent sur les scélérats décidés, elles trouvent dans le cœur des autres une entrée plus facile; elles s'y fortifient quand elles y étoient déjà gravées; incapables peut-être de ramener les hommes perdus, elles sont au moins propres à empêcher les autres de se perdre. Car la morale est comme la médecine; beaucoup plus sûre dans ce qu'elle fait pour prévenir les maux, que dans ce qu'elle tente pour les guérir.

L'effet de la morale du théâtre est donc moins d'opérer un changement subit dans les cœurs corrompus, que de prémunir contre le vice les ames foibles par l'exercice des sentiments honnêtes, et d'affermir dans ces mêmes sentiments les ames vertueuses. Vous appelez passagers et stériles les mouvements que le théâtre excite, parce que la vivacité de ces mouvements semble ne durer que le temps de la pièce; mais leur effet, pour être lent et comme insensible, n'en est pas moins réel aux yeux du philosophe. Ces mouvements sont des secousses par lesquelles le sentiment de la vertu a besoin d'être réveillé dans nous; c'est un feu qu'il faut de temps en temps ranimer et nourrir pour l'empêcher de s'éteindre.

Voilà, monsieur, les fruits naturels de la morale mise en action sur le théâtre; voilà les seuls qu'on en puisse attendre. Si elle n'en a pas de plus marqués, croyez-vous que la morale réduite aux préceptes en produise beaucoup davantage? Il est bien rare que les meilleurs livres de morale rendent vertueux ceux qui n'y sont pas disposés d'avance; est-ce une raison pour proscrire ces livres? Demandez à nos prédicateurs les plus fameux combien ils font de conversions par an, ils vous répondront qu'on en fait une ou deux par siècle, encore faut-il que le siècle soit bon; sur cette réponse leur défendrez-vous de prêcher, et à nous de les entendre?

« Belle comparaison! direz-vous; je veux que
« nos prédicateurs et nos moralistes n'aient pas
« des succès brillants; au moins ne font-ils pas
« grand mal, si ce n'est peut-être celui d'ennuyer
« quelquefois; mais c'est précisément parce que
« les auteurs de théâtre nous ennuient moins,
« qu'ils nous nuisent davantage. Quelle morale

« que celle qui présente si souvent aux yeux des
« spectateurs des monstres impunis et des crimes
« heureux! Un Atrée qui s'applaudit des horreurs
« qu'il a exercées contre son frère; un Néron qui
« empoisonne Britannicus pour régner en paix;
« une Médée qui égorge ses enfants, et qui part
« en insultant au désespoir de leur père; un
« Mahomet qui séduit et qui entraîne tout un
« peuple, victime et instrument de ses fureurs!
« Quel affreux spectacle à montrer aux hommes,
« que des scélérats triomphants! » Pourquoi non,
monsieur, si on leur rend ces scélérats odieux
dans leur triomphe même? Peut-on mieux nous
instruire à la vertu qu'en nous montrant d'un côté
les succès du crime, et en nous faisant envier de
l'autre le sort de la vertu malheureuse? Ce n'est
pas dans la prospérité ni dans l'élévation qu'on a
besoin d'apprendre à l'aimer, c'est dans l'abjection et dans l'infortune. Or, sur cet effet du théâtre, j'en appelle avec confiance à votre propre
témoignage : interrogez les spectateurs l'un après
l'autre au sortir de ces tragédies que vous croyez
une école de vice et de crime; demandez-leur lequel ils aimeroient mieux être, de Britannicus ou
de Néron, d'Atrée ou de Thyeste, de Zopire ou de
Mahomet; hésiteront-ils sur la réponse? Et comment hésiteroient-ils? Pour nous borner à un seul
exemple, quelle leçon plus propre à rendre le fanatisme exécrable, et à faire regarder comme des

monstres ceux qui l'inspirent, que cet horrible tableau du quatrième acte de *Mahomet*, où l'on voit Séide, égaré par un zèle affreux, enfoncer le poignard dans le sein de son père? Vous voudriez, monsieur, bannir cette tragédie de notre théâtre? Plût à Dieu qu'elle y fût plus ancienne de deux cents ans! L'esprit philosophique qui l'a dictée seroit de même date parmi nous, et peut-être eût épargné à la nation françoise, d'ailleurs si paisible et si douce, les horreurs et les atrocités religieuses auxquelles elle s'est livrée. Si cette tragédie laisse quelque chose à regretter aux sages, c'est de n'y voir que les forfaits causés par le zèle d'une fausse religion, et non les malheurs encore plus déplorables où le zèle aveugle pour une religion vraie peut quelquefois entraîner les hommes.

Ce que je dis ici de *Mahomet*, je crois pouvoir le dire de même des autres tragédies qui vous paroissent si dangereuses. Il n'en est, ce me semble, aucune qui ne laisse dans notre ame après la représentation quelque grande et utile leçon de morale plus ou moins développée. Je vois dans *OEdipe* un prince fort à plaindre sans doute, mais toujours coupable, puisqu'il a voulu, contre l'avis même des dieux, braver sa destinée; dans *Phèdre*, une femme que la violence de sa passion peut rendre malheureuse, mais non pas excusable, puisqu'elle travaille à perdre un prince vertueux dont elle n'a pu se faire aimer; dans *Catilina*, le mal que l'abus des grands talents peut faire au genre humain; dans *Médée* et dans *Atrée*, les effets abominables de l'amour criminel et irrité, de la vengeance et de la haine. D'ailleurs, quand ces pièces ne nous enseigneroient directement aucune vérité morale, seroient-elles pour cela blâmables ou pernicieuses? Il suffiroit, pour les justifier de ce reproche, de faire attention aux sentiments louables, ou tout au moins naturels, qu'elles excitent en nous; *OEdipe* et *Phèdre* l'attendrissement sur nos semblables, *Atrée* et *Médée* le frémissement et l'horreur. Quand nous irions à ces tragédies, moins pour être instruits que pour être remués, quel seroit en cela notre crime et le leur? Elles seroient pour les honnêtes gens, s'il est permis d'employer cette comparaison, ce que les supplices sont pour le peuple, un spectacle où ils assisteroient par le seul besoin que tous les hommes ont d'être émus. C'est en effet ce besoin, et non pas, comme on le croit communément, un sentiment d'inhumanité, qui fait courir le peuple aux exécutions des criminels. Il voit au contraire ces exécutions avec un mouvement de trouble et de pitié, qui va quelquefois jusqu'à l'horreur et aux larmes. Il faut à ces ames rudes, concentrées et grossières, des secousses fortes pour les ébranler. La tragédie suffit aux ames plus délicates et plus sensibles; quelquefois même, comme dans *Médée* et dans *Atrée*, l'impression est trop violente pour elles. Mais bien loin d'être alors dangereuse, elle est au contraire importune ; et un sentiment de cette espèce peut-il être une source de vices et de forfaits? Si dans les pièces où l'on expose le crime à nos yeux, les scélérats ne sont pas toujours punis, le spectateur est affligé qu'ils ne le soient pas : quand il ne peut en accuser le poète, toujours obligé de se conformer à l'histoire, c'est alors, si je puis parler ainsi, l'histoire elle-même qu'il accuse; et il se dit en sortant,

Faisons notre devoir et laissons faire aux dieux.

Aussi, dans un spectacle qui laisseroit plus de liberté au poète, dans notre opéra, par exemple, qui n'est d'ailleurs ni le spectacle de la vérité ni celui des mœurs, je doute qu'on pardonnât à l'auteur de laisser jamais le crime impuni. Je me souviens d'avoir vu autrefois en manuscrit un opéra d'*Atrée*, où ce monstre périssoit écrasé de la foudre, en criant avec une satisfaction barbare,

Tonnez, dieux impuissants, frappez, je suis vengé.

Cette situation, vraiment théâtrale, secondée par une musique effrayante, eût produit, ce me semble, un des plus heureux dénouements qu'on puisse imaginer au théâtre lyrique.

Si dans quelques tragédies on a voulu nous intéresser pour des scélérats, ces tragédies ont manqué leur objet; c'est la faute du poète et non du genre. Vous trouverez des historiens mêmes qui ne sont pas exempts de ce reproche; en accuserez-vous l'histoire ? Rappelez-vous, monsieur, un de nos chefs-d'œuvre en ce genre, la *Conjuration de Venise* de l'abbé de Saint-Réal, et l'espèce d'intérêt qu'il nous inspire, sans l'avoir peut-être voulu, pour ces hommes qui ont juré la ruine de leur patrie ; on s'afflige presque après cette lecture de voir tant de courage et d'habileté devenus inutiles ; on se reproche ce sentiment, mais il nous saisit malgré nous, et ce n'est que par réflexion qu'on prend part au salut de Venise. Je vous avouerai à cette occasion, contre l'opinion assez généralement établie, que le sujet de *Venise sauvée* me paroît bien plus propre au théâtre que celui de *Manlius Capitolinus*, quoique ces deux pièces ne diffèrent guère que par les noms et l'état des personnages : des malheureux qui conspirent pour se rendre libres sont moins odieux que des sénateurs qui cabalent pour se rendre maîtres.

Mais ce qui paroît, monsieur, vous avoir choqué le plus dans nos pièces, c'est le rôle qu'on y fait jouer à l'amour. Cette passion, le grand mobile des actions des hommes, est en effet le ressort presque unique du théâtre françois; et rien ne vous paroît plus contraire à la saine morale que de réveiller par des peintures et des situations séduisantes un sentiment si dangereux. Permettez-moi de vous faire une question avant que de vous répondre.

Voudriez-vous bannir l'amour de la société? Ce seroit, je crois, pour elle un grand bien et un grand mal. Mais vous chercheriez en vain à détruire cette passion dans les hommes; il ne paroît pas d'ailleurs que votre dessein soit de la leur interdire, du moins si on en juge par les descriptions intéressantes que vous en faites, et auxquelles toute l'austérité de votre philosophie n'a pu se refuser. Or, si on ne peut, et si on ne doit peut-être pas étouffer l'amour dans le cœur des hommes, que reste-t-il à faire, sinon de le diriger vers une fin honnête et de nous montrer dans des exemples illustres ses fureurs et ses foiblesses, pour nous en défendre ou nous en guérir? Vous convenez que c'est l'objet de nos tragédies; mais vous prétendez que l'objet est manqué par les efforts mêmes que l'on fait pour le remplir; que l'impression du sentiment reste, et que la morale est bientôt oubliée. Je prendrai, monsieur, pour vous répondre, l'exemple même que vous apportez de la tragédie de *Bérénice*, où Racine a trouvé l'art de nous intéresser pendant cinq actes avec ces seuls mots, *je vous aime, vous êtes empereur, et je pars*; et où ce grand poète a su réparer par les charmes de son style le défaut d'action et la monotonie de son sujet. Tout spectateur sensible, je l'avoue, sort de cette tragédie le cœur affligé, partageant en quelque manière le sacrifice qui coûte si cher à Titus, et le désespoir de Bérénice abandonnée.

Mais quand ce spectateur regarde au fond de son
ame, et approfondit le sentiment triste qui l'occupe, qu'y aperçoit-il, monsieur? un retour affli-
geant sur le malheur de la condition humaine, qui
nous oblige presque toujours de faire céder nos
passions à nos devoirs. Cela est si vrai qu'au milieu
des pleurs que nous donnons à Bérénice, le bonheur
du monde attaché au sacrifice de Titus nous rend
inexorables sur la nécessité de ce sacrifice même
dont nous le plaignons; l'intérêt que nous prenons
à sa douleur, en admirant sa vertu, se changeroit
en indignation s'il succomboit à sa foiblesse. En
vain Racine même, tout habile qu'il étoit dans l'é-
loquence du cœur, eût essayé de nous représenter
ce prince entre Bérénice d'un côté et Rome de
l'autre, sensible aux prières d'un peuple qui embrasse ses genoux pour le retenir, mais cédant aux
larmes de sa maîtresse; les adieux les plus touchants de ce prince à ses sujets ne le rendroient
que plus méprisable à nos yeux ; nous n'y verrions
qu'un monarque vil, qui, pour satisfaire une passion obscure, renonce à faire du bien aux hommes,
et qui va dans les bras d'une femme oublier leurs
pleurs. Si quelque chose au contraire adoucit à
nos yeux la peine de Titus, c'est le spectacle de
tout un peuple devenu heureux par le courage du
prince : rien n'est plus propre à consoler de l'infortune, que le bien qu'on fait à ceux qui souffrent,
et l'homme vertueux suspend le cours de ses larmes

en essuyant celles des autres. Cette tragédie, monsieur, a d'ailleurs un autre avantage, c'est de nous rendre plus grands à nos propres yeux en nous montrant de quels efforts la vertu nous rend capables. Elle ne réveille en nous la plus puissante et la plus douce de toutes les passions, que pour nous apprendre à la vaincre, en la faisant céder, quand le devoir l'exige, à des intérêts plus pressants et plus chers. Ainsi elle nous flatte et nous élève tout à la fois par l'expérience douce qu'elle nous fait faire de la tendresse de notre ame, et par le courage qu'elle nous inspire pour réprimer ce sentiment dans ses effets, en conservant le sentiment même.

Si donc les peintures qu'on fait de l'amour sur nos théâtres étoient dangereuses, ce ne pourroit être tout au plus que chez une nation déjà corrompue à qui les remèdes mêmes serviroient de poison : aussi suis-je persuadé, malgré l'opinion contraire où vous êtes, que les représentations théâtrales sont plus utiles à un peuple qui a conservé ses mœurs, qu'à celui qui auroit perdu les siennes. Mais, quand l'état présent de nos mœurs pourroit nous faire regarder la tragédie comme un nouveau moyen de corruption, la plupart de nos pièces me paroissent bien propres à nous rassurer à cet égard. Ce qui devroit, ce me semble, vous déplaire le plus dans l'amour que nous mettons si fréquemment sur nos théâtres, ce n'est pas la vivacité avec laquelle il est peint, c'est le rôle froid et subalterne qu'il y joue presque toujours. L'amour, si on en croit la multitude, est l'ame de nos tragédies ; pour moi, il m'y paroît presque aussi rare que dans le monde. La plupart des personnages de Racine même ont à mes yeux moins de passion que de métaphysique, moins de chaleur que de galanterie. Qu'est-ce que l'amour dans *Mithridate*, dans *Iphigénie*, dans *Britannicus*, dans *Bajazet* même, et dans *Andromaque*, si on en excepte quelques traits des rôles de Roxane et d'Hermione ? *Phèdre* est peut-être le seul ouvrage de ce grand homme où l'amour soit vraiment terrible et tragique; encore y est-il défiguré par l'intrigue obscure d'Hippolyte et d'Aricie. Arnauld l'avoit bien senti, quand il disoit à Racine : *Pourquoi cet Hippolyte amoureux ?* Le reproche étoit moins d'un casuiste que d'un homme de goût. On sait la réponse que Racine lui fit : *Eh, monsieur, sans cela qu'auroient dit les petits-maîtres?* Ainsi c'est à la frivolité de la nation que Racine a sacrifié la perfection de sa pièce. L'amour dans Corneille est encore plus languissant et plus déplacé : son génie semble s'être épuisé dans le *Cid* à peindre cette passion, et il n'y a presque aucune de ses autres tragédies que l'amour ne dépare et ne refroidisse. Ce sentiment exclusif et impérieux, si propre à nous consoler de tout ou à nous rendre tout insupportable, à nous faire jouir de notre existence, ou à nous la faire détester, veut être sur le théâtre comme dans nos cœurs, y régner seul et sans partage. Partout où il ne joue pas le premier rôle, il est dégradé par le second. Le seul caractère qui lui convienne dans la tragédie est celui de la véhémence, du trouble et du désespoir : ôtez-lui ces qualités, ce n'est plus, si j'ose parler ainsi, qu'une passion commune et bourgeoise. Mais, dira-t-on, en peignant l'amour de la sorte, il deviendra monotone, et toutes nos pièces se ressembleront. Et pourquoi s'imaginer, comme ont fait presque tous nos auteurs, qu'une pièce ne puisse nous intéresser sans amour? Sommes-nous plus difficiles ou plus insensibles que les Athéniens? et ne pouvons-nous pas trouver à leur exemple une infinité d'autres sujets capables de remplir dignement le théâtre; les malheurs de l'ambition, le spectacle d'un héros dans l'infortune, la haine de la superstition et des tyrans, l'amour de la patrie, la tendresse maternelle? Ne faisons point à nos Françoises l'injure de penser que l'amour seul puisse les émouvoir, comme si elles n'étoient ni citoyennes ni mères. Ne les avons-nous pas vues s'intéresser à la *Mort de César*, et verser des larmes à *Mérope?*

Je viens, monsieur, à vos objections sur la comédie. Vous n'y voyez qu'un exemple continuel de libertinage, de perfidie et de mauvaises mœurs; des femmes qui trompent leurs maris, des enfants qui volent leurs pères, d'honnêtes bourgeois dupés par des fripons de cour. Mais je vous prie de considérer un moment sous quel point de vue tous ces vices nous sont représentés sur le théâtre. Est-ce pour les mettre en honneur ? Nullement ; il n'est point de spectateur qui s'y méprenne ; c'est pour nous ouvrir les yeux sur la source de ces vices ; pour nous faire voir dans nos propres défauts (dans des défauts qui en eux-mêmes ne blessent point l'honnêteté) une des causes les plus communes des actions criminelles que nous reprochons aux autres. Qu'apprenons-nous dans *George Dandin?* que le déréglement des femmes est la suite ordinaire des mariages mal assortis où la vanité a présidé ; dans *le Bourgeois Gentilhomme?* qu'un bourgeois qui veut sortir de son état, avoir une femme de la cour pour maîtresse, et un grand seigneur pour ami, n'aura pour maîtresse qu'une femme perdue, et pour ami qu'un honnête voleur ; dans les scènes d'Harpagon et de son fils ? que l'avarice des pères produit la mauvaise conduite des enfants ; enfin dans toutes cette vérité si utile, *que les ridicules de la société y sont une source de désordres.* Et quelle manière plus efficace d'attaquer nos ridicules, que de nous montrer qu'ils rendent les autres méchants à nos dépens ? En vain diriez-vous que dans la comédie nous sommes plus frappés du ridicule qu'elle joue, que des vices dont ce ridicule est la source. Cela doit être, puisque l'objet naturel de la comédie est la correction de nos défauts par le ridicule, leur antidote le plus puissant, et non la correction de nos vices qui demande des remèdes d'un autre genre. Mais son effet n'est pas pour cela de nous faire préférer le vice au ridicule; elle nous suppose pour le vice cette horreur qu'il inspire à toute ame bien née : elle se sert même de cette horreur pour combattre nos travers; et il est tout simple que le sentiment qu'elle suppose nous affecte moins dans le moment de la représentation que celui qu'elle cherche à exciter en nous, sans que pour cela elle nous fasse prendre le change sur celui de ces deux sentiments qui doit dominer dans notre ame. Si quelques comédies en petit nombre s'écartent de cet objet louable, et sont presque uniquement une école de mauvaises mœurs, on peut comparer leurs auteurs à ces hérétiques, qui pour débiter le mensonge ont abusé quelquefois de la chaire de vérité.

Vous ne vous en tenez pas à des imputations générales. Vous attaquez, comme une satire cruelle de la vertu, le *Misanthrope* de Molière, ce chef-d'œuvre de notre théâtre comique, si néanmoins le *Tartufe* ne lui est pas encore supérieur, soit par la vivacité de l'action, soit par les situations théâtrales, soit enfin par la variété et la vérité des caractères. Je ne sais, monsieur, ce que vous pensez de cette dernière pièce; elle étoit bien faite pour trouver grâce devant vous, ne fût-ce que par l'aversion dont on ne peut se défendre pour l'espèce d'hommes si odieuse que Molière y a joués et démasqués. Mais je viens au *Misanthrope*. Molière, selon vous, a eu dessein dans cette comédie de rendre la vertu ridicule. Il me semble que le sujet et le détail de la pièce, que le sentiment même qu'elle produit en nous, prouvent le contraire. Molière a voulu nous apprendre que l'esprit et la vertu ne suffisent pas pour la société, si nous ne savons compatir aux foiblesses de nos semblables, et supporter leurs vices mêmes; que les hommes sont encore plus bornés que méchants, et qu'il faut les mépriser sans le leur dire. Quoique le Misanthrope divertisse les spectateurs, il n'est pas pour cela ridicule à leurs yeux : il n'est personne au contraire qui ne l'estime, qui ne soit porté même à l'aimer et à le plaindre. On rit de sa mauvaise humeur, comme de celle d'un enfant bien né et de beaucoup d'esprit. La seule chose que j'oserois blâmer dans le rôle du Misanthrope, c'est qu'Alceste n'a pas toujours tort d'être en colère contre l'ami raisonnable et philosophe que Molière a voulu lui opposer comme un modèle de la conduite qu'on doit tenir avec les hommes. Philinte m'a toujours paru, non pas absolument, comme vous le prétendez, un caractère odieux, mais un caractère mal décidé, plein de sagesse dans ses maximes et de fausseté dans sa conduite. Rien de plus sensé que ce qu'il dit au Misanthrope dans la première scène, sur la nécessité de s'accommoder aux travers des hommes; rien de plus foible que sa réponse aux reproches dont le Misanthrope l'accable sur l'accueil affecté qu'il vient de faire à un homme dont il ne sait pas le nom. Il ne disconvient pas de l'exagération qu'il a mise dans cet accueil, et donne par là beaucoup d'avantage au Misanthrope. Il devoit répondre, au contraire, que ce qu'Alceste avoit pris pour un accueil exagéré n'étoit qu'un compliment ordinaire et froid, une de ces formules de politesse dont les hommes sont convenus de se payer réciproquement lorsqu'ils n'ont rien à se dire. Le Misanthrope a encore plus beau jeu dans la scène du sonnet. Ce n'est point Philinte qu'Oronte vient consulter, c'est Alceste; et rien n'oblige Philinte de louer comme il fait le sonnet d'Oronte à tort et à travers, et d'interrompre même la lecture par ses fades éloges. Il devoit attendre qu'Oronte lui demandât son avis, et se borner alors à des discours généraux, et à une approbation foible, parce qu'il sent qu'Oronte veut être loué, et que dans des bagatelles de ce genre on ne doit la vérité qu'à ses amis; encore faut-il qu'ils aient grande envie ou grand besoin qu'on la leur dise. L'approbation foible de Philinte n'en eût pas moins produit ce que vouloit Molière, l'emportement d'Alceste, qui se pique de vérité dans les choses les plus indifférentes, au risque de blesser ceux à qui il la dit. Cette colère du Misanthrope sur la complaisance de Philinte n'en eût été que plus plaisante, parce qu'elle eût été moins fondée ; et la situation des personnages eût produit un jeu de théâtre d'autant plus grand, que Philinte eût été partagé entre l'embarras de contredire Alceste et la crainte de choquer Oronte. Mais je m'aperçois, monsieur, que je donne des leçons à Molière.

Vous prétendez que dans cette scène du sonnet, le Misanthrope est presque un Philinte ; et ses *je ne dis pas cela*, répétés avant que de déclarer franchement son avis, vous paroissent hors de son caractère. Permettez-moi de n'être pas de votre sentiment. Le Misanthrope de Molière n'est pas un homme grossier, mais un homme vrai ; ses *je ne dis pas cela*, surtout de l'air dont il les doit prononcer, font suffisamment entendre qu'il trouve le sonnet détestable ; ce n'est que quand Oronte le presse et le pousse à bout qu'il doit lever le masque et lui rompre en visière. Rien n'est, ce me semble, mieux ménagé et gradué plus adroitement que cette scène ; et je dois rendre cette justice à nos spectateurs modernes, qu'il en est peu qu'ils écoutent avec plus de plaisir. Aussi je ne crois pas que ce chef-d'œuvre de Molière, supérieur peut-être de quelques années à son siècle, dût craindre aujourd'hui le sort équivoque qu'il eut à sa naissance ; notre parterre, plus fin et plus éclairé qu'il ne l'étoit il y a soixante ans, n'auroit plus besoin du *Médecin malgré lui* pour aller au *Misanthrope*. Mais je crois en même temps avec vous que d'autres chefs-d'œuvre du même poète et de quelques autres, autrefois justement applaudis, auroient aujourd'hui plus d'estime que de succès; notre changement de goût en est la cause; nous voulons dans la tragédie plus d'action, et dans la comédie plus de finesse. La raison en est, si je ne me trompe, que les sujets communs sont presque entièrement épuisés sur les deux théâtres; et qu'il faut d'un côté plus de mouvement pour nous intéresser à des héros moins connus, et de l'autre plus de recherche et plus de nuance pour faire sentir des ridicules moins apparents.

Le zèle dont vous êtes animé contre la comédie ne vous permet pas de faire grâce à aucun genre, même à celui où l'on se propose de faire couler nos larmes par des situations intéressantes, et de nous offrir dans la vie commune des modèles de courage et de vertu : *autant vaudroit*, dites-vous, *aller au sermon*. Ce discours me surprend dans votre bouche. Vous prétendiez, un moment auparavant, que les leçons de la tragédie nous sont inutiles, parce qu'on n'y met sur le théâtre que des héros auxquels nous ne pouvons nous flatter de ressembler : et vous blâmez à présent les pièces où l'on n'expose à nos yeux que nos citoyens et nos semblables; ce n'est plus comme pernicieux aux bonnes mœurs, mais comme insipide et ennuyeux que vous attaquez ce genre. Dites, monsieur, si vous le voulez, qu'il est le plus facile de tous ; mais ne cherchez pas à lui enlever le droit de nous attendrir : il me semble, au contraire, qu'aucun genre de pièces n'y est plus propre ; et, s'il m'est permis de juger de l'impression des autres par la mienne, j'avoue que je suis encore plus touché des scènes pathétiques de *l'Enfant prodigue* que des pleurs d'*Andromaque* et d'*Iphigénie*. Les princes et les grands sont trop loin de nous, pour que nous prenions à leurs revers le même intérêt qu'aux nôtres. Nous ne voyons, pour ainsi dire, les infortunes des rois qu'en perspective ; et dans le temps même où nous les plaignons, un sentiment confus semble nous dire, pour nous consoler, que ces infortunes sont le prix de la grandeur suprême, et comme les degrés par lesquels la nature rapproche les princes des autres hommes. Mais les malheurs de la vie privée n'ont point cette ressource à nous offrir : ils sont l'image fidèle des peines qui nous affligent ou qui nous menacent ; un roi n'est presque pas notre semblable, et le sort de nos pareils a bien plus de droits à nos larmes.

Ce qui me paroît blâmable dans ce genre, ou plutôt dans la manière dont l'ont traité nos poètes, est le mélange bizarre qu'ils y ont presque toujours fait du pathétique et du plaisant. Deux sentiments si tranchants et si disparates ne sont pas faits pour être voisins, et quoiqu'il y ait dans la vie quelques circonstances bizarres où l'on rit et où l'on pleure à la fois, je demande si toutes les circonstances de la vie sont propres à être représentées sur le théâtre, et si le sentiment *trouble* et mal décidé qui résulte de cet alliage des ris avec les pleurs, est préférable au plaisir seul de pleurer, ou même au plaisir seul de rire. *Les hommes sont tous de fer!* s'écrie l'Enfant prodigue, après avoir fait à son valet la peinture odieuse de l'ingratitude et de la dureté de ses anciens amis; *et les femmes?* lui répond le valet, qui ne veut que faire rire le parterre; j'ose inviter l'illustre auteur de cette pièce à retrancher ces trois mots, qui ne sont là que pour défigurer un chef-d'œuvre. Il me semble qu'ils doivent produire sur tous les gens de goût le même effet qu'un son aigre et discordant qui se feroit entendre tout à coup au milieu d'une musique touchante.

Après avoir dit tant de mal des spectacles, il ne vous restoit plus, monsieur, qu'à vous déclarer aussi contre les personnes qui les représentent et contre celles qui, selon vous, nous y attirent; et c'est de quoi vous vous êtes pleinement acquitté par la manière dont vous traitez les comédiens et les femmes. Votre philosophie n'épargne personne, et on pourroit lui appliquer ce passage de l'Écriture, *et manus ejus contra omnes*. Selon vous, l'habitude où sont les comédiens de revêtir un caractère qui n'est pas le leur les accoutume à la fausseté. Je ne saurois croire que ce reproche soit sérieux. Vous feriez le procès sur le même principe à tous les auteurs de pièces de théâtre, bien plus obligés encore que le comédien de se transformer dans les personnages qu'ils ont à faire parler sur la scène. Vous ajoutez qu'il est vil de s'exposer aux sifflets pour de l'argent; qu'en faut-il conclure? Que l'état de comédien est celui de tous où il est le moins permis d'être médiocre. Mais en récompense, quels applaudissements plus flatteurs que ceux du théâtre? C'est là où l'amour-propre ne peut se faire illusion ni sur les succès ni sur les chutes; et pourquoi refuserions-nous à un acteur accueilli et désiré du public le droit si juste et si noble de tirer de son talent sa subsistance? Je ne dis rien de ce que vous ajoutez, pour plaisanter sans doute, que les valets, en s'exerçant à voler adroitement sur le théâtre, s'instruisent à voler dans les maisons et dans les rues.

Supérieur, comme vous l'êtes par votre caractère et par vos réflexions, à toute espèce de préjugés, étoit-ce là, monsieur, celui que vous deviez préférer pour vous y soumettre et pour le défendre? Comment n'avez-vous pas senti que, si ceux qui représentent nos pièces méritent d'être déshonorés, ceux qui les composent mériteroient aussi de l'être; et qu'ainsi en élevant les uns et en avilissant les autres, nous avons été tout à la fois bien inconséquents et bien barbares? Les Grecs l'ont été moins que nous, et il ne faut point chercher d'autre cause de l'estime où les bons comédiens étoient parmi eux. Ils considéroient Esopus par la même raison qu'ils admiroient Euripide et Sophocle. Les Romains, il est vrai, ont pensé différemment; mais chez eux la comédie étoit jouée par des esclaves; occupés de grands objets, ils ne vouloient employer que des esclaves à leurs plaisirs.

La chasteté des comédiennes, j'en conviens avec vous, est plus exposée que celle des femmes du monde; mais aussi la gloire de vaincre en doit être plus grande : il n'est pas rare d'en voir qui résistent long-temps, et il seroit plus commun d'en trouver qui résistassent toujours, si elles n'étoient comme découragées de la continence par le peu de considération réelle qu'elles en retirent. Le plus sûr moyen de vaincre les passions est de les combattre par la vanité : qu'on accorde des distinctions aux comédiennes sages, et ce sera, j'ose le prédire, l'ordre de l'état le plus sévère dans ses mœurs. Mais quand elles voient que d'un côté on ne leur sait aucun gré de se priver d'amants, et que de l'autre il est permis aux femmes du monde d'en avoir sans en être moins considérées, comment ne chercheroient-elles pas leur consolation dans des plaisirs qu'elles s'interdiroient en pure perte?

Vous êtes du moins, monsieur, plus juste ou plus conséquent que le public; votre sortie sur nos actrices en a valu une très-violente aux autres femmes. Je ne sais si vous êtes du petit nombre des sages qu'elles ont su quelquefois rendre malheureux, et si par le mal que vous en dites vous avez voulu leur restituer celui qu'elles vous ont fait. Cependant je doute que votre éloquente censure vous fasse parmi elles beaucoup d'ennemies; on voit percer à travers vos reproches le goût très-pardonnable que vous avez conservé pour elles, peut-être même quelque chose de plus vif; ce mélange de sévérité et de foiblesse (pardonnez-moi ce dernier mot) vous fera aisément obtenir grâce; elles sentiront du moins, et elles vous en sauront gré, qu'il vous en a moins coûté pour déclamer contre elles avec chaleur, que pour les voir et les juger avec une indifférence philosophique. Mais comment allier cette indifférence avec le sentiment si séduisant qu'elles inspirent? qui peut avoir le bonheur ou le malheur de parler d'elles sans intérêt? Essayons néanmoins, pour les apprécier avec justice, sans adulation comme sans humeur, d'oublier en ce moment combien leur société est aimable et dangereuse; relisons Épictète avant que d'écrire, et tenons-nous fermes pour être austères et graves.

Je n'examinerai point, monsieur, si vous avez raison de vous écrier : *Où trouvera-t-on une femme aimable et vertueuse?* comme le sage s'écrioit autrefois : *Où trouvera-t-on une femme forte?* Le genre humain seroit bien à plaindre si l'objet le plus digne de nos hommages étoit en effet aussi rare que vous le dites. Mais si par malheur vous aviez raison, quelle en seroit la triste cause ? L'esclavage et l'espèce d'avilissement où nous avons mis les femmes ; les entraves que nous donnons à leur esprit et à leur ame ; le jargon futile et humiliant pour elles et pour nous auquel nous avons réduit notre commerce avec elles, comme si elles n'avoient pas une raison à cultiver, ou n'en étoient pas dignes ; enfin l'éducation funeste, je dirois presque meurtrière, que nous leur prescrivons, sans leur permettre d'en avoir d'autre ; éducation où elles apprennent presque uniquement à se contrefaire sans cesse, à n'avoir pas un sentiment qu'elles n'étouffent, une opinion qu'elles ne cachent, une pensée qu'elles ne déguisent. Nous traitons la nature en elles comme nous la traitons dans nos jardins, nous cherchons à l'orner en l'étouffant. Si la plupart des nations ont agi comme nous à leur égard, c'est que partout les hommes ont été les plus forts, et que partout le plus fort est l'oppresseur et le tyran du plus foible. Je ne sais si je me trompe, mais il me semble que l'éloignement où nous tenons les femmes de tout ce qui peut les éclairer et leur élever l'ame, est bien capable, en mettant leur vanité à la gêne, de flatter leur amour-propre. On diroit que nous sentons leurs avantages, et que nous voulons les empêcher d'en profiter. Nous ne pouvons nous dissimuler que dans les ouvrages de goût et d'agrément elles réussiroient mieux que nous, surtout dans ceux dont le sentiment et la tendresse doivent être l'ame ; car quand vous dites *qu'elles ne savent ni décrire, ni sentir l'amour même,* il faut que vous n'ayez jamais lu les Lettres d'Héloïse, ou que vous ne les ayez lues que dans quelque poète qui les aura gâtées. J'avoue que ce talent de peindre l'amour au naturel, talent propre à un temps d'ignorance, où la nature seule donnoit des leçons, peut s'être affoibli dans notre siècle, et que les femmes, devenues à notre exemple plus coquettes que passionnées, sauront bientôt aimer aussi peu que nous et le dire aussi mal ; mais sera-ce la faute de la nature ? A l'égard des ouvrages de génie et de sagacité, mille exemples nous prouvent que la foiblesse du corps n'y est pas un obstacle dans les hommes ; pourquoi donc une éducation plus solide et plus mâle ne mettroit-elle pas les femmes à portée d'y réussir ? Descartes les jugeoit plus propres que nous à la philosophie, et une princesse malheureuse a été son plus illustre disciple. Plus inexorable pour elles, vous les traiterez, monsieur, comme ces peuples vaincus, mais redoutables, que leurs conquérants désarment ; et après avoir soutenu que la culture de l'esprit est pernicieuse à la vertu des hommes, vous en conclurez qu'elle le seroit encore plus à celle des femmes. Il me semble au contraire que les hommes devant être plus vertueux à proportion qu'ils connoîtront mieux les véritables sources de leur bonheur, le genre humain doit gagner à s'instruire. Si les siècles éclairés ne sont pas moins corrompus que les autres, c'est que la lumière y est trop inégalement répandue ; qu'elle est resserrée et concentrée dans un trop petit nombre d'esprits ; que les rayons qui s'en échappent dans le peuple ont assez de force pour découvrir aux ames communes l'attrait et les avantages du vice, et non pour leur en faire voir les dangers et l'horreur : le grand défaut de ce siècle philosophe est de ne l'être pas encore assez. Mais quand la lumière sera plus libre de se répandre, plus étendue et plus égale, nous en sentirons alors les effets bienfaisants ; nous cesserons de tenir les femmes sous le joug et dans l'ignorance, et elles de séduire, de tromper et de gouverner leurs maîtres. L'amour sera pour lors entre les deux sexes ce que l'amitié la plus douce et la plus vraie est entre les hommes vertueux ; ou plutôt ce sera un sentiment plus délicieux encore, le complément et la perfection de l'amitié ; sentiment qui, dans l'intention de la nature, devoit nous rendre heureux ; et que pour notre malheur nous avons su altérer et corrompre.

Enfin ne nous arrêtons pas seulement, monsieur, aux avantages que la société pourroit tirer de l'éducation des femmes ; ayons de plus l'humanité et la justice de ne pas leur refuser ce qui peut leur adoucir la vie comme à nous. Nous avons éprouvé tant de fois combien la culture de l'esprit et l'exercice des talents sont propres à nous distraire de nos maux, et à nous consoler dans nos peines : pourquoi refuser à la plus aimable moitié du genre humain destinée à partager avec nous le malheur d'être, le soulagement le plus propre à le lui faire supporter ? Philosophes que la nature a répandus sur la surface de la terre, c'est à vous à détruire, s'il vous est possible, un préjugé si funeste ; c'est à ceux d'entre vous qui éprouvent la douceur ou le chagrin d'être pères, d'oser les premiers secouer le joug d'un barbare usage, en donnant à leurs filles la même éducation qu'à leurs autres enfants. Qu'elles apprennent seulement de vous, en recevant cette éducation précieuse, à la regarder uniquement comme un préservatif contre l'oisiveté, un rempart contre les malheurs, et non comme l'aliment d'une curiosité vaine, et le sujet d'une ostentation frivole. Voilà tout ce que vous devez et tout ce qu'elles doivent à l'opinion publique, qui peut les condamner à paroître ignorantes, mais non pas les forcer à l'être. On vous a vus si souvent, pour des motifs très-légers, par vanité ou par humeur, heurter de front les idées de votre siècle ; pour quel intérêt plus grand pouvez-vous le braver, que pour l'avantage de ce que vous devez avoir de plus cher au monde, pour rendre la vie moins amère à ceux qui la tiennent de vous, et que la nature a destinés à vous survivre et à souffrir; pour leur procurer dans l'infortune, dans les maladies, dans la pauvreté, dans la vieillesse, des ressources dont notre injustice les a privées? On regarde communément, monsieur, les femmes comme très-sensibles et très-foibles; je les crois au contraire ou moins sensibles ou moins foibles que nous. Sans force de corps, sans talents, sans étude qui puisse les arracher à leurs peines, et les leur faire oublier quelques moments, elles les supportent néanmoins, elles les dévorent et savent quelquefois les cacher mieux que nous; cette fermeté suppose en elles, ou une ame peu susceptible d'impressions profondes, ou un courage dont nous n'avons pas l'idée. Combien de situations cruelles auxquelles les hommes ne résistent que par le tourbillon d'occupation qui les entraîne! Les chagrins des femmes seroient-ils moins pénétrants et moins vifs que les nôtres? Ils ne devroient pas l'être. Leurs peines viennent ordinairement du cœur; les nôtres n'ont souvent pour principe que la vanité et l'ambition. Mais ces sentiments étrangers, que l'éducation a portés dans notre ame, que l'habitude y a gravés, et que l'exemple y fortifie, deviennent, à la honte de l'humanité, plus puissants sur nous que les sentiments naturels : la douleur fait plus périr de ministres déplacés que d'amants malheureux.

Voilà, monsieur, si j'avois à plaider la cause des femmes, ce que j'oserois dire en leur faveur; je les défendrois moins sur ce qu'elles sont que sur ce qu'elles pourroient être. Je ne les louerois point en soutenant avec vous que la pudeur leur est naturelle; ce seroit prétendre que la nature ne leur a donné ni besoins, ni passions; la réflexion peut réprimer les désirs, mais le premier mouvement, qui est celui de la nature, porte toujours à s'y livrer. Je me bornerai donc à convenir que la société et les lois ont rendu la pudeur nécessaire aux femmes; et si je fais jamais un livre sur le pouvoir de l'éducation, cette pudeur en sera le premier chapitre. Mais en paroissant moins prévenu que vous pour la modestie de leur sexe, je serai plus favorable à leur conservation; et, malgré la bonne opinion que vous avez de la bravoure d'un régiment de femmes, je ne croirai pas que le principal moyen de les rendre utiles soit de les destiner à recruter nos troupes.

Mais je m'aperçois, monsieur, et je crains bien de m'en apercevoir trop tard, que le plaisir de m'entretenir avec vous, l'apologie des femmes, et peut-être cet intérêt secret qui nous séduit toujours pour elles, m'ont entraîné trop loin et trop long-temps hors de mon sujet. En voilà donc assez, et peut-être trop, sur la partie de votre lettre qui concerne les spectacles en eux-mêmes, et les dangers de toute espèce dont vous les rendez responsables. Rien ne pourra plus leur nuire, si votre écrit n'y réussit pas; car il faut avouer qu'aucun de nos prédicateurs ne les a combattus avec autant de force et de subtilité que vous. Il est vrai que la supériorité de vos talents ne doit pas seule en avoir l'honneur. La plupart de nos orateurs chrétiens, en attaquant la comédie, condamnent ce qu'ils ne connoissent pas; vous avez au contraire étudié, analysé, composé vous-même pour en mieux juger les effets, le poison dangereux dont vous cherchez à nous préserver; et vous décriez nos pièces de théâtre avec l'avantage non seulement d'en avoir vu, mais d'en avoir fait. Néanmoins cet avantage même forme contre vous une objection incommode, que vous paroissez avoir sentie en n'osant vous la faire, et à laquelle vous avez indirectement tâché de répondre. Les spectacles, selon vous, sont nécessaires dans une ville aussi corrompue que celle que vous avez habitée long-temps; et c'est apparemment pour ses habitants pervers, car ce n'est pas certainement pour votre patrie que vos pièces ont été composées : c'est-à-dire, monsieur, que vous nous avez traités comme ces animaux expirants qu'on achève dans leurs maladies de peur de les voir trop long-temps souffrir. Assez d'autres sans vous auroient pris ce soin; et votre délicatesse n'aura-t-elle rien à se reprocher à notre égard? Je le crains d'autant plus que le talent dont vous avez montré au théâtre lyrique de si heureux essais, comme musicien et comme poète, est du moins aussi propre à faire aux spectacles des partisans, que votre éloquence à leur en enlever. Le plaisir de vous lire ne nuira point à celui de vous entendre ; et vous aurez long-temps la douleur de voir le *Devin du village* détruire tout le bien que vos écrits contre la comédie auroient pu nous faire.

Il me reste à vous dire un mot sur les deux autres articles de votre lettre, et en premier lieu sur les raisons que vous apportez contre l'établissement d'un théâtre de comédie à Genève. Cette partie de votre ouvrage, je dois l'avouer, est celle qui a trouvé à Paris le moins de contradicteurs. Très-indulgents envers nous-mêmes, nous regardons les spectacles comme un aliment nécessaire à notre frivolité ; mais nous décidons volontiers que Genève ne doit point en avoir ; pourvu que nos riches oisifs aillent tous les jours, pendant trois heures, se soulager au théâtre du poids du temps qui les accable, peu leur importe qu'on s'amuse ailleurs ; parce que Dieu, pour me servir d'une de vos plus heureuses expressions, les a doués d'une douceur très-méritoire à supporter l'ennui des autres. Mais je doute que les Génevois, qui s'intéressent un peu plus que nous à ce qui les regarde, applaudissent de même à votre sévérité. C'est d'après un désir qui m'a paru presque général dans vos concitoyens, que j'ai proposé l'établissement d'un théâtre dans leur ville, et j'ai peine à croire qu'ils se livrent avec autant de plaisir aux amusements que vous y substituez. On m'assure même que plusieurs de ces amusements, quoiqu'en simple projet, alarment déjà vos graves ministres; qu'ils se récrient surtout contre les danses que vous voulez mettre à la place de la comédie, et qu'il leur paroît plus dangereux encore de se donner en spectacle que d'y assister.

Au reste, c'est à vos compatriotes seuls à juger de ce qui peut en ce genre leur être utile ou nuisible. S'ils craignent pour leurs mœurs les effets et les suites de la comédie, ce que j'ai déjà dit en sa faveur ne les déterminera point à la recevoir, comme tout ce que vous dites contre elle ne la leur fera pas rejeter, s'ils imaginent qu'elle puisse leur être de quelque avantage. Je me contenterai donc d'examiner en peu de mots les raisons que vous apportez contre l'établissement d'un théâtre à Genève, et je soumets cet examen au jugement et à la décision des Génevois.

Vous nous transportez d'abord dans les montagnes du Valais, au centre d'un petit pays dont vous faites une description charmante; vous nous montrez ce qui ne se trouve peut-être que dans ce seul coin de l'univers, des peuples tranquilles et satisfaits au sein de leur famille et de leur travail; et vous prouvez que la comédie ne seroit propre qu'à troubler le bonheur dont ils jouissent. Personne, monsieur, ne prétendra le contraire; des hommes assez heureux pour se contenter des plaisirs offerts par la nature ne doivent point y en substituer d'autres; les amusements qu'on cherche sont le poison lent des amusements simples; et c'est une loi générale de ne pas entreprendre de changer le bien en mieux. Qu'en conclurez-vous pour Genève? L'état présent de cette république est-il susceptible de l'application de ces règles? Je veux croire qu'il n'y a rien d'exagéré ni de romanesque dans la description de ce canton fortuné du Valais, où il n'y a ni haine, ni jalousie, ni querelles, et où il y a pourtant des hommes. Mais si l'âge d'or s'est réfugié dans les rochers voisins de Genève, vos citoyens en sont pour le moins à l'âge d'argent; et dans le peu de temps que j'ai passé parmi eux ils m'ont paru assez avancés, ou, si vous voulez, assez pervertis pour pouvoir entendre *Brutus* et *Rome sauvée* sans avoir à craindre d'en devenir pires.

La plus forte de toutes vos objections contre l'établissement d'un théâtre à Genève, c'est l'impossibilité de supporter cette dépense dans une petite ville. Vous pouvez néanmoins vous souvenir que des circonstances particulières ayant obligé vos magistrats, il y a quelques années, de permettre, dans la ville même de Genève, un spectacle public, on ne s'aperçut point de l'inconvénient dont il s'agit, ni de tous ceux que vous faites craindre. Cependant, quand il seroit vrai que la recette journalière ne suffiroit pas à l'entretien du spectacle, je vous prie d'observer que la ville de Genève est, à proportion de son étendue, une des plus riches de l'Europe ; et j'ai lieu de croire que plusieurs citoyens opulents de cette ville, qui désireroient d'y avoir un théâtre, fourniroient sans peine à une partie de la dépense ; c'est du moins la disposition où plusieurs d'entre eux m'ont paru être, et c'est en conséquence que j'ai hasardé la proposition qui vous alarme. Cela supposé, il seroit aisé de répondre en deux mots à vos autres objections. Je n'ai point prétendu qu'il y eût à Genève un spectacle tous les jours ; un ou deux jours de la semaine suffiroient à cet amusement, et on pourroit prendre pour un de ces jours celui où le peuple se repose ; ainsi d'un côté le travail ne seroit point ralenti, de l'autre la troupe pourroit être moins nombreuse, et par conséquent moins à charge à la ville ; on donneroit l'hiver seul à la comédie, l'été aux plaisirs de la campagne, et aux exercices militaires dont vous parlez. J'ai peine à croire aussi qu'on ne pût remédier par des lois sévères aux alarmes de vos ministres sur la conduite des comédiens, dans un état aussi petit que celui de Genève, où l'œil vigilant des magistrats peut s'étendre au même instant d'une frontière à l'autre, où la législation embrasse à la fois toutes les parties ; où elle est enfin si rigoureuse et si bien exécutée contre les désordres des femmes publiques, et même contre les désordres secrets. J'en dis autant des lois somptuaires, dont il est toujours facile de maintenir l'exécution dans un petit état : d'ailleurs la vanité même ne sera guère intéressée à les violer, parce qu'elles obligent également tous les citoyens, et qu'à Genève les hommes ne sont jugés ni par les richesses, ni par les habits. Enfin rien, ce me semble, ne souffriroit dans votre patrie de l'établissement d'un théâtre, pas même l'ivrognerie des hommes et la médisance des femmes, qui trouvent l'une et l'autre tant de faveur auprès de vous. Mais quand la suppression de ces deux derniers articles produiroit, pour parler votre langage, *un affoiblissement d'état*, je serois d'avis qu'on se consolât de ce malheur. Il ne falloit pas moins qu'un philosophe exercé comme vous aux paradoxes, pour nous soutenir qu'il y a moins de mal à s'enivrer et à médire, qu'à voir représenter *Cinna* et *Polyeucte*. Je parle ici d'après la peinture que vous avez faite vous-même de la vie journalière de vos citoyens; et je n'ignore pas qu'ils se récrient fort contre cette peinture : le peu de séjour, disent-ils, que vous avez fait parmi eux, ne vous a pas laissé le temps de les connoître, ni d'en fréquenter assez les différents états; et vous avez représenté comme l'esprit général de cette sage république, ce qui n'est tout au plus que le vice obscur et méprisé de quelques sociétés particulières.

Au reste, vous ne devez pas ignorer, monsieur, que depuis deux ans une troupe de comédiens s'est établie aux portes de Genève, et que Genève et les comédiens s'en trouvent à merveille. Prenez votre parti avec courage, la circonstance est urgente et le cas difficile. Corruption pour corruption, celle qui laissera aux Génevois leur argent dont ils ont besoin, est préférable à celle qui le fait sortir de chez eux.

Je me hâte de finir sur cet article dont la plupart de nos lecteurs ne s'embarrassent guère, pour en venir à un autre qui les intéresse encore moins, et sur lequel par cette raison je m'arrêterai moins encore. Ce sont les sentiments que j'attribue à vos ministres en matière de religion. Vous savez, et ils le savent encore mieux que vous, que mon dessein n'a point été de les offenser; et ce motif seul suffiroit aujourd'hui pour me rendre sensible à leurs plaintes, et circonspect dans ma justification. Je serois très-affligé du soupçon d'avoir *violé leur secret*, surtout si ce soupçon venoit de votre part: permettez-moi de vous faire remarquer que l'énumération des moyens par lesquels vous supposez que j'ai pu juger de leur doctrine, n'est pas complète. Si je me suis trompé dans l'exposition que j'ai faite de leurs sentiments (d'après leurs ouvrages; d'après des conversations publiques où ils ne m'ont pas paru prendre beaucoup d'intérêt à la *Trinité* ni à l'*enfer*, enfin d'après l'opinion de leurs concitoyens, et des autres églises réformées), tout autre que moi, j'ose le dire, eût été trompé de même. Ces sentiments sont d'ailleurs une suite nécessaire des principes de la religion protestante; et si vos ministres ne jugent pas à propos de les adopter ou de les avouer aujourd'hui, la logique que je leur connois doit naturellement les y conduire, ou les laissera à moitié chemin. Quand ils ne seroient pas sociniens, il faudroit qu'ils le devinssent, non pour l'honneur de la religion, mais pour celui de leur philosophie. Ce mot de *sociniens* ne doit pas vous effrayer : mon dessein n'a point été de donner un nom de parti à des hommes dont j'ai d'ailleurs fait un juste éloge; mais d'exposer par un seul mot ce que j'ai cru être leur doctrine, et ce qui sera infailliblement dans quelques années leur doctrine publique. A l'égard de leur profession de foi, je me borne à vous y renvoyer et à vous en faire juge ; vous avouez que vous ne l'avez pas lue, c'étoit peut-être le moyen le plus sûr d'en être aussi satisfait que vous me le paroissez. Ne prenez point cette invitation pour un trait de satire contre vos ministres; eux-mêmes ne doivent pas s'en offenser; en matière de profession de foi, il est permis à un catholique de se montrer difficile, sans que des chrétiens d'une communion contraire puissent légitimement en être blessés. L'Église romaine a un langage consacré sur la divinité du Verbe, et nous oblige à regarder impitoyablement comme ariens tous ceux qui n'emploient pas ce langage. Vos pasteurs diront qu'ils ne reconnoissent pas l'Église romaine pour leur juge, mais ils souffriront apparemment que je la regarde comme le mien. Par cet accommodement nous serons réconciliés les uns avec les autres, et j'aurai dit vrai sans les offenser. Ce qui m'étonne, monsieur, c'est que des hommes qui se donnent pour zélés défenseurs des vérités de la religion catholique, qui voient souvent l'impiété et le scandale où il n'y en a pas même l'apparence, qui se piquent sur ces matières d'entendre finesse et de n'entendre point raison, et qui ont *lu* cette profession de foi de Genève, en aient été aussi satisfaits que vous, jusqu'à se croire même obligés d'en faire l'éloge. Mais il s'agissoit de rendre tout à la fois ma probité et ma religion suspectes; tout leur a été bon dans ce dessein, et ce n'étoit pas aux ministres de Genève qu'ils vouloient nuire. Quoi qu'il en soit, je ne sais si les ecclésiastiques genevois que vous avez voulu justifier sur leur croyance, seront beaucoup plus contents de vous qu'ils l'ont été de moi, et si votre mollesse à les défendre leur plaira plus que ma franchise. Vous semblez m'accuser presque uniquement d'*imprudence* à leur égard; vous me reprochez de ne les avoir point loués à leur manière, mais à la mienne; et vous marquez d'ailleurs assez d'indifférence sur ce socinianisme dont ils craignent tant d'être soupçonnés. Permettez-moi de douter que cette manière de plaider leur cause les satisfasse. Je n'en serois pourtant point étonné, quand je vois l'accueil extraordinaire que les dévots ont fait à votre ouvrage. La rigueur de la morale que vous prêchez les a rendus indulgents sur la tolérance que vous professez avec courage et sans détour. Est-ce à eux qu'il faut en faire honneur, ou à vous, ou peut-être aux progrès inattendus de la philosophie dans les esprits mêmes qui en paroissoient les moins susceptibles ? Mon article *Genève* n'a pas reçu de leur part le même accueil que votre lettre ; nos prêtres m'ont presque fait un crime des sentiments hétérodoxes que j'attribuois à leurs ennemis. Voilà ce que ni vous ni moi n'aurions prévu ; mais quiconque écrit doit s'attendre à ces légères injustices : heureux quand il n'en essuie point de plus graves.

Je suis, avec tout le respect que méritent votre vertu et vos talents, et avec plus de vérité que le Philinte de Molière,

Monsieur,

Votre très-humble et très-obéissant serviteur,

D'ALEMBERT.

APOLOGIE
DU THÉATRE,

OU

ANALYSE DE LA LETTRE DE ROUSSEAU,

CITOYEN DE GENÈVE,

A D'ALEMBERT, AU SUJET DES SPECTACLES.

Celui qui a regardé les belles-lettres comme une cause de corruption des mœurs; celui qui, pour notre bien, eût voulu nous mener paître, n'a pas dû approuver qu'on envoyât ses concitoyens à une école de politesse et de goût : mais sans nous prévenir contre ses principes, discutons-les de bonne foi.

M. d'Alembert a proposé aux Génevois d'avoir un théâtre de comédie. « Voilà, dit M. Rousseau, « le conseil le plus dangereux qu'on pût nous « donner. »

« Vous serez, dit-il à M. d'Alembert, le pre-« mier philosophe qui ait jamais excité un peuple « libre, une petite ville, et un état pauvre, à se « charger d'un spectacle public. »

Il fait voir que Genève est hors d'état de soutenir un spectacle sans un préjudice réel ; et il ajoute qu'il est impossible qu'un établissement si contraire aux anciennes maximes de sa patrie, y soit généralement applaudi. « Supposons cependant, poursuit-il, supposons les comédiens bien établis dans Genève, bien contenus par nos lois, la comédie florissante et fréquentée, le premier effet sensible de cet établissement sera une révolution dans nos usages, qui en produira nécessairement une dans nos mœurs. »

Au lieu de spectacles, Genève a des cercles, ou sociétés, de douze ou quinze personnes, qui louent, à frais communs un appartement commode, où les associés se rendent. « Là, chacun se livrant aux amusements de son goût, on joue, on cause, on lit, on boit, on fume ; les femmes et les filles se rassemblent de leur côté, tantôt chez l'une, tantôt chez l'autre ; les hommes, sans être fort sévèrement exclus de ces sociétés, s'y mêlent assez rarement... Mais dès l'instant qu'il y aura une comédie, adieu les cercles, adieu les sociétés. » Voilà, dit M. Rousseau, la révolution que j'ai prédite.

Il avoue que l'on boit beaucoup, et que l'on joue trop dans les cercles ; mais il soutient, avec son éloquence, qu'il vaut mieux être ivrogne que galant, et croit l'excès du jeu très-facile à réprimer, si le gouvernement s'en mêle. Il convient aussi que les femmes, dans leur société, se livrent volontiers au plaisir de médire; mais par là même elles tiennent lieu de censeurs à la république. « Combien de scandales publics ne retient pas la « crainte de ces sévères observatrices! » Tout cela peut paroître ridicule à Paris, quoique très-sensé pour Genève; et M. Rousseau a sur nous l'avantage de mieux connoître sa patrie.

Il est vraisemblable qu'en deux ans de comédie tout seroit bouleversé, c'est-à-dire qu'on n'iroit plus, à l'heure du spectacle, fumer, s'enivrer et médire dans les cercles; et que l'agréable vie de Paris prendroit à Genève la place de l'ancienne simplicité. M. Rousseau se plaint déjà qu'on y élève les jeunes gens à la françoise.

« On étoit plus grossier de mon temps, dit-il : « les enfants étoient de vrais polissons; mais ces « polissons ont fait des hommes qui ont dans le « cœur du zèle pour servir la patrie, et du sang à « verser pour elle. »

M. Rousseau croit être à Lacédémone. Mais Genève, ne lui déplaise, a de meilleurs garants de sa liberté que les mœurs de ses citoyens; et, grâce à la constitution de l'Europe, elle n'a pas besoin d'élever des dogmes pour sa garde.

Cependant que le goût du luxe, inséparable de celui du spectacle, que les maximes de nos tragédies, la peinture comique de nos mœurs, le silence même et la gêne qui règne dans nos assemblées, et qu'il regarde comme indigne de l'esprit républicain ; que tous ces inconvénients soient tels qu'il les envisage par rapport à Genève, il est plus en état que nous d'en juger. Qu'il choisisse à sa patrie les fêtes, les jeux, les spectacles qui lui conviennent ; c'est un soin que nous lui laissons. Nous applaudissons à son zèle ; nous admirons ce patriotisme éclairé, vigilant et courageux, cette éloquence noble et simple, qui n'a rien d'inculte et rien d'étudié, où la douceur et la véhémence, les images et les sentiments, le ton philosophique et le langage populaire sont mêlés avec d'autant plus d'art, que l'art ne s'y fait point sentir. Telle est la justice que j'aime à rendre aux institutions et aux talents de M. Rousseau. Mais que, pour détourner les Génevois de l'établissement proposé, il leur présente le théâtre le plus décent de l'univers comme l'école du vice, les poètes comme des corrupteurs, les acteurs comme des gens non seulement infâmes, mais vicieux par état, les spectateurs comme un peuple perdu, et à qui le spectacle n'est utile que pour dérober au crime quelques heures de leur temps ; c'est ce que l'évidence de la vérité peut seule rendre pardonnable. Je crains bien que M. Rousseau n'ait écrit toutes ces choses dans cette *fermentation* qu'il croit apaisée, et qui peut-être ne l'est pas assez. Quoi qu'il en soit, d'autres imiteront, en lui répondant, l'amertume de son style, et croiront être aussi éloquents que lui quand ils lui auront dit des injures.

Pour moi, je suppose qu'il a voulu effrayer ses concitoyens, et qu'il a oublié Paris pour ne s'occuper que de Genève. Je vais donc le suivre pas à pas, sans humeur et sans invective.

Il considère d'abord le spectacle comme un amusement. « Or, dit-il, tout amusement inutile « est un mal pour un être dont la vie est si courte « et le temps si précieux. »

1° Il avouera que ce mal existe à Genève sans le spectacle, à moins que boire, jouer et fumer ne lui semblent des occupations utiles. 2° Un amusement qui délasse et console la vie laborieuse, qui occupe et détourne du mal la vie oisive et dissipée, n'est pas sans quelque utilité. 3° Peut-être y a-t-il des devoirs pour tous les instants de la vie, peut-être une heure de dissipation est-elle un larcin fait à la société? Mais à qui le persuaderez-vous? Et si la société se relâche elle-même de ses droits; si elle vous dit : J'exige moins pour obtenir plus sûrement, plus librement ce que j'exige; si les hommes, pour n'être ni tyrans, ni esclaves les uns des autres, se permettent par intervalles cet oubli mutuel et passager; s'ils vous répondent enfin qu'ils ne vivent ensemble que pour être heureux, et que le délassement est un besoin de leur foiblesse; avez-vous à leur répliquer que vous êtes hommes comme eux, et que tous vos moments sont pleins? Je sais qu'il n'y a que l'homme qui broute, dont la société n'ait rien à exiger, mais elle n'attend de personne une servitude assidue. Promenez-vous donc sans remords deux heures du jour à la campagne, tandis qu'à Paris nous les passons à entendre *Athalie* ou *Cinna*, *le Misanthrope* ou *le Tartufe*.

« Un barbare à qui l'on vantoit la magnificence
« du cirque et des jeux établis à Rome, demanda :
« Les Romains n'ont-ils ni femmes ni enfants ? Ce
« barbare avoit raison. »

Ce barbare ne savoit pas que le premier besoin d'une société est d'être en paix avec elle-même ; qu'il y avoit à Rome dans les esprits un principe de sédition qui ne se dissipoit que dans les fêtes ; et que lorsqu'un peuple n'est pas content, il faut tâcher de le rendre joyeux. Ce barbare auroit condamné les cercles de Genève comme les spectacles de Rome, et il auroit eu tort.

« Je n'aime point qu'on ait besoin d'attacher son
« cœur sur la scène, comme s'il étoit mal au-de-
« dans de nous. »

Une bonne conscience fait qu'on ne craint pas la solitude, mais ne fait pas qu'on s'y plaise toujours. Il est peu d'hommes qui s'aiment assez pour jouir continuellement d'eux-mêmes sans langueur et sans ennui. L'on a beau être à son aise au dedans de soi, l'on y fait souvent de la bile. Il n'y a que Dieu dont on puisse dire, *se suo intuitu beat;* encore, selon notre foible manière de concevoir, a-t-il pris plaisir à se répandre.

« Les spectacles sont faits pour le peuple, et
« c'est par leurs effets sur lui qu'on peut détermi-
« ner leurs qualités absolues... Quant à l'espèce des
« spectacles, c'est nécessairement le plaisir qu'ils
« donnent et non leur utilité qui la détermine. »

C'est au poète à rendre l'utile agréable, et tous
les bons poètes y ont réussi : les détails en vont
être la preuve. Mais c'est de quoi M. Rousseau est
très-éloigné de convenir.

« La scène en général est, dit-il, un tableau des
« passions humaines, dont l'original est dans tous
« les cœurs; mais si le peintre n'avoit soin de flat-
« ter ces passions, les spectateurs seroient bientôt
« rebutés, et ne voudroient plus se voir sous un
« aspect qui les fît mépriser d'eux-mêmes. Que s'il
« donne à quelques unes des couleurs odieuses,
« c'est seulement à celles qui ne sont point géné-
« rales et qu'on hait naturellement... Et alors ces
« passions de rebut sont employées à en faire va-
« loir d'autres, sinon plus légitimes, du moins plus
« au gré des spectateurs. Il n'y a que la raison qui
« ne soit bonne à rien sur la scène. Un homme sans
« passions, ou qui les domineroit toujours, n'y
« sauroit intéresser personne... Qu'on n'attribue
« donc pas au théâtre le pouvoir de changer des
« sentiments ni des mœurs qu'il ne peut que suivre
« et embellir. »

La scène est un tableau des passions dont le

germe est dans notre cœur : voilà le vrai ; mais l'original du tableau est dans le cœur de peu de personnes. S'il n'y avoit à la cour que des Narcisses, Britannicus n'y seroit point souffert; s'il n'y avoit que des Burrhus, Britannicus y seroit inutile ; mais il y a des hommes vaguement ambitieux et irrésolus encore, ou mal affermis dans la route qu'ils doivent suivre ; c'est pour ceux-là que Britannicus est une leçon, et n'est point une insulte.

Il y a partout des passions nationales, et constitutives de la société : tel étoit l'amour de la domination chez les Romains, l'amour de la liberté chez les Grecs, l'amour du gain chez les Carthaginois ; tel est parmi nous l'amour de la gloire, ou du moins celui de l'honneur. Il est certain que le théâtre doit ménager, flatter même ces passions, s'il veut gagner la faveur du public ; rien n'est plus naturel, ni plus juste. L'apôtre d'une morale opposée au génie, au caractère, au gouvernement d'une nation, en est communément ou le jouet ou le martyr. Il est censé que ce qui constitue les mœurs nationales d'un peuple convient à ce peuple : nul homme privé n'a droit de lui en demander compte. Mais toute passion qui ne tient point à ce caractère général est livrée à la censure du théâtre. La haine, la vengeance, l'ambition personnelle, la basse envie, l'amour effréné, l'orgueil tyrannique, tout ce qui attente à la société, tout ce qui lui nuit, tout ce qui peut lui nuire, les vices les plus répandus, les travers les plus à la mode, tout cela peut être attaqué sans ménagement. Plus la peinture en est vive et la satire accablante, plus le spectacle est applaudi.

Il est une passion contre laquelle il seroit absurde de se déchaîner sans réserve : c'est la passion de l'amour; et c'est la seule dont M. Rousseau ait pu dire qu'on la fait valoir au théâtre aux dépens de celles qu'on y peint avec des couleurs odieuses. Nous aurons lieu d'examiner dans la suite quand et comment l'amour est intéressant sur la scène, et pourquoi il est protégé.

Il en est des goûts, des opinions, des ridicules nationaux, qui ne sont en eux-mêmes ni bien ni mal, comme des passions nationales dont je viens de parler. La société qui les adopte se les rend personnels, et il n'est pas raisonnable de vouloir qu'elle soit la fable d'elle-même. Ainsi, par exemple, celui qui au milieu de Pékin iroit se moquer de l'architecture chinoise, et traiter d'imbéciles tous ceux qui habitent sous ces toits sans symétrie et sans proportion, celui-là, dis-je, ne seroit pas sage : il auroit peut-être raison partout ailleurs; mais à Pékin il auroit tort.

Ainsi tout n'est pas du ressort du théâtre : c'est l'école des citoyens, et non celle de la république. Voilà, ce me semble, quelle est la distinction réelle entre les mœurs que l'on doit ménager sur la scène, et celles qu'on y peut censurer. Si la constitution politique est mauvaise, si les mœurs fondamentales sont altérées ou corrompues dans leur masse, le théâtre n'y peut rien, je l'avoue ; mais en attaquant les vices épars et les passions isolées, le théâtre ne peut-il pas affoiblir le poison dans sa source ? ne peut-il pas arrêter ou ralentir la contagion de l'exemple ? C'est ce qui reste à examiner.

M. Rousseau attribue à Molière et à Corneille des ménagements auxquels je suis bien convaincu que ni l'un ni l'autre n'avoient pensé. Ils ont écrit pour leur siècle, sans doute ; ils en ont consulté les mœurs et le goût : c'est-à-dire qu'ils ont pris dans l'opinion de leur siècle les moyens de l'affecter, de l'intéresser à leur gré. Mais quel est le vice qu'ils ont ménagé ? quelle est la passion qu'ils ont flattée ? Si Molière avoit eu la timide circonspection qu'on lui attribue, auroit-il jamais démasqué l'hypocrite ? Dans le *Cid*, Corneille autorise le duel ; mais dans quelle circonstance ? C'est un fils qui venge son père, et qui, réduit à l'alternative de deux devoirs opposés, préfère le plus inviolable. Ce n'est pas la vengeance, c'est la piété qui se signale dans le Cid, et qui enlève les applaudissements.

Le duel est un usage barbare ; mais, l'usage établi, l'honneur de dom Diègue mortellement offensé, il n'étoit pas plus permis au Cid de pardonner l'insulte faite à son père, que de lui enfoncer lui-même le poignard dans le sein. C'est donc un acte de vertu, et le devoir le plus sacré de la nature, qui est recommandé dans cette tragédie, l'une des plus morales et des plus intéressantes qui aient paru sur aucun théâtre du monde.

« Si les chefs-d'œuvre de ces auteurs (Corneille « et Molière) étoient encore à paroître, ils tombe- « roient infailliblement aujourd'hui, dit M. Rous- « seau ; et si le public les admire encore, c'est plus « par honte de s'en dédire, que par un vrai senti- « ment de leurs beautés. »

M. Rousseau a-t-il pu croire, a-t-il voulu nous persuader que nous faisons semblant de rire, de pleurer, de frémir à ces spectacles ? Et le public, pour savoir s'il s'amuse ou s'il est ému, sera-t-il obligé de demander, comme ce jeune étranger à son mentor : Mon gouverneur, ai-je bien du plaisir ? M. Rousseau mérite qu'on lui réponde plus sérieusement ; mais faut-il aussi nous réduire à prouver que *Cinna*, *Polyeucte*, le *Misanthrope*, le *Tartufe*, etc., nous intéressent et nous enchantent ? Quand même l'impression en seroit affoiblie, combien de causes peuvent y contribuer, qui n'ont rien de commun avec les mœurs ? L'assertion est laconique ; la discussion ne le seroit pas.

S'il est vrai que sur nos théâtres la meilleure pièce de Sophocle tomberoit *tout à plat*, ce n'est point par la raison qu'on ne sauroit se mettre à la place de gens qui ne nous ressemblent point. Car au fond, toutes les mères ressemblent à Jocaste, tous les enfants ressemblent à OEdipe, en ce qui fait l'intérêt et le pathétique de la tragédie de Sophocle; et je ne pense pas qu'on nous soupçonne d'avoir moins d'horreur que les Grecs pour le parricide et l'inceste. Voyez, depuis, l'effet de l'*OEdipe à Colonne*.

Ce n'est donc pas le fond, mais la superficie des mœurs qui a changé; et c'est en quoi le poète est obligé de consulter le goût de son siècle: mais ceci demanderoit encore un long détail pour être expliqué.

« Il s'ensuit de ces premières observations, dit
« M. Rousseau, que l'effet général du spectacle est
« de renforcer le caractère national, d'augmenter
« les inclinations naturelles, et de donner une nou-
« velle énergie aux passions. »

Cette conclusion a trois parties. La première est vraie dans un sens: le théâtre ménage, favorise les mœurs nationales, les fortifie, et c'est un bien; car les mœurs nationales tiennent à la constitution politique; et celle-ci fût-elle mauvaise, tout citoyen doit concourir à en étayer l'édifice, en attendant qu'il soit reconstruit. Si Tunis ne pouvoit subsister que par le pillage, la piraterie devroit être en honneur sur le théâtre de Tunis. Mais si par les mœurs nationales on entend des habitudes étrangères ou nuisibles au génie du gouvernement et au maintien de la société, je n'en vois point, comme je l'ai dit, que le théâtre favorise; je n'en vois point que le public ne permette de censurer. Toutes les inclinations pernicieuses sont condamnées au théâtre, toutes les passions funestes y inspirent la terreur, toutes les foiblesses malheureuses y font naître la pitié et la crainte. Les sentiments qui, de leur nature, peuvent être dirigés au bien et au mal, comme l'ambition et l'amour, y sont peints avec des couleurs intéressantes ou odieuses, selon les circonstances qui les décident vertueux ou criminels. Telle est la règle invariable de la scène tragique; et le poète qui l'auroit violée révolteroit tous les esprits : c'est un fait que je vais rendre sensible dans peu par les exemples mêmes que M. Rousseau a choisis.

« Je sais, dit-il, que la poétique du théâtre pré-
« tend faire tout le contraire, et purger les pas-
« sions en les excitant; mais j'ai peine à bien con-
« cevoir cette règle. Seroit-ce que pour devenir
« tempérant et sage, il faut commencer par être
« furieux et fou.

M. Rousseau étoit de bonne foi: je n'en doute pas. Mais n'étoit-il pas trop animé du zèle patriotique, en écrivant ces choses étranges? Personne ne sait mieux que lui, qu'à Sparte, pour préserver les enfants des excès du vin, on leur faisoit voir des esclaves dans l'ivresse. L'état honteux de ces esclaves inspiroit aux enfants la crainte ou la pitié, ou l'une et l'autre en même temps; et ces passions étoient les préservatifs du vice qui les avoit fait naître. L'artifice du théâtre n'est autre chose, et M. Rousseau en est bien instruit. Dira-t-il que pour rendre leurs enfants tempérants et sages les Spartiates les rendoient furieux et fous ?

« Il ne faut, dit-il, pour sentir la mauvaise foi « de ces réponses, que consulter l'état de son cœur « à la fin d'une tragédie. »

Eh bien, je choisis les trois pièces du théâtre où la plus séduisante des passions est exprimée avec le plus de chaleur et de charmes, *Ariane*, *Inès* et *Zaïre* : je demande à M. Rousseau s'il croit que l'impression qui en reste soit une disposition à ce que l'amour a de vicieux ? Que seroit-ce si je parcourois les tragédies où la jalousie sombre et cruelle, où la vengeance atroce, où l'ambition forcenée ne paroissent qu'entourées de furies et déchirées de remords ? M. Rousseau a-t-il consulté son cœur à la fin de *Polyeucte*, de *Cinna*, d'*Athalie*, d'*Alzire*, de *Mérope* ? Est-ce le goût du vice ou l'amour de la vertu que ces spectacles y excitent ? J'atteste M. Rousseau lui-même, en supposant, comme de raison, qu'il ne se croit pas plus incorruptible que nous.

Mais voici bien un autre paradoxe. « Toutes les « passions sont sœurs ; une seule suffit pour en ex« citer mille ; et les combattre l'une par l'autre « n'est qu'un moyen de rendre le cœur plus sen« sible à toutes. »

Observons d'abord qu'il s'agit de la terreur et de la pitié, qui sont les ressorts du pathétique. Ainsi tout ce qui excite en nous la pitié nous dispose à la vengeance; ainsi la crainte que nous inspirent les forfaits de l'ambition, les lâches complots de l'envie, les projets sanglants de la haine, cette crainte, dis-je, est elle-même le germe des passions qui la font naître. Est-ce dans la tête d'un philosophe que tombent de pareilles idées? La sensibilité, sans doute, est la base des affections criminelles, mais elle l'est de même des affections vertueuses. Tout ce qui l'excite la rend féconde ; mais elle produit des baumes ou des poisons, selon les semences qu'on jette dans l'ame; et s'il est des ames qui corrompent tout, ce n'est pas la faute du théâtre.

« Le seul instrument qui serve à les purger (les « passions), c'est la raison ; et j'ai déjà dit que la raison n'avoit nul effet au théâtre. »

Voilà deux assertions également dénuées de preuve, et qui toutes deux en avoient grand besoin. Je demande à M. Rousseau si la raison elle-même a quelque moyen plus sûr de contenir une passion que de lui opposer pour contrepoids la crainte des dangers et des remords qui l'accompagnent? Est-ce par des calculs géométriques, est-ce par des définitions idéales que la raison corrige les mœurs?

Quant au fait que M. Rousseau avance pour la

seconde fois, qu'il nous dise s'il regarde le rôle de Caton, dans la tragédie d'Addisson, comme déplacé au théâtre? Ce rôle, si intéressant et si beau, est la raison et la vertu même. Il est aussi calme qu'il est pathétique, et si l'héroïsme en étoit moins tranquille, il seroit beaucoup moins touchant. Mais pourquoi recourir au théâtre anglois? Toutes les vertus, sur la scène françoise, n'ont-elles pas leurs maximes pour règle? n'y voit-on que des furieux ou des fanatiques? L'humanité, la grandeur d'ame, l'amour de la patrie, l'enthousiasme même de la religion, n'y sont-ils pas aussi éclairés, aussi raisonnés qu'ils peuvent l'être sans froideur? M. Rousseau ne se souvient-il plus d'avoir entendu Zopire, Alvarès, Polyeucte, Burrhus? etc.

« Qu'on mette, dit-il, pour voir, sur la scène
« françoise, un homme droit et vertueux, mais
« simple et grossier.... qu'on y mette un sage sans
« préjugés, qui, ayant reçu un affront d'un spa-
« dassin, refuse de s'aller faire égorger par l'of-
« fenseur; et qu'on emploie tout l'art du théâ-
« tre pour rendre ces personnages intéressants,
« comme le Cid, au peuple françois, j'aurai tort si
« l'on réussit. »

On ne réussira point, et vous aurez tort. 1° La grossièreté n'est bonne à rien, nous la rejetons de la société et du théâtre : 2° le sage est un personnage fort respectable; mais la bravoure est une de ces qualités nationales que le théâtre françois doit honorer. Si le sage est un Thémistocle, nous l'admirerons ; s'il n'est que patient ou timide, il n'est pas digne d'occuper la scène. En un mot ; l'homme sans préjugé attaquera les nôtres ; et il en est que l'on doit respecter. Mais indépendamment de ces convenances, l'intérêt doit naître de l'émotion : or un caractère que rien n'émeut, ne sauroit nous émouvoir, à moins qu'il ne soit dans une situation pareille à celle de Caton : *Colluctantem cum aliquâ calamitate*. D'ailleurs la pitié, ce sentiment si naturel et si tendre, nous touche plus que l'admiration : ainsi, quelque empire qu'ait sur nous la raison, il ne s'ensuit pas qu'elle doive être aussi pathétique, aussi théâtrale que l'amour combattu par l'honneur, tel qu'il nous est peint dans *le Cid*.

« Mais en supposant les spectacles aussi parfaits,
« et le peuple aussi bien disposé qu'il soit possible,
« encore, dit M. Rousseau, ces effets se rédui-
« roient-ils à rien, faute de moyens pour les rendre
« sensibles. Je ne sache que trois instruments à
« l'aide desquels on puisse agir sur les mœurs d'un
« peuple ; savoir, la force des lois, l'empire de
« l'opinion, et l'attrait du plaisir : or les lois n'ont
« nul accès au théâtre..... L'opinion n'en dépend
« point.... Et quant au plaisir qu'on y peut pren-
« dre, tout son effet est de nous y ramener plus
« souvent. »

Suivons, s'il est possible, le fil de ces idées, et

voyons d'abord quelle est la supposition. *Le spectacle aussi parfait qu'il peut l'être*, c'est-à-dire, sans doute, l'innocence et le crime, le vice et la vertu, les bons et les mauvais exemples présentés sous le point de vue le plus moral. *Le peuple aussi bien disposé*, c'est-à-dire, au moins avec ce goût général de la vertu, et cette aversion pour le vice, qui préparent le cœur humain à recevoir les impressions de l'une et à repousser les atteintes de l'autre, quand la vertu lui est présentée avec ses charmes, et le crime avec son horreur. Cela posé, qu'est-il besoin de la force des lois et de l'empire de l'opinion pour lui faire goûter des peintures consolantes pour les bons, et effrayantes pour les méchants? L'attrait d'un plaisir honnête ne lui suffit-il pas pour le ramener à un spectacle selon son cœur, où la vertu qu'il aime est comblée de gloire, où le vice qu'il hait ne se montre que chargé d'opprobre, et malheureux même dans ses succès?

Parmi les instruments à l'aide desquels on peut agir sur les mœurs, M. Rousseau a omis le plus puissant, qui est l'habitude. Des affections répétées naissent les inclinations, et celles-ci décidées au bien ou au mal constituent les mœurs bonnes ou mauvaises. Tel est l'infaillible effet des émotions que le théâtre nous cause : quelque passagères qu'elles soient, il en reste au moins une foible empreinte, et les mêmes traces approfondies se gravent si avant dans l'ame, qu'elles lui deviennent comme naturelles. Mais est-il besoin de prouver quel est l'empire de l'habitude, et M. Rousseau lui-même peut-il se le dissimuler?

Il attribue, en passant, aux *acteurs de l'Opéra*, un ressentiment un peu vif de l'ennui qu'ils lui ont causé. « Néron, chantant au théâtre, faisoit égor-
« ger ceux qui s'endormoient....... Nobles acteurs
« de l'Opéra de Paris, ah! si vous aviez joui de la
« puissance impériale, je ne gémirois pas main-
« tenant d'avoir trop vécu. » Il faut que M. Rousseau attache à son sommeil une prodigieuse importance, ou qu'il ne lui en coûte guère pour imaginer des assassins.

« Le théâtre rend la vertu aimable..... Il opère
« un grand prodige de faire ce que la vertu et la
« raison font avant lui! Les méchants sont haïs
« sur la scène; sont-ils aimés dans la société? »

J'observe, 1° que si tous les hommes aiment la vertu, et détestent le vice de cet amour actif et de cette haine véhémente que l'on respire au théâtre, tous les hommes ont de bonnes mœurs; et si M. Rousseau peut me le persuader, j'aurai autant de plaisir que lui à le croire; 2° que si cet amour et cette haine sont assoupis dans l'ame, les impressions du théâtre font un bien en les réveillant, 3° que si l'on n'aime la vertu, et si l'on ne hait le vice que dans autrui, comme il le fait entendre, le grand avantage du théâtre est de nous ramener à nous-mêmes par la terreur et la pitié; de nous mettre à la place du personnage dont les égarements nous effraient, ou dont nous plaignons les malheurs; en un mot de nous rendre personnelles ces affections que le vice et que la vertu nous inspirent quand nous les voyons dans autrui.

« Je doute que tout homme à qui l'on exposera
« d'avance les crimes de Phèdre et de Médée, ne
« les déteste plus encore au commencement qu'à
« la fin de la pièce; et si ce doute est fondé, que
« faut-il penser de cette effet si vanté du théâtre?»

Ce ne sont pas les crimes, ce sont les criminels que l'on déteste moins à la fin de la pièce : l'art du théâtre les rapproche de nous, en les conduisant pas à pas, et par des passions qui nous sont naturelles, aux forfaits monstrueux dont nous sommes épouvantés; et c'est en cela même que ces exemples du danger des passions nous deviennent personnels. Une mère qui égorge ses enfants, une femme incestueuse et adultère, qui rejette sur l'objet vertueux de cet amour détestable toute l'horreur qu'elle doit inspirer, ces caractères, seulement annoncés, sont aussi éloignés de nous, que celui d'une lionne ou d'une vipère : il n'est point de femme qui appréhende de tomber dans cet excès d'égarement. Mais quand les gradations en sont bien ménagées, quand on voit l'ame de Phèdre ou de Médée agitée des mêmes sentiments qui s'élèvent en nous, susceptible des mêmes retours, combattue des mêmes remords, s'engager peu à peu, et se précipiter enfin dans les crimes qui révoltent la nature, nous les plaignons comme nos semblables; et ce retour sur nous-mêmes, qui est le principe de la pitié, est aussi celui de la crainte.

« La source de l'intérêt qui nous attache à ce « qui est honnête, et nous inspire de l'aversion « pour le mal, est en nous, et non dans les pièces. »

Oui, sans doute, la source est en nous, mais l'art du théâtre la purifie. *L'homme est né bon*, je le crois; mais a-t-il conservé ce caractère? Si les traits en sont altérés, affoiblis, effacés par des habitudes vicieuses; quelle morale plus vive, plus sensible, plus pénétrante que celle du théâtre, peut en renouveler l'empreinte? Si cette morale est saine et pure, elle n'est donc pas infructueuse. *L'homme est né bon;* et c'est pour cela même que les bons exemples lui sont utiles: ils n'auroient point de prise sur son ame si la nature l'avoit fait méchant. En un mot, ou toute instruction est superflue, ou celle du théâtre, comme la plus frappante, doit être aussi la plus salutaire: telle étoit du moins la *prétention* de Corneille, toute *vaine* et *puérile* que M. Rousseau la suppose: peut-être mieux approfondie, y eût-il trouvé plus *de bon sens*.

« Le cœur de l'homme est toujours droit sur ce « qui ne se rapporte pas personnellement à lui..... « C'est quand notre intérêt s'y mêle, que nous pré- « férons le mal qui nous est utile, au bien que nous « fait aimer la nature. Que va donc voir le méchant

« au spectacle ? précisément ce qu'il voudroit trou-
« ver partout : des leçons de vertu pour le public
« dont il s'excepte, et des gens immolant tout à
« leur devoir, tandis qu'on n'exige rien de lui. »

J'avoue que pour ce méchant déterminé, il n'y a de bonne école que la grève. Mais ce méchant est plus juste que M. Rousseau dans l'opinion qu'il a du public, puisqu'il jouit au spectacle du plaisir de voir former d'honnêtes gens dont la probité lui sera utile.

Quant à l'intérêt personnel, il n'éclipse jamais totalement les saines lumières de la conscience ; et plus l'homme est exercé à discerner le juste et l'injuste dans la cause d'autrui, moins il est exposé à s'y méprendre dans la sienne. Pour celui qui est injuste avec pleine lumière, ou sa corruption est sans remède, ou l'habitude du théâtre doit réveiller dans son ame l'effroi, la honte et les remords.

« Quelle est cette pitié ? dit-il en parlant de celle
« qu'inspire la tragédie : une émotion passagère et
« vaine, qui ne dure pas plus que l'illusion qui l'a
« produite ; un reste de sentiment naturel étouffé
« bientôt par les passions ; une pitié stérile qui se
« repaît de quelques larmes, et n'a jamais produit
« le moindre acte d'humanité. »

C'est comme si je disois que la discipline de Sparte ou de Rome n'a jamais produit aucun acte de valeur. N'est-ce pas dans l'un et dans l'autre cas, une impression habituelle qui modifie l'ame et nous fait contracter insensiblement le caractère qui lui est analogue? Si la fréquentation du théâtre n'influe pas sur les mœurs, il en doit être de même du commerce des hommes; et dès-lors, que devient tout ce qu'on dit de la force ou de l'exemple?

« Au fond, quand un homme est allé admirer
« de belles actions dans des fables, et pleurer des
« malheurs imaginaires, qu'a-t-on encore à exiger
« de lui? N'est-il pas content de lui-même? Ne
« s'applaudit-il pas de sa belle ame? ne s'est-il pas
« acquitté de tout ce qu'il doit à la vertu par l'hom-
« mage qu'il vient de lui rendre? Que voudroit-
« on qu'il fît de plus? qu'il la pratiquât lui-même?
« il n'a point de rôle à jouer, il n'est pas comédien. »

Sur qui tombe cette ironie insultante? Est-ce à Paris que M. Rousseau a trouvé tous les devoirs de l'humanité réduits à l'attendrissement qu'on éprouve au spectacle? Il sait que le peuple y est doux, humain, secourable, autant qu'en aucun lieu du monde; il doit savoir que les honnêtes gens y ont le cœur assez bon pour tolérer, plaindre et soulager ceux mêmes qui les calomnient; et il auroit pu attribuer à la fréquentation du théâtre quelques nuances de ce caractère généreux et compatissant qu'il a reconnu dans les François.

« On se croiroit, ajoute-t-il, aussi ridicule d'a-
« dopter les vertus de ses héros, que de parler en
« vers et endosser un habit de théâtre. »

Encore un coup, où a-t-il vu cela? Se croiroiton ridicule d'être humain comme Alvarès, et vertueux comme Burrhus? Le gigantesque qui est ridicule au théâtre le seroit dans la société; j'en conviens. Mais ceux qui ont excellé dans la tragédie ont peint la nature dans sa vérité, dans sa beauté simple et touchante, et la réalité en est aussi révérée que la fiction en est applaudie.

« Tout se réduit à nous montrer la vertu comme
« un jeu de théâtre, bon pour amuser le public,
« mais qu'il y auroit de la folie à vouloir transpor-
« ter sérieusement dans la société. »

O vous, qui regardez la justice et la vérité comme les premiers devoirs de l'homme, êtes-vous juste et vrai dans ce moment? vous, pour qui l'humanité et la patrie sont les premières affections, oubliez-vous que nous sommes des hommes? *il y auroit de la folie* à une mère d'avoir les entrailles de Mérope? à une épouse d'avoir les sentiments d'Inès? De quel public nous parlez-vous? Si je connoissois moins les gens vertueux que vous avez fréquentés, vous m'en donneriez une idée effroyable. Ce sont là cependant les faits d'après lesquels vous décidez « que la plus avantageuse im-
« pression des meilleures tragédies est de réduire
« à quelques affections passagères, stériles et sans
« effet, tous les devoirs de la vie humaine. »

« On me dira, poursuit M. Rousseau, que dans
« ces pièces le crime est toujours puni, et la vertu
« toujours récompensée. »

On ne lui dira pas cela ; mais on lui dira que le crime y est toujours peint avec des couleurs odieuses et effrayantes, la vertu avec des traits respectables et intéressants. Si quelquefois cette règle a été violée, c'est une difformité monstrueuse que le public ne pardonne jamais. M. Rousseau avoue qu'il n'y a personne qui n'aimât mieux être Britannicus que Néron, même après la catastrophe. Voilà tout ce qu'exige la bonté des mœurs théâtrales. Je lui abandonne tous les exemples vicieux et reconnus tels ; mais de cent tragédies, il n'y en a pas une où l'intérêt soit pour le crime. Je dis plus : il n'y en a pas une seule au théâtre qui ait réussi avec ce défaut.

« Le *savoir*, l'*esprit*, le *courage*, ont seuls
« notre admiration ; et toi, douce et modeste
« vertu, tu restes toujours sans honneurs. »

Remarquez que c'est après s'être plaint que l'on a avili le personnage de *Cicéron*, pour flatter le goût du siècle, que M. Rousseau s'écrie que l'*esprit* et le *savoir* ont seuls notre admiration. Qu'elle se présente, monsieur, cette vertu douce et modeste, et sur le théâtre et dans la société : nos hommages iront au-devant d'elle : nous la respectons dure et farouche ; indulgente et sociable, elle obtiendra nos adorations.

Les observations judicieuses que fait M. Rousseau sur la tragédie de *Mahomet* devoient suffire, ce me semble, pour déterminer dans son esprit les vrais principes des mœurs théâtrales. Mais, comme il n'en veut rien conclure d'opposé à son système, il tâche d'affoiblir l'idée d'utilité qu'elles présentent naturellement. « Le fanatisme, dit-il, n'est « pas une erreur, mais une fureur aveugle et stu- « pide, que la raison ne retient jamais…… Vous « avez beau démontrer à des fous que leurs chefs « les trompent, ils n'en sont pas moins ardents à « les suivre. »

Aussi le but moral de ce poème n'est-il pas de guérir les peuples du fanatisme, mais de les en garantir, en leur démontrant non pas qu'on les trompe, mais comment on peut les tromper. L'erreur est la première cause de cette fureur aveugle, et c'est dans sa source que l'attaque la tragédie de *Mahomet*. En un mot, cet exemple épouvantable des horreurs de la superstition n'en seroit pas le remède, mais peut en être le préservatif.

« Je crains bien, ajoute M. Rousseau, qu'une « pareille pièce jouée devant des gens en état de « choisir, ne fît plus de Mahomets que de Zo- « pires. »

Je le crois : aussi l'instruction n'est-elle pas pour le petit nombre des Mahomets, mais pour la foule des Séides.

M. Rousseau, en louant le goût antique dans le rôle de Thyeste, demande avec raison que l'on daigne nous attendrir quelquefois pour la simple humanité souffrante; et c'est à quoi l'on devroit consacrer ce genre si naturel et si touchant dont l'*Enfant prodigue* est le modèle, et que les gens qui ne réfléchissent sur rien ont tourné en ridicule. Mais j'aurai lieu d'examiner dans peu pourquoi les personnages comme celui de Thyeste sont si rarement employés au théâtre. Cependant le goût des Grecs fût-il en cela préférable au nôtre, M. Rousseau ne peut-il nous offrir la vérité que sous une face insultante? « Les anciens, dit-il, « avoient des héros, et mettoient des hommes sur « leurs théâtres; nous, au contraire, nous n'y met- « tons que des héros, et à peine avons-nous des « hommes. » Il rappelle un mot d'un vieillard qui avoit été rebuté au spectacle par la jeunesse athénienne, et auquel les ambassadeurs de Sparte avoient donné place auprès d'eux. « Cette action « fut remarquée de tout le spectacle, et applaudie « d'un battement de mains universel. *Eh! que* « *de maux!* s'écria le bon vieillard d'un ton de « douleur. *Les Athéniens savent ce qui est hon-* « *nête; mais les Lacédémoniens le pratiquent.* « Voilà la philosophie moderne, et les mœurs an- « ciennes », observe M. Rousseau.

Ici je retiens ma plume : il ne seroit pas généreux d'opposer la personnalité à la satire. J'avoue donc qu'il y a à Paris, comme à Athènes, des étourdis sans décence et sans mœurs. Mais la jeunesse athénienne rebutoit un vieillard qui vraisemblablement n'insultoit personne ; et M. Rousseau sait bien que nous n'en sommes pas encore là.

Il revient à son objet : « Qu'apprend-on dans
« *Phèdre* et dans *OEdipe*, sinon que l'homme
« n'est pas libre, et que le ciel le punit des crimes
« qu'il lui fait commettre ? Qu'apprend-on dans
« *Médée*, si ce n'est jusqu'où la fureur de la ja-
« lousie peut rendre une mère cruelle et déna-
« turée ? »

Voilà deux exemples fort différents, et qu'il est
bon de ne pas confondre. La cause des événements tragiques peut être ou personnelle ou étrangère, et celle-ci ou naturelle ou surnaturelle,
c'est-à-dire ou dans l'ordre des choses, ou dans
la volonté immédiate des dieux.

Les tragédies de ce dernier genre sont toutes
tirées du théâtre ancien. Je ne sais quel intérêt
pouvoient avoir les Grecs à frapper les esprits du
système de la fatalité ; mais il est certain qu'ils
faisoient de l'homme un instrument aveugle des
décrets de la destinée. J'avoue que tout le fruit
de ces tragédies se borne à entretenir en nous
une sensibilité compatissante pour des crimes involontaires, et pour des malheurs indépendants
de celui qui en est accablé, comme dans *OEdipe*
et dans *Phèdre*. Heureusement elles sont en petit nombre, et l'idée de la fatalité s'évanouit avec
l'illusion théâtrale.

Un autre genre est celui où la cause des événements est dans l'ordre naturel, mais indépendante

du caractère des personnes. Par exemple, en ne supposant à Andromaque et à Mérope que les sentiments naturels d'une mère, c'en est assez du danger de leurs fils pour les rendre malheureuses et intéressantes. La seule utilité de cette sorte de spectacle est de nourrir et d'exercer en nous les sentiments d'humanité qu'il réveille; car je compte pour peu de chose la prudence qu'il peut inspirer.

Un troisième genre place dans l'ame des acteurs tous les ressorts de l'action et du pathétique, et c'est là, selon moi, le plus moral et le plus utile. Le crime et le malheur y sont les effets des passions; et plus le crime est odieux, plus le malheur est déplorable, plus aussi la passion qui en est la source devient effrayante à nos yeux. Tout cela demanderoit à être développé, et rendu sensible par des exemples. Mais je ne suis déjà que trop long. Il suffit d'étudier Corneille pour voir la révolution qui s'est faite dans l'art de la tragédie, lorsque, abandonnant les deux premiers genres, il y a substitué celui qui prend sa force pathétique et morale dans le combat des passions et dans les mœurs des personnages.

« Les actions atroces présentées dans la tra-
« gédie sont dangereuses, dit M. Rousseau, en ce
« qu'elles accoutument les yeux du peuple à des
« horreurs qu'il ne devroit pas même connoître,
« et à des forfaits qu'il ne devroit pas supposer
« possibles. »

1° Le fait démontre que si les yeux du peuple s'y accoutument, son cœur ne s'y accoutume pas. M. Rousseau reconnoît le peuple françois pour le plus doux et le plus humain qui soit sur la terre. Il y a cependant bien des années que ce peuple voit Horace poignarder sa sœur, Agamemnon immoler sa fille, Oreste égorger sa mère. 2° Au lieu de prendre l'inutile soin de cacher au peuple la possibilité des actions atroces, il faut qu'il sache que l'homme, dans l'excès de la passion, est capable de tout, afin de lui faire détester cette passion qui le rend féroce. Voilà quel est le but et l'objet de la tragédie ; et, quoi qu'en dise M. Rousseau, tous les grands maîtres l'ont rempli.

« Il n'est pas même vrai, dit-il, que le meurtre « et le patricide y soient toujours odieux. A la fa- « veur de je ne sais quelles commodes suppositions, « on les rend permis ou pardonnables. »

Dans les exemples qu'il cite, voici quelles sont ces suppositions. Dans *Iphigénie*, Agamemnon immole sa fille pour ne pas désobéir aux dieux et déshonorer la Grèce : Oreste égorge sa mère sans le savoir, et en voulant frapper le meurtrier de son père : Horace poignarde Camille dans un premier mouvement de fureur, excité par les imprécations qu'elle vomit contre sa patrie, et dès ce moment il est détesté. Agamemnon lui-même nous révolte dès qu'il met de l'orgueil à laisser immoler Iphigénie, en dépit d'Achille. Oreste sort du théâtre déchiré par les furies, pour un crime aveuglément commis. Je demande si sur de tels exemples on est fondé à écrire *qu'il n'est pas vrai que sur notre théâtre le meurtre et le parricide soient toujours odieux.*

« Ajoutez que l'auteur, pour faire parler chacun
« selon son caractère, est forcé de mettre dans la
« bouche des méchants leurs maximes et leurs
« principes, revêtus de tout l'éclat des beaux vers,
« et débités d'un ton imposant et sentencieux, pour
« l'instruction du parterre. »

Il est vrai que l'un dit,

Et pour nous rendre heureux, perdons les misérables.

L'autre,

Tombe sur moi le ciel, pourvu que je me venge.

L'autre,

J'embrasse mon rival, mais c'est pour l'étouffer.

Celui-ci s'endurcit contre les cris de la nature ; celui-là foule aux pieds tous les droits de l'humanité. Il n'y a pas un méchant au théâtre qui, dans l'intimité d'une confidence, ou dans quelque monologue, ne se trahisse, ne s'accuse, ne se présente aux spectateurs sous l'aspect le plus odieux ; et les auteurs ont porté cette attention au point de sacrifier souvent la vraisemblance à l'utilité morale. M. Rousseau, qui a vu assidûment six ans de suite ce spectacle, devroit se rappeler ces faits.

« Non, dit-il, je le soutiens, et j'en atteste l'ef-
« froi des lecteurs, les massacres des gladiateurs
« n'étoient pas si barbares que ces affreux specta-
« cles. On voyoit du sang, il est vrai; mais on ne
« souilloit pas son imagination de crimes qui font
« frémir la nature. »

Si l'on versoit réellement une goutte de sang au théâtre, la scène tragique seroit tout au plus le spectacle de la grossière populace. Tel se plaît à frémir en voyant Mérope le poignard levé sur son fils, et Oreste ou Ninias venant d'assassiner sa mère; tel, dis-je, soutient ces fictions, qui jetteroit des cris de douleur et d'effroi à la vue d'un malheureux que l'on tueroit sur son passage. Lamotte a très-bien observé que l'illusion théâtrale n'est jamais complète, et que le spectacle cesseroit d'être un plaisir, sans la réflexion confuse qui en affoiblit le pathétique, et qui nous console intérieurement. Quant à l'*imagination souillée*, c'est un mal, si le crime y est peint avec des couleurs qui nous séduisent; mais c'est un bien, et un très-grand bien, si les traces qui en restent inspirent l'horreur et l'effroi. Les arrêts qui flétrissent ou qui condamnent les criminels souillent l'imagination du peuple; faut-il ne pas les publier?

C'en est assez, je crois, sur l'article de la tragédie. Je vais approfondir ce qui regarde la comédie, les mœurs des comédiens, et l'amour, ce sentiment si naturel et si dangereux, qui est l'ame de nos deux théâtres. Je l'ai déjà dit, l'assertion est rapide et tranchante, la discussion est ralentie à chaque instant par les détails ; mais j'examine et ne plaide point : il ne me seroit que trop aisé d'être moins froid et plus pressant.

On a vu comment M. Rousseau s'y est pris pour nous prouver que la tragédie allume en nous les mêmes passions dont elle prétend inspirer la crainte, et qu'elle nous conduit aux crimes dont elle veut nous éloigner. Les mœurs de la comédie lui semblent encore plus dangereuses, en ce qu'elles ont avec les nôtres un rapport plus immédiat. « Tout en est mauvais et pernicieux ; tout « tire à conséquence pour les spectateurs ; et le « plaisir même du comique étant fondé sur un vice « du cœur humain, c'est une suite de ce principe, « que plus la comédie est agréable et parfaite, plus « son effet est funeste aux mœurs. »

Pour se concilier avec M. Rousseau, il ne suffit donc pas d'avouer que le théâtre, quoique purgé de son ancienne indécence, n'est pas encore assez châtié ; que Dancourt, Montfleury et leurs semblables, devroient en être à jamais bannis ; qu'en un mot, le seul comique honnête et moral doit être donné en spectacle. Si M. Rousseau n'eût dit que cela, il eût pensé comme tous les honnêtes gens ; mais ce n'étoit pas assez pour lui : tout comique sans distinction est, s'il faut l'en croire, une école de vice : il n'en connoît point d'innocent.

Il n'est donc pas question d'examiner s'il y a des comédies répréhensibles du côté des mœurs; mais s'il y a des comédies dont les mœurs soient bonnes et les leçons utiles.

M. Rousseau commence par vouloir prouver l'inutilité de la comédie. « Imaginez la comédie « aussi parfaite qu'il vous plaira, où est celui qui, « s'y rendant pour la première fois, n'y va pas « déjà convaincu de ce qu'on y prouve? »

Celui qui n'en est pas convaincu est, lui dirai-je, un Orgon aveuglément prévenu pour un tartufe; un jaloux qui ne voit de sûreté pour son bonheur que dans une tyrannie odieuse; un avare qui croit trouver l'équivalent de tous les biens dans un trésor qui fera son supplice; un mari livré à une seconde femme qui lui fait haïr ses premiers enfants, et qui le flatte pour le dépouiller. Voilà les gens qui vont au spectacle le bandeau sur les yeux, et qui en reviennent capables de réflexions salutaires, à moins de les supposer imbéciles.

De ce que la comédie se rapproche du ton du monde, M. Rousseau conclut qu'elle ne corrige point les mœurs.

« Un laid visage ne paroît point laid à celui qui « le porte. » Quand cela seroit, comme cela n'est pas, de bonne foi cette comparaison peut-elle être posée en principe? La laideur et la beauté sont arbitraires jusqu'à un certain point; il y a du préjugé, de la fantaisie, du caprice même dans l'opinion qu'on en peut avoir. Mais en est-il ainsi des vices, et surtout des vices auxquels le public attache le ridicule et le mépris? si le vicieux se méconnoît au théâtre, il se méconnoît encore plus dans un discours de morale ; et dès-lors toute instruction générale devient inutile : ce que M. Rousseau n'a certainement pas prétendu.

A l'égard du théâtre, rappelons-nous ce qui s'est passé dans la nouveauté du *Tartufe*. Croira-t-on que les faux dévots eussent du plaisir à s'y voir peints? Croira-t-on que l'usurier se complaise dans le miroir de l'*Avare* ? Voilà les vicieux bien à leur aise, s'ils aiment à se voir tels qu'ils sont! Mais du moins n'aiment-ils pas à être vus dans cette nudité humiliante. Leur raison a beau être corrompue au point de les justifier à eux-mêmes, ils savent, comme l'avare d'Horace, qu'ils sont la fable et la risée du peuple, et ils se cachent pour s'applaudir. D'où il résulte deux sortes de bien : l'un, qu'au défaut de la vertu, le désir de l'estime publique, la crainte du blâme et du mépris tiennent le vice comme à la gêne : l'autre, que l'exemple en est moins contagieux; car l'attrait du vice a pour contrepoids la peine de l'humiliation, à laquelle l'orgueil répugne. Est-ce là, me direz-vous, faire à la vertu des amis désintéressés? Eh non, monsieur, nous n'en sommes pas là. Peu de gens aiment la vertu pour elle-même. Il faudroit, s'il est permis de le dire, prendre la fleur de l'espèce humaine pour en former une république qui seroit peu nombreuse encore.

La comédie prend les hommes tels qu'ils sont partout, et à Genève comme ici, c'est-à-dire sensibles à l'estime et au mépris de la société, n'aimant point du tout à se donner en dérision, et assez malins pour se plaire à voir répandre sur autrui le ridicule qu'ils évitent. Si donc les mœurs sont fidèlement peintes sur le théâtre comique, si les vices et les travers en sont les jouets méprisés, la comédie peut avoir son utilité morale, comme la censure des femmes de Genève. Que l'on médise sur le théâtre ou dans un cercle, c'est toujours la malignité humaine qui sert d'épouvantail au vice; avec cette différence qu'au théâtre on peint les vicieux, et que dans un cercle on les nomme. J'avoue que sans ce fonds de malice, qui fait qu'on s'amuse des ridicules d'autrui, la comédie seroit insipide, et par conséquent infructueuse : aussi ne seroit-elle pas soufferte dans une société toute composée de vrais amis. Mais, tant qu'il y aura dans le monde un amour-propre envieux et malin, la comédie aura l'avantage de démasquer, d'humilier les vices, et de les livrer en plein théâtre à l'insulte des spectateurs.

« Si on veut corriger les mœurs par leurs
« charges, on quitte la vraisemblance et la na-
« ture, et le tableau ne fait plus d'effet. »

La peinture du théâtre est une imitation exagérée; mais voici comment. Molière veut peindre l'avare; chacun des traits doit ressembler : c'est-à-dire que l'avare ne doit agir et penser sur la scène que comme il pense et agit dans la société. Mais l'action théâtrale ne dure que deux heures; et l'art de l'intrigue consiste à réunir, sans affectation, dans ce court espace de temps, un assez grand nombre de situations, pour engager naturellement le caractère de l'avare à se développer en deux heures, comme dans la société il se développeroit en six mois. Ce n'est là que rapprocher les traits qui doivent former son image. De plus, comme la comédie n'est pas une satire personnelle, et que non seulement un vicieux, mais tous les vicieux de la même espèce doivent se reconnoître dans le tableau, le peintre y réunit les traits les plus frappants du même vice, répandus dans la société, tous copiés d'après nature.

« Qu'importe la vérité de l'imitation, dit M. Rous-
« seau, pourvu que l'illusion y soit? »

L'illusion n'y seroit pas, si l'imitation n'étoit pas vraie. Quand est-ce, en effet, que cesse l'illusion? dès qu'il échappe au poète ou à l'acteur quelque trait qui n'est pas dans la nature, c'est-à-dire quelque trait qui contredit ou qui force le caractère. Ainsi le plaisir que nous fait la bonne comédie dépend de la vérité des peintures; et son utilité est fondée sur le mépris qu'elle attache au vice, et sur la répugnance qu'a le vicieux à se voir en butte au mépris.

Si *le bien est nul,* comme le conclut M. Rousseau, ce n'est donc pas pour les raisons qu'il en a données. Voyons à présent si le comique remplit son objet, et d'abord, avec M. Rousseau, prenons pour exemple Molière. « Qui peut disconvenir que
« ce Molière même, des talents duquel je suis plus
« l'admirateur que personne, ne soit une école de
« vices et de mauvaises mœurs, plus dangereuse
« que les livres mêmes où l'on fait profession de les
« enseigner? »

Il faut avouer que M. Rousseau ne nous ménage guère, et je ne crois pas qu'on puisse, en termes plus énergiques, faire le procès à notre police et à notre gouvernement. Ce n'est donc pas contre un babil philosophique, mais contre une imputation très-grave que je m'élève. Il s'agit de faire voir que depuis cent ans les pères et les mères ne sont pas assez imbéciles ou assez pervers, et dans la capitale et dans toutes les villes du royaume, et dans toutes celles de l'Europe, où cet excellent comique est joué, pour mener leurs enfants à la plus pernicieuse école du vice.

« Son plus grand soin, dit M. Rousseau en par-
« lant de Molière, est de tourner la bonté et la
« simplicité en ridicule, et de mettre la ruse et le
« mensonge du parti pour lequel on prend inté-
« rêt..... Examinez le comique de cet auteur, vous
« trouverez que les vices de caractère en sont l'in-
« strument, et les défauts naturels, le sujet que la

« malice de l'un punit la simplicité de l'autre, et
« que les sots sont les victimes des méchants : ce
« qui, pour n'être que trop vrai dans le monde,
« n'en vaut pas mieux à mettre au théâtre avec un
« air d'approbation, comme pour exciter les ames
« perfides à punir, sous le nom de sottise, la can-
« deur des honnêtes gens.

Dat veniam corvis, vexat censura columbas.

« Voilà l'esprit général de Molière, et de ses
« imitateurs. »

Cette page d'accusation exigeroit pour réponse
un volume ; je vais abréger si je puis.

Il y a deux sortes de vices dans les hommes :
les uns, vices des fripons ; et les autres, vices des
dupes. Quand les premiers attentent gravement à
la société, ils sont odieux et terribles : le ridicule
fait place à l'infamie. Quand ils ne portent au bien
public et particulier que de légères atteintes, la
comédie, qui ne doit pas être plus sévère que les
lois, se contente de les châtier. A l'égard des vices
des dupes, ils sont humiliés au théâtre, mais ils n'y
sont jamais flétris. Cette distinction appliquée aux
exemples va, je crois, devenir sensible ; elle contient toute la philosophie de Molière, et ma réponse
à M. Rousseau.

Le but de Molière a donc été de démasquer les
fripons et de corriger les dupes ; or c'est l'objet le
plus utile qu'il pût jamais se proposer. En effet,

supposons qu'il n'eût mis au théâtre que des gens de bien, voilà tous les fripons en paix; qu'il n'eût mis au théâtre que des fripons, dès-lors la scène comique n'étoit plus qu'une académie de fourberies; qu'il eût mis au théâtre des gens de bien et des fripons, mais ceux-ci moins actifs, moins habiles, moins industrieux que les gens de bien, la scène comique n'auroit eu ni vérité, ni utilité morale; qu'enfin Molière eût fait tromper par des fripons d'honnêtes gens éclairés, vigilants et sages; c'étoit donner au vice, sur la vertu, un avantage qu'il n'a pas. Et que conclure de ces leçons? Que la probité, inutilement sur ses gardes contre la malice et la fausseté, n'en peut être, quoi qu'elle fasse, que le jouet ou la victime. C'est alors que le théâtre comique seroit une école pernicieuse par le découragement et le dégoût qu'il inspireroit pour la vertu. De toutes les combinaisons possibles dans le mélange et le contraste des mœurs, Molière s'est donc attaché à la seule qui soit utile. Il a pris des gens de bien, foibles, crédules, entêtés, confiants ou soupçonneux à l'excès, imprudents même dans leurs précautions, et toujours punis, non pas de leur bonté, mais de leurs travers ou de leurs foiblesses : tels sont le Bourgeois Gentilhomme, George Dandin, le Malade imaginaire, les tuteurs jaloux de *l'École des femmes* et de *l'École des maris*. Que l'on me cite un seul exemple où l'honnêteté pure et simple soit tournée en ridicule, et je condamne la pièce au feu. Voyez si l'on rit aux dépens de Cléante, dans *le Tartufe*; aux dépens de Chrysale, dans *les Femmes savantes*; aux dépens d'Angélique, dans *le Malade imaginaire*; aux dépens d'Ariste, dans *l'École des maris*; aux dépens même de madame Jourdain, dans le *Bourgeois Gentilhomme*. Qu'est-ce donc que Molière a joué dans les honnêtes gens, ou plutôt dans les bonnes gens dont on se moque à ces spectacles? L'aveugle prévention d'Orgon et de sa mère pour un scélérat hypocrite; la manie de l'érudition et du bel esprit dans une société d'honnêtes femmes à qui des pédants ont tourné la tête; le foible d'un homme pusillanime pour une marâtre qu'il a donnée à ses enfants, et qui n'attend que son dernier soupir pour s'enrichir de leur dépouille; l'imbécile prétention de deux jaloux à se faire aimer de leurs pupilles en les tenant dans la captivité; la sotte ambition d'un bourgeois de passer pour gentilhomme en imitant les gens de cour : voilà sur quoi tombe le ridicule de ces comédies. Est-ce là jouer la vertu, la simplicité, la bonté? Je le demande au public qui sait bien de quoi il s'amuse; je le demande à M. Rousseau lui-même, qui peut avoir ces tableaux aussi présents que moi.

Tous les vices que je viens de parcourir sont, comme l'on voit, ceux des dupes : il n'est donc pas étonnant que Molière oppose à ces personnages des fripons adroits et souvent heureux; c'est ce qui rend ses leçons utiles. Mais ces fripons eux-mêmes ont-ils jamais l'estime des spectateurs? Je m'en tiens à l'exemple que M. Rousseau a choisi : c'est le gentilhomme qui dupe M. Jourdain. « Ce « personnage, dit-il, est l'honnête homme de la « pièce. » Un homme donné sans ménagement par Molière, pour un fourbe, pour un escroc, pour un flatteur, pour un vil complaisant, et pour quelque chose de pis encore, c'est l'honnête homme de la pièce! Est-ce dans l'opinion de Molière? Il est évident que non. Est-ce dans l'opinion des spectateurs? En est-il un seul qui ne conçoive le plus profond mépris pour cet infâme caractère? Est-ce dans l'opinion de M. Rousseau lui-même? Je ne révoque pas en doute sa sincérité; je ne me plains que de sa mémoire : mais il eût été bon, je crois, d'avoir Molière sous les yeux en faisant le procès à ses pièces, afin de ne pas altérer la vérité dans un objet de toute autre conséquence que le sonnet du *Misanthrope*.

« Quel est, ajoute M. Rousseau, quel est le plus « criminel, d'un paysan assez fou pour épouser une « demoiselle, ou d'une femme qui cherche à dés-« honorer son époux? Que penser d'une pièce où « le parterre applaudit à l'infidélité, au mensonge, « à l'impudence de celle-ci, et rit de la bêtise du « manant puni? »

Que penser de cette pièce? Que c'est le plus terrible coup de fouet qu'on ait jamais donné à la vanité des mésalliances. Ce n'est point à l'intention de Molière que je m'attache, car l'intention pourroit être bonne et la pièce mauvaise ; je m'en rapporte à l'impression qu'elle fait. De quoi s'agit-il dans *George Dandin?* De faire sentir les conséquences de la sottise de ce villageois. Molière a donc peint ses personnages d'après nature. Mais en exposant à nos yeux le vice, l'a-t-il rendu intéressant ? a-t-il donné un coup de pinceau pour l'adoucir et le colorer ? Lui, qui savoit si bien nuancer les caractères, a-t-il seulement pris soin de rendre cette coquette aimable et son complice séduisant ? Rien n'étoit plus facile sans doute ; mais s'il eût affoibli le mépris qu'il devoit répandre sur le vice, il se fût contredit lui-même, il eût oublié son dessein : c'est donc pour rendre sa pièce morale qu'il a peint de mauvaises mœurs ; et ceux qui lui en ont fait un reproche ont confondu la décence avec le fonds des mœurs théâtrales. La décence est violée dans la comédie de *George Dandin*, comme dans la tragédie de *Théodore*; mais ni l'une ni l'autre pièce n'est une leçon de mauvaises mœurs.

Si quelqu'un nous attache dans cette pièce, c'est George Dandin lui-même, et on le plaint comme un bon homme, quoiqu'on en rie comme d'un sot.

Ce qui a fait, je crois, que M. Rousseau s'est mépris sur l'impression de ces comédies, ce sont les applaudissements. Mais il nous suppose bien vicieux nous-mêmes, s'il nous accuse d'approuver tout ce que nous applaudissons. Il a entendu applaudir à ces mots d'Atrée : « Reconnois-tu ce « sang? » et à ce vers de Cléopâtre :

Puisse naître de vous un fils qui me ressemble!

Les spectateurs, à son avis, adhèrent-ils dans ce moment aux mœurs de Cléopâtre ou d'Atrée? C'est le génie, c'est l'art du poète qu'on admire et qu'on applaudit dans la peinture du crime, comme dans celle de la vertu. Que l'artifice d'un fourbe, que l'habileté d'un méchant, que toute situation qui met la sottise et la friponnerie en évidence, soit applaudie au théâtre; ce n'est pas qu'on aime les fripons, mais c'est qu'on aime à les connoître : ce n'est pas qu'on méprise la bonté, l'honnêteté dans les dupes, mais seulement les travers ou les foiblesses qui les font donner dans le piége, et dont on est soi-même exempt. La preuve en est que, si le personnage dont on se joue est estimable, et que le tort qu'on lui fait devienne sérieux, la plaisanterie cesse et l'indignation lui succède. On en voit l'exemple dans le cinquième acte du *Tartufe*, ce chef-d'œuvre du théâtre comique, dont M. Rousseau ne dit pas un mot.

Il est vrai que les valets fripons sont communément du côté des personnages auxquels on s'intéresse. Il y a nombre de comédies dont les mœurs sont répréhensibles à cet égard; et quelques-unes même des pièces de Molière peuvent être mises dans cette classe; mais ce n'est ni *le Tartufe*, ni *le Misanthrope*, ni *les Femmes savantes*, ni aucune de ses bonnes comédies; et l'on ne doit pas juger Molière sur les fourberies de Scapin. « Il « seroit d'autant moins juste, c'est M. Rousseau « qui parle, d'imputer à Molière les erreurs de ses « modèles et de son siècle, qu'il s'en est corrigé « lui-même. »

Mais venons au plus sérieux, et voyons comment *les vices de caractère sont l'instrument de son comique, et les défauts naturels, le sujet.* Dans *le Tartufe*, le sujet du comique est la confiance obstinée d'un honnête homme pour un scélérat. Cette confiance est-elle un défaut naturel ? Dans *l'École des femmes* et dans *l'École des maris*, le sujet du comique est la prétention d'un tuteur jaloux à s'assurer du cœur de sa pupille par la gêne et la vigilance. Cet abus de l'autorité confiée est-il un défaut naturel ? En est-ce un dans *l'Avare* que la manière de se priver soi-même et ses enfants des besoins d'une vie honnête, pour accumuler et enfouir des trésors ? En est-ce un dans *les Précieuses* et dans *les Femmes savantes*, que la folie du bel esprit et la négligence des choses utiles ? En est-ce un que l'aveugle prévention du Malade imaginaire pour sa femme et son médecin; que la sotte vanité de George Dandin et du Bourgeois Gentilhomme; que le foible du

Misanthrope pour une coquette qui le trompe? et si la bonté, la simplicité naturelle de quelques-uns de ces personnages est la cause du ridicule qu'ils se donnent, est-ce à la cause que Molière l'attache? l'a-t-il confondue avec l'effet?

M. Rousseau peut me répondre que le public ne fait pas ces distinctions philosophiques, et que le mépris attaché à l'effet rejaillit insensiblement sur la cause. C'est de quoi je ne conviens point. Que l'on mette au théâtre un homme vertueux et simple, sans aucun de ces vices de dupe dont j'ai parlé, et que l'auteur s'avise de le rendre le jouet de la scène; on verra si le parterre n'en sera pas indigné. Qu'un valet se joue du vieil Euphémon ou du père du Glorieux; je passe condamnation, s'il fait rire. Le comique de Molière n'attaque donc pas des défauts naturels, mais des vices de caractère, la vanité, la crédulité, la foiblesse, les prétentions déplacées; et rien de tout cela n'est incorrigible.

L'examen de *l'Avare* et du *Misanthrope* vont rendre plus sensible encore mon opinion sur les mœurs du théâtre de Molière.

« C'est un grand vice, dit M. Rousseau, d'être
« avare et de prêter à usure; mais n'en est-ce pas
« un plus grand encore à un fils de voler son père,
« de lui manquer de respect, de lui faire mille
« insultants reproches; et, quand ce père irrité lui
« donne sa malédiction, de répondre d'un air

« goguenard qu'il n'a que faire de ses dons? Si la
« plaisanterie est excellente, en est-elle moins pu-
« nissable; et la pièce où l'on fait aimer le fils in-
« solent qui l'a faite en est-elle moins une école
« de mauvaises mœurs? »

Supposons que dans un sermon l'orateur dit à l'avare : Vos enfants sont vertueux, sensibles, re-connoissants, nés pour être votre consolation; en leur refusant tout, en vous défiant d'eux, en les faisant rougir du vice honteux qui vous domine, savez-vous ce que vous faites? Votre inflexible du-reté lasse et rebute leur tendresse. Ils ont beau se souvenir que vous êtes leur père; si vous oubliez qu'ils sont vos enfants, le vice l'emportera sur la vertu, et le mépris dont vous vous chargez étouf-fera le respect qu'ils vous doivent. Réduits à l'al-ternative, ou de manquer de tout, ou d'anticiper sur votre héritage par des ressources ruineuses, ils dissiperont en usure ce qu'en usure vous accumu-lez; leurs valets se ligueront pour dérober à votre avarice les secours que vos enfants n'ont pu ob-tenir de votre amour. La dissipation et le larcin seront les fruits de vos épargnes, et vos enfants, devenus vicieux par votre faute et pour votre sup-plice, seront encore intéressants pour le public que vous révoltez.

Je demande à M. Rousseau si cette leçon seroit scandaleuse. Eh bien, ce qu'annonceroit l'orateur, le poète n'a fait que le peindre, et la comédie de Molière n'est autre chose que cette morale en action. Ni l'orateur, ni le poète ne veulent encourager par là les enfants à manquer à ce qu'ils doivent à leur père; mais tous les deux veulent apprendre aux pères à ne pas mettre à cette cruelle épreuve la vertu de leurs enfants. Passons aux mœurs du *Misanthrope* que M. Rousseau a choisi par préférence, comme le chef-d'œuvre de Molière.

« Je trouve, dit-il, que cette pièce nous décou-
« vre mieux qu'aucune autre la véritable vue dans
« laquelle Molière a composé son théâtre, et nous
« peut mieux faire juger de ses vrais effets. Ayant
« à plaire au public, il a consulté le goût le plus
« général de ceux qui le composent. Sur ce goût
« il s'est formé un modèle, et sur ce modèle, un
« tableau des défauts contraires, dans lequel il a
« pris ses caractères comiques, et dont il a distri-
« bué les divers traits dans ses pièces. »

Arrêtons-nous un moment à cette théorie générale. Molière, en consultant son siècle, a donc vu qu'un usage honnête de ses biens étoit du goût général, et il a attaqué l'avarice; qu'on aimoit à voir chacun se tenir dans son état, et il a joué le bourgeois gentilhomme; qu'une femme occupée modestement de ses devoirs étoit une femme estimée, et il a jeté du mépris sur les précieuses et les savantes; qu'une piété simple et sincère inspiroit le respect, et il a démasqué le tartufe; que la gêne et la violence dans le choix d'un époux étoit une tyrannie odieuse, et il a fait de deux tuteurs les jouets de deux amants. Que M. Rousseau me dise où est le mal, et en quoi le goût du siècle a nui aux mœurs du théâtre de Molière.

Je sens bien que tous les ridicules dont Molière s'est joué ne sont pas ce que j'ai entendu par les vices des fripons. Mais il est des vices qui ne nuisent qu'à nous, et que j'appelle les vices des dupes. C'est, comme je l'ai dit, de cette dernière espèce de vices que Molière a voulu nous guérir. Il savoit bien, ce philosophe, qu'on ne corrigeoit pas un fripon, et que ce n'étoit qu'en le dénonçant qu'on pouvoit le déconcerter. Allez persuader à un charlatan de ne pas tromper le peuple, vous y perdrez votre éloquence. C'est au peuple qu'il faut apprendre à se défier du charlatan. Voilà, selon moi, tout l'art de Molière, et je ne conçois rien de plus utile aux mœurs.

« Mais, reprend M. Rousseau, voulant exposer
« à la risée publique tous les défauts opposés aux
« qualités de l'homme aimable, de l'homme de so-
« ciété; après avoir joué tant d'autres ridicules, il
« lui restoit à jouer celui que le monde pardonne
« le moins, le ridicule de la vertu. C'est ce qu'il a
« fait dans *le Misanthrope*. Vous ne sauriez me
« nier deux choses, ajoute le censeur du théâtre :
« l'une, qu'Alceste, dans cette pièce, est un homme
« droit, sincère, estimable, un véritable homme

« de bien ; l'autre, que l'auteur lui donne un per-
« sonnage ridicule. »

Vous ne sauriez me nier deux choses, dirai-je à mon tour à M. Rousseau : l'une, qu'Alceste est un homme passionné, violent, insociable ; l'autre, que dans sa vertu Molière n'a repris que l'excès. Vous donnez à Molière le projet d'un scélérat, et je trouve dans son ouvrage le dessein du plus honnête homme. Il seroit malheureux pour vous que la raison fût de mon côté.

Imaginons pour un moment qu'un auteur dans un seul ouvrage ait voulu attaquer tous les vices de son siècle, et mettre le fouet de la satire dans la main de l'un de ses acteurs. Quel personnage a-t-il dû choisir ? Un sage accompli ? Non : le sage est indulgent et modéré. L'étude qu'il a faite de lui-même l'a rendu modeste et compatissant. Il hait le crime, déplore l'erreur, aime la bonté, respecte la vertu, et regarde les vices répandus dans la société comme un poison qui circule dans le sein de la nature humaine. S'il y applique quelque remède, ce n'est ni le fer, ni le feu. Il sait que le malade est foible, inquiet, difficile, et qu'il faut gagner sa confiance pour obtenir sa docilité. Il parle aux hommes comme un père, et non comme un juge : la douceur se peint dans ses yeux, la persuasion coule de ses lèvres ; mais le plaisir délicat de l'entendre n'étoit pas un attrait pour la multitude. Le sage au théâtre eût paru froid et n'eût point attiré la foule. Un homme vertueux, plus sévère et plus véhément, sans aucun travers, sans aucune foiblesse, eût indisposé tous les esprits. On n'amuse point ceux qu'on humilie. *Le Misanthrope*, exempt de ridicule, seroit tombé : M. Rousseau l'avouera lui-même. Il a donc fallu avoir égard au vice le plus commun, je ne dis pas de son siècle et de son pays, mais de tous les lieux et de tous les temps, c'est-à-dire à la malignité qui prend sa source dans l'amour-propre, et rendre le censeur ridicule par quelque endroit, pour consoler à ses dépens ceux qu'humilieroit la censure. Mais ce ridicule, en amusant le peuple, ne devoit pas affoiblir l'autorité de la vertu ; et le comble de l'art étoit de composer un caractère à la fois respectable et risible, qualités qui semblent s'exclure et que Molière a su concilier. Tel a été son dessein en composant ce bel ouvrage. Ceci n'est pas une subtilité vaine, c'est l'effet que tout le monde éprouve. On adore le fonds du caractère du Misanthrope : sa droiture, sa candeur, sa sensibilité, inspirent la vénération. Ah ! Molière, que n'ai-je le bonheur de ressembler à cet honnête homme ! s'écrioit M. le duc de Montausier. Molière auroit donc bien manqué son coup, s'il eût voulu rendre la vertu ridicule. Mais cette même probité s'irrite, passe les bornes et tombe dans l'excès. Le Misanthrope déraisonne et devient ridicule, non pas dans sa vertu, mais dans l'excès où elle donne. Écoutez ce dialogue :

PHILINTE.
Vous voulez un grand mal à la nature humaine !
ALCESTE.
Oui, j'ai conçu pour elle une effroyable haine.
PHILINTE.
Tous les pauvres mortels, sans nulle exception,
Seront enveloppés dans cette aversion !
Encore en est-il bien dans le siècle où nous sommes...
ALCESTE.
Non, elle est générale, et je hais tous les hommes.

C'est de cet emportement que l'on rit. Le Misanthrope a beau le motiver, ce ne peut être qu'un accès d'humeur : car au fond la haine qu'il a conçue pour les méchants n'est fondée que sur son amour pour les gens de bien, et sur la supposition qu'il en reste encore.

« S'il n'y avoit ni fripons, ni flatteurs, dit « M. Rousseau, le Misanthrope aimeroit tout le « monde. »

Mais s'il n'y avoit que des gens de bien, des gens sincères, il n'auroit plus aucun lieu de haïr ni les flatteurs, ni les fripons.

On vient de lui lire des vers qu'il a trouvés mauvais ; il le fait entendre avec ménagement ; il le dit enfin avec pleine franchise : ses amis lui reprochent sa sincérité ; c'est alors qu'il devient extrême.

Je lui soutiendrai, moi, que ses vers sont mauvais,
Et qu'un homme *est pendable* après les avoir faits.

Comme on ne s'attend pas à ces traits, et qu'ils consolent la vanité humiliée, on en rit d'un plaisir malin causé par la surprise, mais sans que le mépris s'en mêle; et l'on semble dire au Misanthrope : *Eh bien! censeur qui vous croyez si sage, vous vous passionnez donc aussi, vous déraisonnez comme un autre?*

C'est de cette colère exaltée, de cette humeur qui déborde, de cette impatience poussée à bout par le calme de Philinte, que Molière nous a fait rire. Ce n'est donc pas le ridicule de la vertu qu'il a voulu jouer; mais un ridicule qui accompagne quelquefois la vertu, et qui naît de la même source, une fougue qui l'emporte au-delà de ses limites, une âpreté qui la rend insociable, une extrême sévérité qui nous fait des crimes de tout, un zèle inflammable que la contradiction et les obstacles font dégénérer en fureur : voilà ce que Molière attaque dans le Misanthrope; et, pour le ramener aux sentiments de l'humanité compatissante, il lui fait voir qu'il est homme lui-même, et qu'il peut être, comme nous, le jouet de ses passions.

Mais, pour justifier le dessein de Molière, j'ai un témoignage auquel M. Rousseau ne peut se refuser : voici ce que je viens de lire.

« Dans toutes les autres pièces de Molière, le
« personnage ridicule est toujours haïssable ou
« méprisable; dans celle-ci, quoique Alceste ait

« des défauts réels, dont on n'a pas tort de rire, « on sent pourtant au fond du cœur un respect « pour lui dont on ne peut se défendre.... Molière « étoit personnellement honnête homme, et ja- « mais le pinceau d'un honnête homme ne sut « couvrir de couleurs odieuses les traits de la droi- « ture et de la probité. Il y a plus, Molière a mis « dans la bouche d'Alceste un si grand nombre de « ses propres maximes, que plusieurs ont cru qu'il « s'étoit voulu peindre lui-même. »

Confrontons ce témoignage avec le sentiment de M. Rousseau.

« Ayant à plaire au public, Molière a consulté « le goût le plus général.... Après avoir joué tant « d'autres ridicules, il lui restoit à jouer celui que « le monde pardonne le moins, le ridicule de « la vertu : c'est ce qu'il a fait dans *le Misan-* « *thrope.* »

Il est évident que l'une de ces deux opinions est fausse ; car si Molière, pour plaire à son siècle, a voulu tourner la vertu en ridicule, un si lâche adulateur du vice n'étoit rien moins qu'un honnête homme ; s'il a voulu se peindre lui-même dans Alceste, il n'a pas prétendu s'exposer à la risée du public ; s'il fait aimer et respecter ce caractère sans le vouloir, et en dépit de son art, le ridicule de la vertu n'est donc pas celui que le monde pardonne le moins. Que M. Rousseau accorde, s'il le peut, son opinion avec l'autorité que je lui ai opposée ; son contradicteur, c'est lui-même.

Le dessein de Molière a donc été, en composant le caractère du Misanthrope, de se servir de sa vertu comme d'un exemple, et de son humeur comme d'un fléau. Voilà le vrai, tout le monde le sent.

Il lui a donné pour ami, non pas *un de ces honnêtes gens du grand monde, dont les maximes ressemblent beaucoup à celles des fripons ; non pas un de ces gens si doux, si modérés, qui trouvent toujours que tout va bien, parce qu'ils ont intérêt que rien n'aille mieux* ; mais un de ces gens qui, aimant le bien et condamnant le mal, se contentent de pratiquer l'un et d'éviter l'autre ; qui ne se croient ni assez de vertu, ni assez d'autorité pour s'ériger en censeurs publics, et faire le procès à la nature humaine ; qui, sans être complices ni partisans des vices destructeurs de l'ordre, tolèrent les défauts, ménagent les foiblesses, flattent les vaines prétentions, passent légèrement sur les épines de la société, et s'épargnent les chagrins et les dégoûts d'un déchaînement inutile.

Un honnête homme est celui qui remplit fidèlement les devoirs de son état ; et ce n'est le devoir d'aucun particulier d'exercer la police du monde. Il est vrai que Philinte, soit manque de goût, soit excès de politesse, loue des vers qui ne valent rien. Mais tout mensonge n'est pas un crime : c'est l'importance du mal qui en fait la gravité. Je ne sais même si, dans la morale la plus austère, il ne vaut pas mieux flatter un homme sur une bagatelle, que de s'exposer, par une sincérité qui l'offense, à se couper la gorge avec lui.

Du reste, si Molière eût fait un vicieux du Misanthrope, il lui eût donné pour contraste un modèle de vertu ; mais comme il n'en fait qu'un homme insociable, c'est un modèle de complaisance et d'égards qu'il a dû lui opposer. Philinte n'est donc pas le sage de la pièce, mais seulement l'homme du monde : son sang froid donne du relief à la fougue du Misanthrope ; et, quoique l'un de ces contrastes fasse rire aux dépens de l'autre, l'avantage et l'ascendant que Molière donne à Alceste sur Philinte, prouve bien qu'il lui destinoit la première place dans l'estime des spectateurs.

« Le tort de Molière n'est pas, selon M. Rous-
« seau, d'avoir fait du Misanthrope un homme
« colère et bilieux, mais de lui avoir donné des
« fureurs puériles sur des sujets qui ne doivent pas
« l'émouvoir. Le caractère du Misanthrope n'est
« pas en la disposition du poète ; il est déterminé
« par la nature de sa passion dominante : cette pas-
« sion est une violente haine du vice, née d'un
« amour ardent pour la vertu, et aigrie par le

« spectacle continuel de la méchanceté des hom-
« mes; il n'y a donc qu'une ame grande et noble
« qui en soit susceptible.... Cette contemplation
« continuelle des désordres de la société le dé-
« tache de lui-même pour fixer son attention sur
« le genre humain. Qu'il s'emporte sur tous les
« désordres dont il n'est que le témoin.... mais
« qu'il soit froid sur celui qui ne s'adresse qu'à
« lui; qu'une femme fausse le trahisse, que d'in-
« dignes amis le déshonorent, que de foibles
« amis l'abandonnent; il doit le souffrir sans
« en murmurer; il connoît les hommes. Si ces
« distinctions sont justes, Molière a mal fait *le*
« *Misanthrope*. Pense-t-on que ce soit par er-
« reur? Non sans doute : mais voilà par où le
« désir de faire rire aux dépens du personnage
« l'a forcé de le dégrader contre *la vérité* du ca-
« ractère. »

Si M. Rousseau parle d'une vérité métaphysique, je ne lui dispute rien; chacun se fait des
idées comme il lui plaît. Le misanthrope métaphysique est donc, si l'on veut, un être surnaturel qui
aime tous les hommes, excepté lui seul; qui prend
feu sur les injustices qu'ils éprouvent, et qui est
de glace pour celles qu'il essuie lui-même; qui
combat tous les vices, hormis ceux qui lui nuisent;
auquel un petit mal qui lui est étranger peut donner *une très-grande colère*, et qui n'est point
ému d'un très-grand mal qui lui est personnel.

Mais Molière n'a pas voulu peindre un personnage idéal. Le misanthrope, tel qu'il l'a vu dans la nature, se comprend au moins dans le nombre des hommes qu'il aime; il ne donne pas dans l'absurde inconséquence de regarder comme *des inclinations basses* le soin de son honneur, de sa renommée, de son repos, de sa fortune, en un mot, de ces mêmes biens auxquels il ne peut souffrir que l'on porte atteinte dans ses semblables; il n'a point une ame sensible pour eux, et une ame impassible pour lui; et cette trempe de caractère qui reçoit de si vives impressions des plaies faites à l'humanité, n'est pas impénétrable aux traits qui sont lancés contre lui-même. Je crois bien que le courage et la force étouffent ses plaintes quelquefois; mais enfin l'*homme est toujours homme*. Molière a donc très-bien pris, je ne dis pas le caractère idéal, mais le caractère réel du misanthrope, tel qu'il le voyoit dans le monde, et qu'il vouloit le corriger.

J'avouerai même que je ne conçois pas le misanthrope de M. Rousseau. Si la connoissance qu'il a des hommes doit l'avoir préparé aux trahisons de sa maîtresse, aux outrages et à l'abandon de ses amis, à l'iniquité de ses juges, il doit donc être sérieusement convaincu que tous les hommes sont perfides et méchants; et, cela posé, il doit n'aimer personne. Comment est-il donc si touché des désordres d'un monde où il n'aime rien? Il hait le vice, il aime la vertu ; mais le vice et la vertu ne sont rien de réel que relativement aux hommes. Que lui importe la guerre des vautours, si la société n'a plus de colombes ?

Dira-t-on que le misanthrope aime les hommes quels qu'ils soient, et ne hait en eux que le vice ? C'est le caractère du sage tel que je l'ai peint ; mais ce n'est pas le caractère du misanthrope. Celui-ci enveloppe dans sa haine et le vice et le vicieux ; il déteste dans les méchants les ennemis des gens de bien : mais, s'il est persuadé qu'il y a des gens de bien dans le monde, il est naturel qu'il ait eu cette opinion de ses juges, de ses amis, de sa maîtresse ; et lorsque l'iniquité, la perfidie, la trahison qu'il en éprouve, le tirent de cette douce erreur, il doit en être d'autant plus affecté, que ces coups rompent les derniers liens d'affection qui l'attachoient à ses semblables.

Le misanthrope que rien de personnel ne touche, et qui se passionne sur tout ce qui lui est étranger, est donc, selon moi, un être fantastique ; et Molière, pour rendre le sien d'après nature, a dû le peindre comme il a fait. Du reste, que l'on se rappelle la position de ce personna... accable son ami de reproches, humilie Oronte, apostrophe les marquis, et leur impose le silence ; confond et refuse Célimène, domine d'un bout de la pièce à l'autre, efface tout, n'est jamais effacé, et sort du théâtre ennemi de la nature entière, autant admiré qu'applaudi. Voilà donc le personnage que Molière a voulu humilier, pour flatter le goût de son siècle! Si Molière a prétendu faire briller Philinte aux dépens d'Alceste, jamais auteur, j'ose le dire, n'a été plus maladroit.

Philinte a loué la chute du sonnet d'Oronte. Le Misanthrope indigné lui dit :

> La peste de ta chute, empoisonneur au diable !
> En eusses-tu fait une à te casser le nez!

M. Rousseau désapprouve ce jeu de mots, et il s'écrie : *Et voilà comme on avilit la vertu!* Je n'ai qu'à citer du même rôle cinq cents des plus beaux vers et des plus applaudis qu'on ait jamais faits, et à m'écrier à mon tour : *Et voilà comme on honore la vertu!* Est-il possible que d'un frivole jeu de mots qui, dans la vivacité, peut échapper à tout le monde, on tire une conséquence déshonorante pour la mémoire d'un homme qu'on fait profession d'admirer?

« On voit Alceste tergiverser et user de détour
« pour dire son avis à Oronte. Ce n'est point là le
« misanthrope, dit M. Rousseau ; c'est un honnête
« homme du monde qui se fait peine de tromper
« celui qui le consulte. La force du caractère vou-
« loit qu'il lui dît brusquement : Votre sonnet ne
« vaut rien, jetez-le au feu. Mais cela auroit ôté
« le comique qui naît de l'embarras du Misan-
« thrope, et de ses *je ne dis pas cela*, répétés, qui

« pourtant ne sont au fond que des mensonges. »

Les *je ne dis pas cela* sont très-plaisants; mais ce n'est point aux dépens du Misanthrope qu'ils font rire : du reste il ne faut que savoir distinguer la grossièreté d'avec la franchise pour justifier cette réticence. M. Rousseau sait bien que le mensonge n'est pas dans les mots; et il me seroit aisé de lui prouver, par son propre exemple, que, sans déguiser la vérité, on peut la couvrir d'un voile modeste. Le Misanthrope répète à Oronte, *je ne dis pas cela*; si Philinte lui demandoit : *Eh! que dis-tu donc, traître?* la réponse seroit facile : *Je ne suis point traître, je me fais entendre, je dis ce qu'exige l'honnêteté, et ce que permet la bienséance.*

M. Rousseau demande *jusqu'où peuvent aller les ménagements d'un homme vrai.* Je lui réponds, *exclusivement jusqu'à l'équivoque.* Suivant ses principes, le misanthrope ne doit user d'aucun détour, et doit dire crument tout ce qu'il pense : mais si Molière eût voulu mettre un tel personnage sur la scène, il l'eût pris au fond des forêts.

Il est inutile de donner au théâtre des leçons d'une morale outrée, qu'il ne seroit ni possible ni honnête de pratiquer dans le monde, où l'on peut très-bien, quoi qu'en dise M. Rousseau, n'être ni fourbe ni brutal. Molière n'a donc pas prétendu, ni pu prétendre dégrader la vérité et la vertu, en les faisant un peu moins farouches que M. Rousseau ne l'exige ; et franchement il n'y a qu'un philosophe qui regrette le temps où l'homme marchoit à quatre pates, qui puisse trouver le Misanthrope de Molière trop doux et trop civilisé.

M. Rousseau dit de ce personnage : « L'intérêt « de l'auteur est bien de le rendre ridicule, mais « non pas fou ; et c'est ce qu'il paroîtroit aux yeux « du public, s'il étoit tout-à-fait sage. »

Après l'esquisse que j'ai tracée du caractère du sage tel que je le conçois, il est inutile d'ajouter que le misanthrope de M. Rousseau n'est pas digne à mes yeux de ce titre : il est plus inutile encore de réfuter sa conclusion contre la morale du Misanthrope et de tout le théâtre de Molière. Si les principes sont détruits, la conséquence tombe d'elle-même.

Je suis convenu avec M. Rousseau qu'il restoit encore au théâtre françois des comédies répréhensibles du côté des mœurs ; et quoiqu'elles soient d'un ton si bas et d'un si mauvais goût, que n'ayant rien de séduisant, elles me semblent peu dangereuses ; quoique je sois très-éloigné de regarder tous ceux qui rient du testament de Crispin comme des fripons dans l'ame ; il seroit bon, je l'avoue, de bannir ce comique méprisable d'un théâtre qui doit être l'école de l'honnêteté.

Mais que ces défauts « soient tellement inhé-« rents à ce théâtre, qu'en voulant les en ôter on

« le défigure », c'est de quoi je ne puis convenir; et je crois avoir bien prouvé que, sans les filous et les femmes perdues, Molière a fait d'excellentes comédies. Ainsi, quand il seroit vrai que les pièces modernes, *plus épurées*, n'auroient plus de vrai comique, et qu'*en instruisant beaucoup, elles ennuieroient encore davantage*, la pureté des mœurs n'en seroit pas la cause. Les mœurs du *Glorieux*, de *la Métromanie*, de *l'Enfant prodigue*, des *Dehors trompeurs*, de *l'École des mères*, du *Méchant*, sont épurées; et je ne puis croire que M. Rousseau les compare à d'ennuyeux sermons. Quelles sont les pièces morales qui nous ennuient? Celles dont les peintures sont froides, les vers lâches, le coloris foible, les sentiments fades, l'intrigue languissante, les caractères mal dessinés; celles, en deux mots, dont le comique manque de sel, ou le sérieux de pathétique.

Le vice n'est donc point inhérent aux mœurs de la scène comique françoise, à moins que l'amour, comme le prétend M. Rousseau, ne soit, même dans les personnages vertueux, un exemple vicieux au théâtre.

Que tout ce qui respire la licence, que tout ce qui blesse l'honnêteté soit condamné dans la peinture de l'amour; il n'est personne qui n'y souscrive. Mais ce n'est point là ce que M. Rousseau reproche à la scène françoise; c'est l'amour décent, l'amour vertueux qu'il y attaque.

« Ce qui achève de rendre ses images dange-
« reuses, c'est, dit-il, qu'on ne le voit jamais ré-
« gner sur la scène qu'entre des ames honnêtes...
« Les qualités de l'objet ne l'accompagnent point
« jusqu'au cœur; ce qui le rend sensible, intéres-
« sant, s'efface... Les impressions vertueuses en
« déguisent le danger, et donnent à ce sentiment
« trompeur un nouvel attrait, par lequel il perd
« ceux qui s'y livrent... En admirant l'amour hon-
« nête, on se livre à l'amour criminel. »

Telle est l'opinion de M. Rousseau. Voyons comment il la développe.

« Les auteurs concourent à l'envi, pour l'utilité
« publique, à donner une nouvelle énergie et un
« nouveau coloris à cette passion dangereuse; et,
« depuis Molière et Corneille, on ne voit plus
« réussir au théâtre que des romans, sous le nom
« de pièces dramatiques. »

Athalie, Mérope, l'Orphelin de la Chine, Iphigénie en Tauride, ont réussi. Est-ce l'amour qui en a fait le succès? Mais passons sur ces propositions incidentes, et accordons à M. Rousseau que *Britannicus, Zaïre, Alzire, Inès,* et toutes les tragédies où règne l'amour, sont des romans, sans lui demander ce qu'il entend par des pièces dramatiques, si de tels romans n'en sont pas. Une action régulière et intéressante, où l'une des plus violentes passions de la nature tient sans cesse l'ame des spectateurs agitée entre la crainte et la pitié, sera donc ce qu'il lui plaira. Mais si l'amour y est peint comme il doit l'être, terrible et funeste dans ses excès, respectable et touchant dans ce qu'il a d'honnête, de vertueux, d'héroïque, ce tableau de l'amour sera une leçon morale, sans en excepter Zaïre qui meurt, non pas victime de l'amour, mais victime de son devoir et des fureurs de la jalousie; sans en excepter *Bérénice* qui seroit tombée, quoi qu'en dise M. Rousseau, si Titus sacrifioit l'orgueil des Romains, tout injuste qu'il nous semble, au tendre et vertueux amour que nous ressentons avec lui.

Comme le sentiment de l'amour n'est pas toujours violent et passionné, qu'il se modifie selon les caractères, que les épreuves en sont plus ou moins pénibles, suivant la situation des personnages, et les intérêts qui lui sont opposés; comme ce sentiment le plus naturel, le plus familier dans tous les états, est aussi le plus propre à développer les vices, et à mettre le ridicule en jeu, la comédie l'a pris dans la peinture de la vie commune, tantôt pour objet principal, et tantôt pour premier mobile. Voilà comment et pourquoi l'amour a été introduit sur nos deux théâtres: est-ce un bien, est-ce un mal pour les mœurs? C'est ce qui reste à examiner.

L'usage des anciens est un préjugé contre nous; mais partout et dans tous les temps le théâtre a dû suivre les constitutions nationales. Chez les Grecs, la tragédie étoit une leçon politique; chez nous, elle est une leçon de morale, et ne peut ni ne doit avoir rapport à l'administration de l'état. Il n'est donc pas étonnant que l'amour, qui n'avoit rien de commun avec le gouvernement d'Athènes, n'y fût point admis au théâtre, et que ce même sentiment, qui est d'un si grand poids dans nos mœurs, soit devenu le premier ressort de la scène tragique françoise.

Une différence non moins sensible dans les mœurs de la société, dont la comédie est le tableau, y a fait substituer des femmes libres et honnêtes aux esclaves et aux courtisanes des comiques grecs et romains. Mais comment M. Rousseau trouveroit-il les honnêtes femmes placées au théâtre? il trouve même indécent qu'elles soient admises dans la société.

« Les anciens, dit-il, avoient en général un
« très-grand respect pour les femmes; mais ils
« marquoient ce respect en s'abstenant de les ex-
« poser au jugement du public, et croyoient hono-
« rer leur modestie en se taisant sur leurs autres
« vertus. Chez nous, au contraire, la femme la
« plus estimée est celle qui fait le plus de bruit,
« qui parle le plus, qu'on voit le plus dans le
« monde, etc. »

Il me semble que M. Rousseau n'a ni compté, ni pesé les voix; et, après tout, ces parallèles vagues, ces tableaux de fantaisie, ne prouvent que l'art et le talent du peintre. Considérons les choses en elles-mêmes, et tâchons d'y saisir le vrai.

Dans tous les états où les citoyens sont admis à l'administration de la république, il est naturel que les femmes soient éloignées de la société des hommes, et reléguées dans l'obscurité. La guerre, les conseils, les négociations, le commerce, les fonctions pénibles du gouvernement, élèvent l'orgueil des hommes au-dessus des soins de la galanterie et des inquiétudes de l'amour. Comme ils ont seuls la force d'agir, ils s'attribuent à eux seuls la sagesse de délibérer; et, jaloux du droit de gouverner, ils n'y instruisent que leurs semblables.

Pour expliquer comment les femmes ont été d'abord éloignées de l'administration des états, il n'est donc pas besoin d'attribuer aux hommes un savoir et des talents qui leur soient propres; il suffit de remonter à l'institution des gouvernements. La première concurrence pour l'autorité fut décidée à coups de poing; la seconde à coups de massue; ensuite vinrent la hache et l'épée; et, dans cette manière de régler les droits, il est clair que les femmes n'avoient rien à prétendre. Or, comme dans un état républicain tout homme participe au gouvernement, ou aspire à y participer, notre sexe y conserve son ancienne prérogative.

Mais dans un pays où les citoyens, sous l'autorité d'un monarque et sous la tutèle des lois, ne tiennent à la constitution politique que par le droit de propriété, et par le tribut d'obéissance ; où personne n'influe sur l'administration de l'état, qu'autant qu'il y est appelé ; où l'homme privé ne peut rien ; où chacun vit pour soi et pour un certain nombre de ses semblables, selon ses affections plus ou moins étendues, sans autre soin que de contribuer, autant qu'il est en lui, aux douceurs de la société ; dans cet état, dis-je, il est naturel que les femmes soient admises à ce concours paisible de devoirs mutuels, pour y établir l'harmonie, pour adoucir les mœurs des hommes naturellement féroces, pour tempérer en eux cette indocilité superbe qui s'indigne du frein des lois ; en un mot pour cultiver et nourrir dans leur ame l'amour de la paix et de l'ordre, qui est la vertu de leur condition.

Il seroit mieux peut-être que chacun, avec sa compagne, vécût dans sa maison au milieu de ses enfants ; mais ces mœurs ne peuvent subsister que chez un peuple attaché au travail par le besoin. La richesse invite à l'oisiveté ; celle-ci à la dissipation : le cercle de la société s'étend, et les hommes y appellent les femmes. Mahomet, pour engager les musulmans à vivre chacun chez soi, fut obligé de leur donner un sérail, et de leur en confier la garde. Ailleurs la jalousie tient les femmes captives. Mais les mœurs en sont plus farouches, sans en être plus pures ; et il vaut encore mieux se disputer le cœur des femmes à coups d'œil qu'à coups de poignard.

Cependant les hommages que nous leur rendons nous dégradent, nous avilissent aux yeux de M. Rousseau; et c'est là surtout ce qui cause son déchaînement contre les pièces de théâtre où l'amour domine.

« L'amour est le règne des femmes, dit-il; un
« effet naturel de ces sortes de pièces est donc d'é-
« tendre l'empire du sexe. Pensez-vous, monsieur,
« demande-t-il à M. d'Alembert, que cet ordre soit
« sans inconvénient, et qu'en augmentant avec
« tant de soin l'ascendant des femmes, les hommes
« en soient mieux gouvernés? Il peut y avoir,
« poursuit-il, dans le monde quelques femmes
« dignes d'être écoutées d'un honnête homme; mais
« est-ce d'elles en général qu'il doit prendre con-
« seil; et n'y auroit-il aucun moyen d'honorer leur
« sexe sans avilir le nôtre? »

Prendre conseil d'une femme c'est avilir notre sexe! Il est donc bien établi, dans l'opinion d'un philosophe, que la supériorité nous est acquise en fait de prudence? Je le souhaite; mais j'en doute encore.

« Le plus charmant objet de la nature, le plus
« digne d'émouvoir un cœur sensible et de le por-
« ter au bien, est, je l'avoue, une femme aimable
« et vertueuse; mais cet objet céleste où se ca-
« che-t-il? »

M. Rousseau, selon ses principes, trouve si peu d'hommes de bien! Il n'est pas étonnant qu'il trouve si peu de femmes vertueuses, surtout d'après les mœurs des peuples qui vivoient il y a trois mille ans.

« Il n'y a pas de bonnes mœurs pour les femmes « hors d'une vie retirée et domestique... Rechercher les regards des hommes c'est déjà s'en laisser « corrompre, et toute femme qui se montre se « déshonore... Une femme hors de sa maison perd « son lustre; et, dépouillée de ses vrais ornements, « elle se montre avec indécence. »

Or, chez nous toutes les femmes se montrent; elles sont donc toutes déshonorées : toutes celles qui ont de la beauté sont bien aises qu'on s'en aperçoive; les voilà donc déjà corrompues : aucune d'elles ne se renferme dans l'intérieur de son domestique; il n'y a donc pas de bonnes mœurs pour elles. De là nos festins, nos promenades, nos assemblées, ainsi que le bal que M. Rousseau veut instituer à Genève, sont les rendez-vous du déshonneur, et les sources de la corruption. En un mot, toute femme qui s'expose en public est une femme sans pudeur; la perte de la pudeur entraîne celle de l'honnêteté, qui est l'ame des bonnes mœurs : nos femmes vivent en public; elles n'ont par conséquent ni pudeur, ni honnêteté, ni vertu. Le raisonnement est simple, et il n'en falloit pas davantage pour prouver qu'un spectacle qui nous dispose à les aimer est un spectacle pernicieux.

Cependant M. Rousseau ne croit pas cet argument sans réplique : il s'en fait une, mais il a soin de la choisir facile à détruire. Il suppose qu'on lui répond que la pudeur n'est rien, et il s'attache à prouver que la pudeur est inspirée aux femmes par la nature.

Je le crois : je suis persuadé que l'attaque est le rôle naturel de l'homme, et la défense celui de la femme ; et quoique la raison très-sensible qu'en donne M. Rousseau ait pu ne venir que par réflexion ; quoique la disposition habituelle des deux sexes n'engage les femmes qu'à nous attendre, sans leur faire une loi de nous résister, et que par conséquent la preuve de M. Rousseau soit insuffisante contre ceux qui veulent que la pudeur qui résiste soit une vertu factice et un devoir de convention, ce n'est pas là ce que je prétends. La pudeur naturelle interdit-elle aux femmes la société des hommes ? Voilà ce que je nie, et ce que M. Rousseau ne prouvera jamais. Il semble que pour elles, vivre avec les hommes, ou s'abandonner aux hommes, soient synonymes, et qu'à son avis il ne soit pas possible de nous résister sans nous fuir. Qu'un petit-maître le dise, à la bonne heure ; mais un philosophe peut-il le penser ? La société sans doute a multiplié les lois de la pudeur ; et, quelque capricieux que soit l'usage, le sexe doit s'y conformer :

mais dans ce qui n'est pas prescrit par la nature, la pudeur d'un pays n'est pas celle d'un autre. Chez les Grecs, l'usage défendoit aux femmes de se montrer en public. Chez nous, l'usage les y autorise.

Or celle-là est honnête et décente qui observe ce que lui prescrit la pudeur, l'honnêteté, la décence des mœurs du pays qu'elle habite. Il n'y a d'institution naturelle que le devoir de la résistance, ou plutôt l'interdiction de l'attaque : tout le reste varie suivant les lieux et les temps. Voici ce que pense un orateur chrétien de l'opinion que M. Rousseau renouvelle.

« Un ancien disoit autrefois que les hommes
« étoient nés pour l'action et pour la conduite du
« monde, et que les dieux leur avoient donné en
« partage la valeur dans les combats, la prudence
« dans les conseils, la modération dans les pros-
« pérités, et la constance dans la mauvaise fortune;
« que les dames n'étoient nées que pour le repos
« et pour la retraite; que toute leur vertu consis-
« toit à être inconnues, sans s'attirer ni blâme ni
« louange, et que celle-là étoit sans doute la plus
« vertueuse, de qui l'on avoit le moins parlé : ainsi
« il les retranchoit de la république pour les ren-
« fermer dans l'obscurité de leur famille; de toutes
« les vertus morales il ne leur accordoit qu'une
« pudeur farouche; il leur ôtoit même cette bonne
« réputation qui semble être attachée à l'honnêteté

« de leur sexe; et, les réduisant à une oisiveté
« qu'il croyoit louable, il ne leur laissoit pour toute
« gloire que celle de n'en avoir point. Il est aisé
« de reconnoître l'injustice de ce sentiment, etc. »
(Fléchier, *Oraison funèbre de madame de Montausier.*)

« Je sais, dit M. Rousseau, qu'il règne en d'au-
« tres pays des coutumes contraires à celles des
« anciens : mais voyez aussi quelles mœurs elles
« ont fait naître. Je ne voudrois pas d'autre exemple
« pour confirmer mes maximes. »

Il est facile de faire la satire de nos mœurs; et
cent exemples vicieux pris sur un million de citoyens feroient un tableau épouvantable de la ville
de l'univers la mieux policée. Mais sur l'article de
la galanterie et de l'amour, faut-il avouer ce que
je pense des mœurs les plus licencieuses de Paris?
Que M. Rousseau se rappelle ses pigeons.

« La blanche colombe va suivant pas à pas son
« bien-aimé, et prend chasse elle-même aussitôt
« qu'il se retourne. Reste-t-il dans l'inaction, de
« légers coups de bec le réveillent : s'il se retire,
« elle le poursuit : s'il se défend, un petit vol de
« six pas l'attire encore; l'innocence de la nature
« ménage les agaceries et la molle résistance, avec
« un art qu'auroit à peine la plus habile coquette. »

Eh bien, monsieur, les coquettes ont à peu près
cet art-là : vous ne voyez *dans cette image charmante* rien de bien pernicieux au monde, et un

peuple de pigeons avec ces mœurs vaut bien un peuple de vautours. Quand même à la coquetterie des colombes se mêleroit un peu d'inconstance, ce seroit encore un jeu de la nature dont vos yeux seroient égayés. C'est ce que je voulois vous faire observer en passant.

Mais revenons aux principes de l'honnêteté qui prescrit d'autres mœurs aux femmes; et, en désavouant la conduite de celles dont la colombe est l'image, voyons si vous n'êtes pas injuste d'envelopper tout le sexe dans un mépris universel.

Vous êtes indigné qu'au théâtre une femme pense et raisonne, qu'on lui donne un esprit ferme, une ame élevée, des principes et des vertus. Et si les femmes s'offensoient qu'on mît au théâtre des héros et des sages, les croiriez-vous moins fondées ? A votre avis, ces modèles sont-ils plus communs parmi nous? « Les imbéciles spectateurs vont, di- « tes-vous, apprendre d'elles ce qu'ils ont pris soin de leur dicter. » Et à qui, monsieur, n'a-t-on pas dicté sa leçon ! En naissant savions-nous la nôtre ?

« Parcourez la plupart des pièces modernes, « c'est toujours une femme qui sait tout, qui fait « tout ; la bonne est sur le théâtre, et les enfants « sont au parterre. »

Quand on met au théâtre Cornélie, Sémiramis, Élisabeth, il faut bien supposer qu'elles savoient quelque chose : ces femmes-là n'étoient pas des enfants. Quand on peint des femmes bien nées, il faut bien qu'elles aient des principes d'honnêteté, de vertu, d'humanité : la nature leur tient, je crois, le même langage qu'à nous ; le monde leur donne les mêmes connoissances ; et il est vraisemblable qu'elles l'étudient avec d'autant plus d'attention qu'elles sont moins préoccupées. L'amour règne au théâtre, il faut bien qu'elles y règnent, et qu'elles exercent sur la scène le même empire que dans la société. Est-ce un mal ? Nous le verrons. A l'égard des leçons qu'elles donnent au parterre, si ces leçons peuvent être utiles, elles n'en sont que plus goûtées ; et je ne connois que vous seul parmi les hommes qui croyez en être avili.

M. Rousseau ne peut se persuader qu'une femme soit son égale. Demandons-lui donc enfin quels sont les talents de l'esprit et les qualités du cœur dont la nature a doué l'homme à l'exclusion de la femme ; quels sont les vices qu'elle a essentiellement attachés à ce sexe, les délices du nôtre ; quels sont les piéges qu'elle nous cache sous les fleurs de la beauté.

« Les femmes en général n'aiment aucun art, ne « se connoissent à aucun. »

Cela seroit un bien petit mal : cependant si les femmes étoient naturellement privées du sentiment du beau, elles pourroient l'être du sentiment du vrai, du juste et de l'honnête ; et cette proposition jetée en l'air peut tirer à conséquence. Que M. Rousseau nous dise donc s'il a pris cette opinion dans l'étude de l'organisation physique, ou dans le commerce du monde. Les femmes ont-elles les organes moins délicats que nous, le coup d'œil ou l'oreille moins juste, le sentiment en général plus lent ou plus confus? Est-ce l'exercice et l'étude qui leur manquent? Il s'ensuit que nous avons sur elles, à cet égard, l'avantage de l'éducation; mais si M. Rousseau avoit été moins éloigné par ses principes du commerce du monde et des femmes, il en auroit vu beaucoup qui ont acquis par elles-mêmes les lumières qu'on leur envioit. Tout ce qui n'exige qu'une raison saine, un esprit droit et une sensibilité modérée, leur est donc au moins commun avec les hommes. Je le dis à propos des arts, je le dirai même par rapport aux choses les plus sérieuses de la vie; et une multitude d'hommes qui ne sont ni complaisants ni passionnés l'attesteront avec moi.

« Mais ce feu céleste qui échauffe et embrase « l'ame, ce génie qui consume et dévore, cette « brûlante éloquence, ces transports sublimes qui « portent leur ravissement jusqu'au fond des cœurs, « manqueront toujours aux écrits des femmes. »

Si cela est, elles en sont moins capables des fortes productions du génie : mais tout cela est-il essentiel au goût des arts? Tout cela est-il relatif aux mœurs de la société, qui est l'objet de notre dispute? Faut-il être un Démosthène, un Bossuet, pour être bon citoyen, bon parent, bon ami? Où sont même, parmi les hommes, les génies brûlants dont vous nous parlez? En voulez-vous former une république? Qui les gouverneroit, bon Dieu! Le monde moral seroit un magasin à poudre.

« Les écrits des femmes sont tous froids, et jolis
« comme elles. Ils auront tant d'esprit que vous
« voudrez, jamais d'ame. Ils seront cent fois plu-
« tôt sensés que passionnés : elles ne savent ni sen-
« tir ni décrire l'amour même. *La seule Sapho,*
« que je sache, *et une autre*, méritent d'être ex-
« ceptées. »

Que les écrits des femmes soient rarement passionnés, la pudeur seule peut en être la cause : que M. Rousseau et moi en ayons peu connu qui sachent décrire et sentir l'amour, c'est un malheur particulier, qui est peut-être sans conséquence. Cependant s'il arrivoit que chacun pût dire comme M. Rousseau, qu'il connoît deux femmes, Sapho et une autre, qui méritent d'être exceptées; il se trouveroit, au bout du compte, autant de femmes capables de décrire et de sentir l'amour, qu'il y auroit eu d'hommes capables de l'inspirer; et si M. Rousseau a trouvé une seconde Sapho, il ne peut, avec bienséance, disputer le même avantage à personne.

Mais supposons que le sentiment soit plus foible dans les femmes que dans les hommes; que leurs écrits, et par conséquent leurs caractères soient plus sensés que passionnés; est-ce à M. Rousseau, qui connoît si bien le danger des passions, à regarder cette froideur comme un vice? Qu'il s'accorde enfin avec lui-même, et qu'il nous dise si un naturel passionné lui semble préférable à un caractère moins susceptible de mouvements impétueux. Si la vertu s'exerce à tempérer dans les hommes cette fougue, cette véhémence de sentiment que les femmes n'ont pas, la vertu ne fait donc en eux que ce qu'a fait la nature en elles. Ce sont les passions qui troublent l'ordre : les femmes, réduites à des affections tranquilles, seroient donc le sexe le plus flexible à la règle, le plus docile aux lois de la société, et par conséquent elles seroient faites pour en être les liens.

Si donc la nature n'a pas interdit aux femmes d'être raisonnables, sensibles, honnêtes, vertueuses; si elle leur a donné une ame comme à nous, mais plus calme, plus modérée; de quel droit, sur quel rapport, d'après quel examen assurez-vous qu'elles abusent de tous ces dons, et qu'elles les tournent à leur honte? *L'homme est né bon,* dites-vous, et sous ce nom sans doute vous comprenez la femme.

« Ce sexe, hors d'état de prendre notre manière
« de vivre, trop pénible pour lui, nous force de
« prendre la sienne trop molle pour nous. »

Voilà le danger le plus sérieux que puisse avoir le commerce des hommes avec les femmes.

M. Rousseau n'entend pas qu'elles nous ôtent

les sentiments du courage et de l'honneur. « Les « femmes, dit-il, ne manquent pas de courage, « elles préfèrent l'honneur à la vie : l'inconvénient « de leur sexe est de ne pouvoir supporter les fa- « tigues de la guerre et l'intempérie des saisons. » C'est donc cette foiblesse qu'elles nous communi- quent, selon M. Rousseau. « Or, dit-il, cet incon- « vénient, qui dégrade l'homme, est très-grand « partout; mais c'est surtout dans les états comme « le nôtre (il parle de Genève) qu'il importe de le « prévenir. Qu'un monarque gouverne des hommes « ou des femmes, cela lui doit être assez égal; mais « dans une république il faut des hommes. »

Il faut des hommes à Genève : c'est-à-dire, dans son sens, des corps assez bien constitués pour ré- sister aux fatigues de la guerre et à l'intempérie des saisons. Encore une fois, M. Rousseau se croit-il à Lacédémone? n'est-il pas singulier que l'on s'é- chauffe l'imagination au point d'appliquer sérieu- sement les principes de Lycurgue à une ville industrieuse et paisible, qui ne peut être que cela? Eh! monsieur! si l'équilibre, qui fait sa sûreté, ve- noit à se rompre, pour le coup c'est bien à Genève qu'il seroit indifférent d'être peuplée d'hommes ou de femmes. Qu'une république entourée de républiques rivales et toujours prêtes à l'accabler, s'exerce sans relâche à défendre sa liberté me- nacée; qu'elle renonce à tous les arts, pour ne s'occuper que de l'art de combattre; qu'elle endurcisse, par une discipline austère, les mœurs de ses citoyens, dont elle se fait un rempart; c'est une nécessité cruelle, mais indispensable, et la férocité guerrière entre dans sa constitution. Telle fut Sparte; mais est-ce là Genève? Qu'on y joue, qu'on y danse, puisque vous le voulez, qu'on y donne des fêtes, ou des spectacles, qu'on y vive avec les femmes ou sans les femmes; pourvu que l'industrie et le négoce y soient en vigueur, et que la police y soit vigilante et sévère, les fondements de votre liberté n'en seront ni plus forts ni plus foibles. La force de Genève n'est pas dans son sein.

C'est un grand mal pour un peuple belliqueux de n'être pas aussi robuste que brave; et c'est là, nous l'avouons, le désavantage de tous les peuples qui, nourris sous un ciel doux, n'ont pas été endurcis dès l'enfance aux travaux de cet art destructeur, l'unique métier des Romains. Mais vous attribuez ici au commerce des femmes ce qui a des causes bien plus réelles. Vous ne prétendez pas sans doute que les femmes amollissent le laboureur et l'artisan, ni que le peuple de nos villes et de nos campagnes soit énervé par les délices d'une vie oisive et voluptueuse. C'est de là cependant que l'on tire nos soldats, et c'est le soldat qui succombe aux travaux d'une guerre éloignée et à l'inclémence d'un ciel étranger. Les inconvénients du luxe de nos villes n'en sont pas moins réels; mais attendez-vous des hommes qu'ils se bornent aux premiers besoins de la vie, tandis que les superfluités voluptueuses les sollicitent de toutes parts? Vous voyez que Lycurgue lui-même, pour fermer au luxe l'entrée de sa république, fut obligé d'en écarter tous les moyens de s'enrichir. Les femmes ne font rien à cela : tout le vice est dans les richesses.

Du reste, que le climat, les richesses, ou les femmes amollissent la férocité d'un peuple ardent et courageux, et lui ôtent la faculté de porter la désolation et le ravage chez les nations étrangères, en lui laissant la bravoure, la vigueur et l'activité dont il a besoin pour sa propre défense; que ce peuple invincible dans ses frontières y soit comme repoussé par la nature dès qu'il en sort les armes à la main, est-ce à un philosophe à regarder cela comme un mal? Je pardonnerois tout au plus ce langage au flatteur d'un roi conquérant.

Les femmes nous rendent femmes : c'est donc à dire, dans votre sens, qu'elles nous rendent moins passionnés, plus doux, plus sensés, plus humains? Elles ne nous inspirent pas cette éloquence brûlante qui convenoit à la tribune, mais elles nous enseignent cette éloquence persuasive et conciliatrice qui convient à la société ; et le don de gagner les cœurs est, sans comparaison, plus réel et plus infaillible que le talent de les subjuguer.

Elles affoiblissent en nous l'ardente soif du sang

et la fureur du brigandage ; mais elles nourrissent dans nos ames l'amour de l'honneur et l'émulation de la gloire. Un homme flétri par une lâcheté n'ose plus paroître à leurs yeux ; et si l'on interrogeoit les cœurs, on verroit qu'elles ne sont pas oubliées dans la harangue intérieure qu'un jeune guerrier se fait à lui-même quand il marche à l'ennemi.

A l'égard des avantages d'une sévère discipline, qu'on en fasse un devoir essentiel, qu'on y attache l'honneur militaire, que la négligence de ce devoir soit un obstacle invincible à l'avancement, et qu'on observe surtout avec une exacte équité des distinctions glorieuses pour les uns, et humiliantes pour les autres : j'ose répondre que les hommes ne seront pas retenus, ne seront pas même soufferts parmi les femmes, au moment où le devoir et l'honneur les appelleront aux drapeaux.

Voyons quel est dans la société en général le vice de leur domination ; et si l'amour, tel qu'il est peint sur le théâtre, contribue ou remédie au mal que leur commerce peut causer.

La plupart des disputes philosophiques ne sont que des disputes de mots. Nous, qui cherchons la vérité de bonne foi, commençons par nous bien entendre. Il s'agit de l'amour que M. Rousseau condamne au théâtre. Quelle est d'abord l'idée qu'il attache à ce nom d'amour? Il y a un amour physique répandu dans la nature, et qui en est l'ame et le soutien. Voici ce qu'en pense M. Rousseau.

« Si les deux sexes avoient également fait et reçu
« les avances, *le plus doux de tous les sentiments*
« *eût à peine effleuré le cœur humain, et son ob-*
« *jet eût été mal rempli.* L'obstacle apparent qui
« semble éloigner cet objet est, au fond, ce qui
« le rapproche : les désirs voilés par la honte n'en
« deviennent que plus séduisants; en les gênant,
« la pudeur les enflamme. Ses craintes, ses détours,
« ses réserves, ses timides aveux, sa tendre et
« naïve finesse, disent mieux ce qu'elle croit taire,
« que la passion ne l'eût dit sans elle. C'est elle qui
« donne du prix aux faveurs, et de la douceur aux
« refus : le véritable amour possède en effet ce
« que la pudeur lui dispute. Ce mélange de foi-
« blesse et de modestie le rend plus touchant et
« plus tendre. Moins il obtient, plus la valeur de
« ce qu'il obtient augmente; et c'est ainsi qu'il jouit
« à la fois et de ses privations et de ses plaisirs. »

Je défie tout le talent des actrices, tout le manége des coquettes, de rendre l'amour plus séduisant que ne fait ici la pudeur. Si l'amour physique
étoit un mal, la pudeur seroit donc la plus redou-
table de toutes les enchanteresses, et le mor-
ceau charmant que je viens de transcrire, la plus
pernicieuse de toutes les leçons.

Or, selon M. Rousseau, la pudeur est non seulement une vertu, mais la première vertu d'une
femme : sans la pudeur *une femme est coupable*

et dépravée. L'amour que la pudeur *enflamme*, qu'elle *rend plus touchant et plus tendre,* est donc un bien : nous voilà d'accord. Encore quelques-unes de ses maximes ; c'est m'embellir que de le citer.

« Le plus grand prix des plaisirs est dans le cœur
« qui les donne... Vouloir contenter insolemment
« ses désirs, sans l'aveu de celle qui les fait naître,
« est l'audace d'un satyre ; celle d'un homme est
« de savoir les témoigner sans déplaire, et les
« rendre intéressants ; de faire en sorte qu'on les
« partage ; d'asservir les sentiments avant d'atta-
« quer la personne. Ce n'est pas assez d'être aimé :
« les désirs partagés ne donnent pas seuls le droit
« de les satisfaire ; il faut de plus le consentement
« de la volonté : le cœur accorde en vain ce que
« la volonté refuse. L'honnête homme et l'amant
« s'en abstient même quand il pourroit l'obtenir.
« Arracher ce consentement tacite c'est user de
« toute la violence permise en amour ; le lire dans
« les yeux, le voir dans les manières malgré le refus
« de la bouche, c'est l'art de celui qui sait aimer.
« *S'il achève alors d'être heureux,* il n'est pas
« brutal, *il est honnête,* il n'outrage point la pu-
« deur, *il la respecte, il la sert ;* il lui laisse l'hon-
« neur de défendre encore ce qu'elle eût peut-être
« abandonné. »

Ovide et Quinault ne disoient pas mieux ; et le théâtre n'eut jamais de plus indulgente morale.

D'après ces principes, j'ose assurer M. Rousseau que l'amour honnête est l'amour à la mode, qu'il y a peu de satyres dans le monde, et que c'est précisément selon sa méthode qu'on y achève d'être heureux.

Mais cet amour innocent, dans l'état de simple nature, peut ne l'être pas dans la constitution actuelle des choses : il y a même des circonstances où il est puni par les lois, comme crime de séduction; il ne seroit donc pas prudent de s'en tenir à cette règle. M. Rousseau admet dans les sentimens de l'homme en société une moralité inconnue aux bêtes; et quoiqu'il fût aisé de trancher toute difficulté, en rejetant, comme lui, *l'impertinent préjugé des conditions*, et toutes les conventions de la même espèce, en donnant pour raison de ce qu'on appelle licence, *Ainsi l'a voulu la nature, c'est un crime d'étouffer sa voix;* quoiqu'il n'y ait pas de libertinage qu'on ne pût justifier en disant comme lui, *La nature a rendu les femmes craintives afin qu'elles fuient, et foibles afin qu'elles cèdent;* en un mot, quoique, pour combattre M. Rousseau, il suffit peut-être de l'opposer à lui-même, je ne profiterai pas de l'avantage que me donne le peu d'accord que je crois voir entre ses maximes. Je reconnois donc de bonne foi que les institutions naturelles doivent se plier aux règles établies entre les hommes; et que ce qui étoit bon dans les bois peut être mauvais dans nos villes. Ainsi je vais considérer l'amour dans ses relations politiques et morales, et voir en quoi le théâtre qui le favorise est nuisible à la société.

D'abord, observons dans l'amour des sentiments très-distincts, qu'il est bon de ne pas confondre. S'il n'y avoit que ce que M. Rousseau appelle modestement *les désirs du cœur,* l'amour seroit un mouvement passager et périodique, comme tous les besoins, et tel que M. Rousseau nous l'a fait remarquer lui-même dans l'homme sauvage.

Cet amour, inspiré par la nature, n'est honnête dans les mœurs de la société, qu'autant qu'il se mêle confusément, et comme à notre insu, à des sentiments plus purs et plus nobles : ces sentiments sont l'estime, la bienveillance, la douce et tendre intimité; d'où résulte la complaisance de soi-même dans un objet de prédilection auquel on attache son être. Quand l'affection est mutuelle et au même degré, c'est l'union la plus étroite, c'est le plus parfait accord qui puisse régner entre deux êtres sensibles; c'est enfin, s'il est permis de le dire, la transfusion et la coexistence de deux ames.

Cependant on abuse de tout. Examinons comment les exemples de cette union si délicieuse et si pure peuvent être pernicieux.

J'avoue d'abord que l'amour, dans la plupart des hommes, n'est que le désir naturel, sans aucune trace de moralité ; j'avoue que cet amour est plus commun dans les villes opulentes et peuplées ; j'avouerai même, si l'on veut, qu'il règne à Paris autant et plus qu'en aucun lieu du monde. Est-ce au spectacle qu'il faut l'attribuer? L'amour vertueux est, comme je l'ai dit, un sentiment composé du physique et du moral, mais dans lequel celui-ci domine. Ce mélange ne se fait dans l'ame que lentement et par degrés : l'estime, la confiance, l'amitié, ne s'inspirent pas d'un coup d'œil. Or, si des plaisirs faciles préviennent le désir naissant, s'il n'a qu'à se manifester pour être comblé sans obstacle, l'amour ne sera dans l'homme en société que ce qu'il est dans l'homme sauvage : c'est ce qui arrive partout où règnent l'opulence et le luxe; et c'est ainsi que le germe de l'amour vertueux est étouffé dans l'ame des hommes, quelquefois même avant la saison où il doit se développer. Les femmes foiblement aimées aiment foiblement à leur tour : l'exemple, le dépit, la séduction, les déterminent à imiter un amant trompeur, un époux dédaigneux ou volage; et bientôt le déréglement, de part et d'autre, devient une espèce d'émulation.

Dans une ville qui contient cent mille célibataires nubiles, qu'il y ait des spectacles, qu'il n'y en ait point, tout ce qu'on peut souhaiter et attendre c'est que la contagion du vice ne pénètre pas dans le sein des familles; c'est que les plaisirs

23.

tolérés ne dégoûtent pas des plaisirs permis; que le vice n'ait que le superflu d'une société tumultueuse et surabondante, et que l'hymen toujours respecté soit l'asile inviolable de l'innocence et de la paix. Or l'amour seul, et j'entends l'amour tel qu'il est représenté au théâtre, honnête, vertueux, fidèle, peut être le contre-poison de ce vice contagieux.

Qui n'aime aucune femme en a mille à craindre. L'homme le plus facile à égarer est celui qui, n'étant frappé vivement d'aucun objet déterminé, présente à la séduction un cœur vide. Et ce que je dis d'un sexe doit s'entendre de tous les deux. Le vice de notre siècle n'est donc pas l'amour tel qu'il est peint dans nos spectacles, mais l'amour tel que l'inspire la nature, et au-devant duquel les plaisirs vont en foule, quand le luxe les met à prix.

Le théâtre, dit-on, allume les désirs, comme s'il étoit besoin d'aller au spectacle pour être homme. Ces désirs, la nature les donne, elle sait bien les réveiller. Un peu plus, un peu moins de vivacité ou de raffinement, ne change rien à cette impulsion universelle. L'homme livré à l'instinct des bêtes chercheroit partout sa moitié; et, au défaut de la beauté, la laideur seroit adorée. L'occasion est un attrait; mais si l'occasion ne venoit pas au-devant de lui, il iroit bientôt au-devant d'elle. Ce n'est donc pas cet amour d'instinct qu'il faut éluder ou tâcher de détruire ; il s'agit de le diriger, de l'éclairer, s'il est possible ; il s'agit de lui donner cette moralité qui l'épure, qui l'ennoblit, qui l'élève au rang des vertus. L'émotion qu'on éprouve au spectacle attendrit l'ame, je l'avoue, et c'est par là qu'il la dispose à l'amour vertueux. L'amour physique n'a besoin que des sens ; l'amour vertueux a besoin de toute la sensibilité, de toute la délicatesse de l'ame. Plus l'ame est sensible, plus elle est délicate ; je dis l'ame, et l'on m'entend bien : or la délicatesse des sentiments en garantit l'honnêteté. Un caractère de cette trempe s'attache à son devoir par tous les liens qu'il lui présente : l'estime, l'amitié, la reconnoissance, le captivent ; la nature et le sang ont sur lui des droits absolus. Au lieu qu'une ame froide et légère ne tient à rien, et cède à un souffle : elle oublie la vertu qu'elle n'aime pas, pour un vice qu'elle n'aime guère, et se perd sans savoir pourquoi. Si j'ai bien étudié les mœurs de notre siècle, le vrai moyen de les corriger seroit le don de nous attendrir.

La sensibilité dirigée au bien s'attache à tout ce qui est honnête : de là vient que toutes les vertus se tiennent par la main : or le théâtre, en nous intéressant, prend soin de réunir, dans une émotion commune, tous les sentiments vertueux qui doivent se combiner ensemble. Ainsi l'amour y a pour compagnes la pudeur, la fidélité, l'innocence ; tous ces caractères analogues y sont comme fondus en un seul. C'est donc nous supposer une ame déjà bien corrompue, que de prétendre qu'elle analyse ces émotions composées, pour en extraire du poison. Voyons cependant comment cela s'opère.

« Quand il seroit vrai, dit M. Rousseau, qu'on
« ne peint au théâtre que des passions légitimes,
« s'ensuit-il de là que les impressions en sont plus
« foibles, que les effets en sont moins dange-
« reux? comme si les vives images d'une tendresse
« innocente étoient moins douces, moins sédui-
« santes, etc. »

S'il est vrai que la pudeur qui inspire si bien l'amour, et dont *les craintes, les détours, les réserves, les timides aveux, la tendre et naïve finesse, disent mieux ce qu'elle croit taire que la passion ne l'eût dit sans elle;* s'il est vrai, dis-je, que la pudeur soit une vertu, l'amour qu'elle inspire n'est donc pas un crime. En supposant que les peintures du théâtre produisent les mêmes effets, le théâtre devroit donc, ce me semble, partager les éloges que M. Rousseau donne à la pudeur.

« Les douces émotions qu'on y ressent n'ont pas
« par elles-mêmes un objet déterminé, mais elles
« en font naître le besoin. Elles ne donnent pas
« précisément de l'amour, mais elles préparent à
« en sentir; elles ne choisissent pas la personne
« qu'on doit aimer, mais elles nous forcent à faire
« ce choix. Ainsi elles ne sont innocentes ou crimi-
« nelles que par l'usage que nous en faisons, selon

« notre caractère ; et le caractère est indépendant
« de l'exemple. »

Si M. Rousseau parle du désir, il est indépendant du caractère, comme le caractère l'est de l'exemple. Dans tous les hommes, le désir tend au même but; il y arrive, et il s'éteint : c'est le période de l'amour physique. S'il parle de l'amour composé où dominent les affections morales, je nie que les émotions du théâtre n'en déterminent pas l'objet. Ce n'est pas telle ou telle personne que le théâtre nous dispose à aimer, mais une personne douée de telle ou telle qualité.

Ces qualités nous affectent plus ou moins selon notre caractère ; mais celui qui en est vivement affecté au spectacle le sera dans la société : il ne le sera de même que par des qualités semblables; et plus l'émotion du spectacle aura été vive, plus il sera indifférent pour tout ce qui ne ressemble pas au tableau dont il est frappé. Estime, respect, confiance, vif intérêt, tendre penchant, voilà ce qui lui reste de l'impression qu'il a reçue ; et le besoin d'aimer n'est ici que le désir impatient de posséder l'objet réel dont on vient d'adorer l'image. Ce désir n'est rien moins que vague, la cause en décide l'objet.

« L'amour est louable en soi, comme toutes les
« passions bien réglées ; mais les excès en sont dan-
« gereux et inévitables : si l'idée de l'innocence
« embellit quelques instants le sentiment qu'elle

« accompagne, bientôt les circonstances s'effacent
« de la mémoire, tandis que l'impression d'une pas-
« sion si douce reste au fond du cœur. »

Un peuple qui va chaque jour s'attendrir à ce spectacle doit donc être un peuple très-passionné? Écoutez ce qu'en dit M. Rousseau lui-même.

« On flatte les femmes sans les aimer; elles sont
« entourées d'agréables, mais elles n'ont plus d'a-
« mants. Ne seroient-ils pas au désespoir qu'on
« les crût amoureux d'une seule? Qu'ils ne s'en
« inquiètent pas : il faudroit avoir d'étranges idées
« de l'amour. »

Voilà donc cette foule de spectateurs qui reviennent du théâtre avec un besoin si pressant d'aimer! Voilà l'effet de ces émotions qui préparent à sentir l'amour! Voilà, dis-je, cet amour dont les excès sont inévitables!

Dans les climats où la sensibilité naturelle est plus que suffisante pour remplir l'objet de la société, il seroit dangereux sans doute de l'irriter par des émotions trop violentes; mais il est un milieu entre la langueur et l'ivresse, et nous sommes bien loin encore de cette vivacité de sentiment, qui, mutuelle entre les deux sexes, fait le charme de leur union. Voilà ce qui manque à nos mœurs, ce qu'il seroit à souhaiter que pût nous donner le théâtre; et ce n'est pas à nous de craindre que la foible illusion qu'il nous cause ne se change en égarement. On revient ému d'*Ariane*, d'*Inès* et d'*Alzire*; mais, de bonne foi, en revient-on ivre d'amour?

Quelques-uns des malheurs de la société sont les effets d'une passion aveugle; car il y a partout des caractères violents : mais si quelque chose pouvoit les contenir, quelle leçon plus frappante pour eux que le tableau des excès de l'amour, tel qu'il est peint sur la scène françoise? L'amour tendre y est séduisant, mais l'amour passionné y est terrible. L'un y cause de douces émotions, l'autre y fait frémir la nature.

Quel est donc cet amour criminel où nous conduit l'amour honnête? Je sais quelles sont les mœurs d'une jeunesse dissipée; mais de tant d'extravagances dont nous sommes témoins, y en a-t-il une entre mille dont le sentiment de l'amour soit la source? Ce n'est point le cœur qui mène à la débauche; et c'est le cœur, le cœur lui seul, qui reçoit les douces émotions d'un amour tendre et vertueux.

L'amour a deux sortes d'objets : savoir, les objets qui affectent l'ame, et les objets qui émeuvent les sens. Le théâtre peut faire l'une et l'autre impression; mais ces deux effets n'ont pas la même cause. Que Zaïre soit jouée par une actrice d'une rare beauté, sa beauté affecte les sens, mais son rôle n'affecte que l'ame. L'un tient à l'autre, me dira-t-on. Point du tout; car le rôle de Zaïre attendrit également les deux sexes. Une Zaïre moins belle toucheroit moins avec le même talent; mais cela vient d'une cause si pure, que Zaïre, moins belle, toucheroit moins les femmes elles-mêmes. Cette cause est le charme innocent de la beauté, l'intérêt naturel qu'elle inspire, l'illusion qu'ajoute une figure ravissante au rôle d'une amante adorée; enfin l'harmonie et l'accord des sentiments vertueux et tendres qu'elle exprime, avec le caractère touchant et noble de sa figure et de son action. Mais tout cela n'affecte que l'ame, je le répète; et la preuve en est qu'un sage vieillard en revient plus touché que le plus voluptueux jeune homme.

L'expression d'un rôle tendre ajoute aux charmes de la beauté; mais je tiens que de mille spectateurs il n'y en a pas un qui en soit ému comme il est dangereux de l'être. Ne nous flattons point d'avoir tant à nous craindre. Il n'est pas aussi aisé de nous enflammer qu'on le dit. Je vois même parmi la jeunesse beaucoup de fantaisie, très-peu de passion. Et quand les hommes seront capables d'un sentiment délicat et vif, ils n'auront pas à redouter la séduction de ces goûts frivoles.

Le spectacle cependant peut être dangereux comme pantomime; mais si tout ce qu'on y voit invite à l'amour physique, tout ce qu'on y entend n'inspire que l'amour moral: plus l'ame y est émue, moins les sens doivent l'être. Quelle est, de ces deux impressions, celle qui domine et qui reste ?

C'est là ce qui dépend des caractères ; mais je suis sûr qu'elles se combattent, et qu'avec les mêmes objets, le spectacle seroit plus dangereux, par exemple, si l'on ne faisoit qu'y danser. Il ne m'est pas permis d'approfondir cette question ; mais j'en dis assez pour me faire entendre. Revenons à l'amour moral.

Le plus grand de ses dangers est celui des inclinations déplacées : elles peuvent l'être, ou relativement aux convenances, ou relativement aux personnes. Sur l'article des convenances, M. Rousseau n'est pas sévère. Il reconnoît la bonté des mœurs de Nanine, « où l'honneur, la vertu, les « purs sentiments de la nature, sont préférés à « l'impertinent préjugé des conditions. » Cependant c'est là ce qui rend si dangereuse, aux yeux de la plupart des hommes, la sensibilité des jeunes gens.

L'amour ne connoît point l'inégalité des conditions ; il tend quelquefois à rapprocher des cœurs que la naissance ou que la fortune sépare. Il renverse donc le plan économique des familles, l'ordre commun de la société, l'empire de la coutume et de l'opinion.

La société exige dans les alliances certains rapports que la nature n'a point consultés. Le mariage, au lieu d'être l'accord des volontés, est devenu celui des convenances. Ce plan une fois établi, l'inclination des enfants contredit souvent les intentions des pères. Mais si dans cette position il est malheureux que le cœur de l'homme soit tendre et sensible, s'il est à craindre par conséquent que le théâtre ne contribue à le rendre tel, est-ce au théâtre, est-ce à la nature qu'un philosophe doit s'en prendre?

Je parle ici, non à M. Rousseau, mais à un père de famille jaloux de son nom, soigneux de sa postérité, sensible à l'honneur de son fils, et inquiet sur le choix que ce jeune homme feroit peut-être, si la nature ou l'habitude disposoit son cœur à l'amour.

Vous souhaitez à votre fils une ame insensible, lui dirai-je; c'est souhaiter le plus dur esclavage à sa femme et à ses enfants. Si par malheur vos vœux sont remplis, il n'aimera rien excepté lui-même; et l'amour-propre n'est jamais si fort que dans une ame où il règne seul. Grâce à vos soins, son ame endurcie ne sera capable d'aucune affection morale; mais les animaux les plus stupides ont des sens; votre fils en aura comme eux, et comme eux il en sera l'esclave.

Aimez-vous mieux, me dira ce père, aimez-vous mieux que je l'abandonne imprudemment aux vains caprices de l'amour? Non, sans doute, lui répondrai-je; mais supposons que votre fils ne soit pas naturellement pervers, qu'il soit *né bon* comme tous les hommes, son bonheur et sa vertu sont dans vos mains: plus son ame sera attendrie, plus vous la trouverez docile; et qui vous empêche de diriger sa sensibilité vers des objets qui en soient dignes?

Un tel soin, je l'avoue, exige une attention vigilante et assidue : cette attention est un devoir pénible ; on le néglige, et l'on se plaint des égarements d'un jeune cœur que l'on a livré à lui-même. Mais dans tout cela que fait le théâtre? Il supplée par la peinture des affections honnêtes, vertueuses, et par là même intéressantes, à ce qui manque à l'éducation du côté des exemples et des leçons domestiques.

Ce qui alarme le plus M. Rousseau c'est le danger des inclinations déplacées relativement à la personne. « Qu'un jeune homme n'ait vu le monde « que sur la scène, le premier moyen qui s'offre à « lui pour aller à la vertu est de chercher une « maîtressse qui l'y conduise, espérant bien trou- « ver une Constance ou une Cénie tout au moins. »

Je veux que ce jeune homme n'ait vu au théâtre que des Constances, des Cénies, qu'il n'y ait vu peindre l'amour qu'intéressant et vertueux : l'ame pleine de ces idées, il cherchera, dites-vous, une Cénie, une Constance ; mais est-ce dans la société des femmes perdues qu'il ira la chercher? Le supposez-vous assez insensé? Ne faut-il pas s'abstenir aussi d'exposer sur le théâtre l'amitié pure et sainte, de peur que quelque jeune homme, épris de ses charmes, ne la cherche parmi des fripons? La jeunesse facile et crédule donne souvent dans le piége d'un faux amour, comme dans celui d'une fausse amitié; mais est-ce pour avoir appris au spectacle à discerner le véritable? Comment s'y prendroit M. Rousseau lui-même pour éclairer un jeune homme dans le choix d'un objet digne d'être aimé? Vous reconnoîtrez, lui diroit-il, une femme honnête à ses principes, à ses sentiments, au caractère de son amour. Si elle est plus occupée que vous-même de vos devoirs et de votre gloire, de vos talents et de vos vertus; si elle prend soin d'embellir votre ame, et de vous rendre plus cher à ses yeux, en vous rendant plus estimable; voilà l'objet qui doit vous attacher. C'est la leçon qu'il lui donneroit, et cette leçon est celle du théâtre. Il ajouteroit à ce tableau le contraste d'une femme impérieuse et vaine, qui veut que tout cède à ses caprices, que tout soit sacrifié à sa fantaisie et à ses plaisirs; qui ne connoît dans son amant de devoir, de soin, d'intérêt que celui de lui plaire; qui se fait un jeu de sa ruine, un amusement de ses folies, un triomphe de ses égarements. Voilà, diroit-il, ce que vous devez craindre; et le théâtre l'a dit mille fois. Il seroit bon sans doute de mettre en action ces préceptes; il seroit bon de représenter sur la scène l'enfant prodigue au milieu des malheureuses qui l'ont égaré, ruiné, chassé, méconnu; mais, par malheur, la décence s'y oppose. Il s'ensuit que la scène françoise n'est pas à cet égard aussi morale qu'elle peut l'être : mais on y dit ce que l'on n'ose y peindre; et si les impressions n'en sont pas assez vives, si elles frappent l'oreille sans toucher le cœur, ce n'est pas la faute du théâtre.

« Zaïre meurt et l'on ne laisse pas de souhaiter « de rencontrer une Zaïre. » Je le crois bien : aussi n'est-ce pas la crainte d'aimer une Zaïre, mais la crainte de l'immoler dans les accès d'une jalousie aveugle et forcenée, que ce spectacle doit inspirer.

On s'intéresse à l'amour de Titus pour Bérénice, quoiqu'il soit opposé à son devoir. Pourquoi? parce que ce devoir n'en est pas un dans nos mœurs, et que le cœur doit prendre parti pour un sentiment naturel contre une opinion nationale. Que le Cid sacrifiât son père à Chimène; qu'Horace abandonnât la cause de Rome pour complaire à Sabine: je demande à M. Rousseau s'il croit que l'intérêt de l'amour l'emportât dans nos cœurs sur l'intérêt sacré de la nature ou de la patrie? Qui de nous, dans l'ame, est complice de la trahison du fils de Brutus? Mais qu'il plaise aux Romains de faire un crime à leur empereur d'épouser une reine; cet orgueil nous irrite, loin de nous toucher. Nous applaudissons dans Titus l'effort généreux qu'il fait sur lui-même; mais son respect pour une loi superbe ne se communique point à nous, et les charmes naturels de la beauté et de la vertu conservent tous leurs droits sur nos ames. M. Rousseau a donc raison de dire qu'aucun des spectateurs n'est Romain dans ce moment ; mais aucun ne pardonneroit à Titus de cesser de l'être. C'est par principe qu'on l'admire ; c'est par sentiment qu'on le plaint.

« L'amour séduit, ou ce n'est pas lui. » Qu'est-ce à dire, l'amour séduit ? Il intéresse, il attache ? oui, sans doute. Il nous fait tomber dans les piéges du crime au moment qu'il suit lui-même le chemin de la vertu ? C'est ce que je ne puis concevoir.

« Les circonstances qui le rendent vertueux au
« théâtre, s'effacent, dit M. Rousseau, de la mé-
« moire des spectateurs. » Ainsi quand, les yeux mouillés de larmes, je viens de voir Zaïre ou Bérénice, j'oublie qu'elles étoient vertueuses, qu'elles ont sacrifié le sentiment le plus cher de leur ame, l'une à la religion de ses pères, l'autre à la gloire de son amant ? Quand je viens d'entendre et d'admirer Lise, Constance ou Cénie, j'oublie la cause, la seule cause de l'intérêt vif et tendre dont je suis encore tout ému ? Voilà une façon de sentir dont je n'avois pas même l'idée. Il me semble au contraire que le souvenir des circonstances qui ont excité l'émotion survit long-temps à l'émotion elle-même ; et ce n'est que par ces images que les peines et les plaisirs passés nous sont encore présents. Comment donc M. Rousseau a-t-il prétendu que l'amour reste, et que l'objet s'efface ? Feroit-il consister l'impression de l'amour au spectacle dans

l'émotion physique des sens? Si telle est son idée, j'ose lui répondre qu'aucune des pièces où l'amour est peint vertueux ne produit cet effet ni ne peut le produire. Je dis plus : un seul trait qui dans une pièce décente réveilleroit une idée obscène indisposeroit tous les esprits. S'il n'y a donc que l'émotion pure de l'ame sans aucun mélange de vice, quel est le caractère dépravé qui change en affection criminelle le sentiment que viennent d'exciter en lui la bonté, la candeur, l'innocence, la vertu même ? Que M. Rousseau compose lui-même ce caractère détestable ; je ne lui oppose point ce principe que *tout homme est né bon* ; je veux qu'il y en ait de naturellement pervers, et je suppose un tel homme au spectacle. Ou la peinture d'un amour vertueux le touchera, et pour un moment il sera moins méchant ; ou il n'en sera point ému, et le spectacle dès-lors ne sera pour lui qu'insipide. Il en revient, me direz-vous, avec l'ardeur du désir dans les sens, et il va l'apaiser par un crime. Cela peut être ; mais ce que le théâtre a fait, le spectacle le plus innocent l'eût fait de même. Pensez qu'il s'agit d'un homme perdu : tout est poison pour une telle ame. Mais supposons ce qui est plus commun, c'est-à-dire un homme qui ne se livre à l'amour vicieux que parce qu'il y suppose un charme et des plaisirs qui manquent à l'amour honnête : pour celui-ci, plus la peinture de l'amour honnête sera touchante, plus le contre-poids du vice aura de force, et moins par conséquent le vice lui-même aura d'attraits. Prenez un jeune débauché au dénouement de *l'Enfant prodigue* ; s'il est attendri, s'il a versé des larmes, il est vertueux, au moins dans ce moment. Il a partagé les regrets, la honte, les remords de son semblable ; il a goûté avec lui le plaisir de détester aux pieds d'une femme honnête, sensible et généreuse, le crime de l'avoir trahie. Il a pleuré ses égarements, son cœur s'est dilaté au moment du pardon, il a baisé, avec Euphémon, la main de sa vertueuse amante : voilà donc les circonstances que vous prétendez qu'il oublie, pour ne conserver que l'impression.... de quoi ? D'un amour sans objet, sans motif, sans caractère, et qui, dans son ame, va se changer en vice ? Je me perds dans cette analyse étrange du cœur humain.

« Il faudroit apprendre aux jeunes gens à se dé-
« fier des illusions de l'amour, et à fuir l'erreur
« d'un penchant aveugle, qui croit toujours se
« fonder sur l'estime. »

J'ai dit comment le théâtre répond à ces vues ; mais, dans les principes de M. Rousseau, rien n'est plus rare qu'une femme aimable et vertueuse : tout ce qui nous dispose à aimer les femmes nous entraîne au vice. C'est ainsi qu'il doit raisonner. Pour moi qui, dans les familles, n'ai guère vu que des filles bien nées, et les grâces de l'innocence unies à celles de la jeunesse, je crois que c'est remplir l'intention de la nature et celle de la société, que d'attirer sur ces chastes objets les vœux innocents des hommes de leur état et de leur âge : je crois que leur inspirer une estime, une confiance mutuelle, c'est les disposer à se rendre heureux : je crois, en un mot, qu'attendrir un sexe pour l'autre, c'est tirer l'homme de la classe des bêtes, et cacher la honte de l'amour physique sous l'honnêteté de l'amour moral.

L'amour a ses dangers, sans doute ; mais quelle passion n'a pas les siens ? Il s'agit de le régler, c'est-à-dire de l'éclairer sur son objet et de lui tracer des limites. L'homme a ses désirs, la nature les lui donne ; il faut qu'il les fixe, ou qu'il les répande. Entre l'amour et la débauche, il n'y a que la sagesse stoïque, ou l'insensible froideur. Voyez si vous prétendez faire de tous les hommes des stoïciens, ou des automates. A moins de métamorphoser ainsi la nature, il me semble que le lien le plus doux, le plus vertueux qui puisse rapprocher, unir, enchaîner les deux sexes, c'est le nœud intime d'une affection mutuelle, et que le plus grand bien qu'on puisse opérer dans les mœurs d'un peuple inconstant et volage, c'est de l'attendrir, de le disposer à l'amour, en l'accoutumant à mépriser ce qu'un tel sentiment a de vicieux, à craindre ce qu'il a de funeste, à chérir ce qu'il a d'intéressant, de respectable et de sacré.

Il n'est point d'armes que M. Rousseau n'emploie, et qu'il ne manie avec beaucoup d'art, pour attaquer les mœurs du théâtre. L'amour honnête qu'on y respire réunit toutes les affections de l'ame sur un seul objet. Or, « le plus
« méchant des hommes est celui qui s'isole le plus,
« qui concentre le plus son cœur en lui-même.
« Le meilleur est celui qui partage également ses
« affections à tous ses semblables. Il vaut beau-
« coup mieux aimer une maîtresse que de s'aimer
« seul au monde. Mais quiconque aime tendre-
« ment ses parents, ses amis, sa patrie et le genre
« humain, se dégrade par un attachement désor-
« donné qui nuit bientôt à tous les autres, et leur
« est infailliblement préféré. »

Je nie que le plus méchant des hommes soit celui qui s'isole le plus. Cet homme-là ne fait que s'anéantir pour la société. Or, le néant n'est pas ce qu'il a de pire. Il est évident que Cartouche étoit plus méchant que Timon. Du reste il n'y a que l'amour effréné qui détache l'ame de ses devoirs, et qui en rompe les liens : tout sentiment vif les relâche; l'amitié, le sang et l'amour rompent l'équilibre des intérêts qui meuvent l'ame; mais cet équilibre est une chimère. Lycurgue, pour rendre toutes les affections communes, a été obligé de rendre tous les biens communs jusqu'aux enfants, et de former son nœud politique des débris de tous les nœuds domestiques et personnels. Avec l'argument de M. Rousseau, je prouverai qu'une Mérope est un personnage vicieux, et aucune mère ne voudra m'en croire.

L'amour passionné, c'est-à-dire aveugle et sans frein, est un des plus grands maux dont le cœur de l'homme soit menacé; aussi, dans la peinture qu'on en fait sur la scène, n'inspire-t-il jamais la pitié sans l'effroi : voyez Hermione, Rhadamiste, Orosmane, etc. Mais ce n'est point cette fureur cruelle, forcenée, atroce, dont vous craignez pour nos ames foibles les exemples contagieux. Vous redoutez pour nous ces spectacles tranquilles, où l'on répand de douces larmes, où la vertu gémit avec l'amour, où la volupté même est décente. Cénie, Mélanide, l'Oracle, c'est là, dites-vous, qu'on respire le poison d'un amour dont les excès sont inévitables. Ces mêmes ames que vous trouvez si froides, quand l'humanité, la pitié les frappe, deviennent donc tout à coup bien sensibles aux impressions de l'amour! Que dis-je? l'amour même ne les touche donc qu'au spectacle ; car ne dites-vous pas que le monde ne le connoît plus? J'ai beau vouloir vous concilier avec vous-même, il n'y a pas moyen; votre opinion est un Protée, et je ne suis pas un Ulysse. Je conclus donc, sans plus de discussion, que l'amour, tel que peuvent l'inspirer ces spectacles attendrissants, n'est rien moins qu'une frénésie, rien moins qu'un mouvement stupide; qu'il est assez vif pour rapprocher les ames, et qu'il ne l'est point assez pour enivrer les sens; qu'il favorise le penchant de la nature, sans rompre la digue des bienséances, ni changer la direction du devoir et la vertu. Bannissez donc l'amour de Genève, comme les spectacles; souhaitez qu'il ne pénètre point dans les retraites de ces Montagnons fortunés, chez qui vous priez Dieu *qu'on ne mette point de lanternes;* mais laissez-nous désirer qu'à Paris le sentiment le plus doux de la nature prenne la place de la coquetterie et du libertinage. Les spectacles y sont utiles, non *pour perfectionner le goût, quand l'honnêteté est perdue,* mais pour encourager l'honnêteté même par des exemples vertueux et publiquement applaudis; non *pour couvrir d'un vernis de procédés la laideur du vice,* mais pour faire sentir la honte et la bassesse du vice, et développer dans les ames le germe naturel des vertus; non *pour empêcher que les mauvaises mœurs ne dégénèrent en brigandage,* mais pour y répandre et perpétuer les bonnes, par la communication progressive des saines idées, et l'impression habituelle des sentiments vertueux; en un mot pour cultiver et nourrir le goût du vrai, de l'honnête et du beau moral, qui, quoi qu'on en dise, est encore en vénération parmi nous.

Après avoir peint le théâtre comme l'école la plus pernicieuse du vice, on doit bien s'attendre que M. Rousseau n'épargnera pas les mœurs des comédiens. Je n'examine point le fait; la satire m'est odieuse. Je parle de ce qui peut être, sans m'attacher à ce qui est; et je considère la profession en faisant abstraction des personnes.

Selon M. Rousseau, « dans une grande ville, « la pudeur est ignoble et basse; c'est la seule « chose dont une femme bien élevée auroit honte. « Une femme qui paroît en public est une femme « déshonorée; » à plus forte raison, une femme qui, par état, se donne en spectacle : il n'y a rien de plus conséquent. Leur manière de se vêtir n'échappe point à la censure. Si on lui dit que les femmes sauvages n'ont point de pudeur, car elles vont nues, il répond que « les nôtres en ont en- « core moins, car elles s'habillent. » Si une Chinoise ne laisse voir que le bout de son pied, c'est ce bout de pied qui enflamme les désirs. Si parmi nous la mode est moins sévère, les charmes qu'elle laisse apercevoir sont une amorce dangereuse. Ainsi une femme ne peut, sans crime, ni se voiler, ni se dévoiler. Si faut-il bien cependant qu'elle soit vêtue de quelque manière; et, à vrai dire, il n'en est point que l'habitude ne rende décente. Or, les actrices sont mises à peu près comme on l'est dans le monde : elles se montrent avec cette bonne grâce que M. Rousseau permet aux filles de Genève d'avoir au bal; et dans tout cela il n'y a rien que d'honnête.

M. Rousseau demande « comment un état, dont

« l'unique objet est de se montrer en public, et, « qui pis est, de se montrer pour de l'argent, con- « viendroit à d'honnêtes femmes. » Je ne réponds point au premier article : j'ai fait voir que dans tout ce qui n'est pas d'institution naturelle, les bienséances dépendent de l'opinion. Dans la Grèce, une honnête femme ne se montroit point en public; parmi nous, elle y paroît avec décence; un état qui l'y oblige peut donc être un état décent. Quant à la circonstance du salaire dont M. Rousseau fait aux comédiens un reproche plus humiliant, a-t-il oublié que rien n'est plus honnête que de gagner sa vie ? et ne fait-il pas gloire lui-même de se procurer, par son travail, de quoi n'être à charge à personne ? Que l'on joue le rôle de Burrhus, du Misanthrope, de Zaïre, ou que l'on donne un concert pour de l'argent, tout cela est égal, si de part et d'autre les plaisirs que l'on procure à qui les paie n'ont rien que d'honnête : or, c'étoit là seulement ce qu'il falloit considérer, sans s'attacher à une circonstance qui ne fait rien du tout à la chose : car, si le spectacle étoit pernicieux, il y auroit encore plus de honte à être acteur gratuitement, qu'à l'être pour gagner sa vie. Qui d'ailleurs assure M. Rousseau que l'argent soit le principal objet d'un Baron, d'une Lecouvreur, et de celui qui, comme eux, aspire à se rendre célèbre ?

Sans doute les talents et le génie ont un objet

plus noble que le salaire du travail. Mais, comme il faut vivre pour se rendre immortel, la première récompense du comédien, comme du poète, du peintre, du statuaire, etc., doit être la subsistance, dont l'argent est le moyen; car on ne peut pas en même temps faire Cinna et labourer la terre.

« Il est difficile que celle qui se met à prix en « représentation ne s'y mette bientôt en per- « sonne. » Un si excellent écrivain peut-il vouloir faire passer en preuve d'une imputation flétrissante, un tour d'expression qui n'est qu'un jeu de mots? L'actrice qui joue Émilie ou Colette est-elle plus *vendue à l'or des spectateurs,* que ne l'étoient Corneille et M. Rousseau lui-même? s'il me répond qu'elle leur vend sa présence, son action, sa voix et le talent qu'elle a d'exprimer tout ce qu'elle imite; je dirai que Corneille et M. Rousseau ont vendu avant elle leur imagination, leur ame, leurs veilles, et le don de feindre, qui leur est commun avec elle. C'est principalement ce don de feindre et d'en imposer, que M. Rousseau trouve déshonorant dans la profession de comédien. « Qu'est-ce que le talent du comédien? l'art de « se contrefaire.... de dire autre chose que ce « qu'on pense, aussi naturellement que si on le « pensoit réellement, d'oublier enfin sa propre « place, à force de prendre celle d'autrui. » Et, à votre avis, monsieur, qu'est-ce que l'art du peintre, du musicien, et surtout du poète? Auriez-vous jamais fait les rôles de Colin et de Colette, si vous ne vous étiez pas déplacé? M. de Voltaire, que vous n'accuserez pas d'exercer un métier infâme, étoit-il semblable à lui-même en écrivant ses tragédies? L'art de faire illusion est-il plus de l'essence du comédien, que de l'essence du poète, du musicien, du peintre, etc.? Celui qui trouva le Dominiquin travaillant avec un air atroce au tableau de saint André, le soupçonna-t-il d'être complice du soldat qu'il peignoit alors insultant le saint martyr?

En vérité, plus j'y pense, moins je conçois que vous ayez écrit sérieusement tout ce que je viens de lire. Cependant de cette déclamation si étrange et si peu fondée vous tirez des inductions cruelles. Que vous demandiez si ces hommes si bien parés, si bien exercés au ton de la galanterie et aux accents de la passion, n'abuseront jamais de cet art pour séduire de jeunes personnes; votre crainte peut être fondée, et je sens qu'un bon comédien doit savoir mieux que personne l'art *de témoigner ses désirs sans déplaire, et de les rendre intéressants.* Cet art est honnête selon vos principes; mais, comme je ne vous prends pas au mot, j'avoue qu'un bon comédien sans mœurs est plus dangereux qu'un autre homme; mais vous allez encore plus loin. « Ces valets filous, si subtils de la lan-
« gue et de la main sur la scène, dans les be-

« soins d'un métier plus dispendieux que lucratif,
« n'auront-ils jamais de distraction utile ? ne pren-
« dront-ils jamais la bourse d'un fils prodigue,
« ou d'un père avare, pour celle de Léandre ou
« d'Argan ? »

Que ne demandez-vous de même si celui qui joue Narcisse ne sera pas un empoisonneur au besoin ? Je passe rapidement sur ce trait, qui vous est échappé sans doute : je n'ai pas le courage d'en plaisanter; et si je le relevois sérieusement, je tomberois peut-être moi-même dans l'excès que je vous reproche : je m'en tiens donc à notre objet.

L'auteur qui compose, et l'acteur qui représente, se frappent l'imagination du tableau qu'ils ont à nous peindre. Racine crayonnoit de la même main le caractère divin de Burrhus, et le caractère infernal de Narcisse. Milton est sublime dans les blasphèmes de Satan et dans l'adoration de nos premiers pères. L'ame de Corneille s'élevoit jusqu'à l'héroïsme pour faire parler Cornélie et César, après s'être abaissée jusqu'aux sentiments de la plus lâche trahison pour faire parler Achillas et Septime. Il en est de l'acteur comme du poète, avec cette différence que celui-ci a besoin de se transformer tout entier; et que son ame doit être, s'il est permis de le dire, centralement affectée des passions qu'il veut rendre, puisque c'est lui qui les enfante; au lieu que l'acteur, inspiré par le poète, n'en est que le copiste, et n'a besoin pour le rendre, que d'une émotion plus superficielle, qui influe encore moins par conséquent sur son caractère habituel.

L'ame prend, à la longue, une teinture des affections vertueuses dont elle se pénètre : l'intérêt qu'elles lui inspirent leur sert comme de mordant. Mais les sentiments qu'on exprime avec horreur, le rôle qu'on méprise au moment qu'on le joue, et qu'on voit en butte au mépris ; ce rôle, dis-je, n'a rien de séduisant, rien de contagieux, ni pour le poète qui le feint, ni pour l'acteur qui s'exerce à le rendre.

Toutefois je sens comme vous qu'un comédien vertueux, une comédienne sage et honnête, sera une espèce de prodige, quand vous les réduirez l'un et l'autre à l'amour pur de la vertu, et à la privation désintéressée de tous les plaisirs qui les sollicitent.

Le crime a trois sortes de frein : les lois, l'honneur, la religion. Le vice n'a que la religion et l'honneur. D'un côté l'on excommunie les comédiens, de l'autre on veut les rendre infâmes ; je demande par quel effort généreux ils se priveroient des plaisirs tolérés par les lois et permis par la nature. S'ils ont des mœurs, ce ne peut être qu'en s'élevant au-dessus des autres hommes par une droiture et une force d'ame qui les rassure et qui les console. Ils ne sont pas vertueux au même prix que nous. Voulez-vous juger quelle est l'influence de cette profession sur les mœurs, commencez par lui rendre les deux plus grands freins du vice, les deux plus fermes appuis de la foiblesse et de l'innocence : la religion et l'honneur. Ne les privez de rien, ne les dispensez de rien; laissez à leurs penchants les mêmes contre-poids qu'aux nôtres; et alors s'ils sont constamment plus vicieux que nous, c'est à leur état qu'on a droit de s'en prendre.

M. Rousseau prend la chose à rebours ; et de la honte attachée à l'état de comédien, il veut tirer une preuve contre les mœurs de cet état, et contre celles des spectacles. A Rome les comédiens étoient des esclaves [1]; la condition d'esclave étoit infâme, et par conséquent celle de comédien; M. Rousseau en conclut qu'elle doit l'être partout. Dans la Grèce, les comédiens étoient des hommes libres, et leur état n'avoit rien de honteux; M. Rousseau nous répond qu'ils représentoient les actions des héros, que ces grands spectacles étoient donnés sous le ciel, sur des théâtres magnifiques et devant toute la Grèce assemblée. Il nous dispensera, je l'espère, de prendre tout cela pour des raisons, et, s'il veut bien se souvenir que ces comédiens représentoient familièrement des héros incestueux ou parricides, qu'ils jouoient et calomnioient So-

---

[1] Voyez les *Mémoires de l'Académie des Inscriptions et Belles Lettres*, tome XVII, page 210.

crate ; il avouera que si jamais l'état de comédien a dû être déshonorant, c'est sur le théâtre d'Athènes.

Dans les premiers établissements des nôtres, l'indécence et l'obscénité des spectacles ont dû attirer sur la profession de comédien les censures de l'Église et le mépris des honnêtes gens. Les mœurs de la scène ont changé ; et si M. Rousseau n'a point trouvé que le spectacle est pernicieux, tel qu'il est, ou tel qu'il peut être, il n'a point droit de conclure que le métier de comédien soit en lui-même un état honteux. Or, si cet état peut être honnête, il est de l'équité, de l'humanité, de l'intérêt des mœurs de l'y encourager. Je le répète, l'honneur et la religion sont les appuis de l'innocence, les freins du vice, les mobiles de la vertu et les contre-poids des passions humaines : priver l'homme de ces secours, c'est l'abandonner à lui-même. Heureusement les comédiens ne prennent pas tous à la lettre cet abandon désespérant: autorisés, protégés, récompensés par l'état, accueillis, considérés même dans la société la plus décente, lorsqu'ils y apportent de bonnes mœurs, ils savent que si nos sages magistrats n'ont pas cru devoir encore céder au vœu de la nation et aux motifs puissants qui sollicitent en faveur du théâtre, c'est par des raisons très-supérieures aux préjugés de la barbarie. Ils savent que ces raisons politiques n'ont rien de relatif à leur conduite personnelle, et par conséquent rien de déshonorant pour eux ; aussi n'ont-ils pas perdu le courage d'être chrétiens et honnêtes gens. M. Rousseau n'a connu particulièrement qu'un seul comédien, et il avoue que son amitié ne peut qu'honorer un honnête homme.

A l'égard des tentations auxquelles une actrice est exposée, il en est qui, dans la situation actuelle des choses, me semblent comme inévitables. On ne doit pas s'attendre à voir des mœurs pures au théâtre, tant que le fruit du travail et du talent ne pourra suffire aux dépenses attachées à cette profession. Mais que, tout compensé, il reste à une actrice qui pense bien de quoi vivre modestement et honnêtement dans sa maison, où ses études continuelles l'attachent, qu'elle puisse d'ailleurs prétendre, dans son état, à tous les avantages que l'estime publique attribue à la vertu; il y a d'autant mieux à présumer de sa conduite et de ses mœurs, que les principes et les sentiments dont elle est habituellement affectée lui éclairent l'esprit et lui élèvent l'ame.

J'en ai dit assez, j'en ai trop dit peut-être, et encore n'ai-je pas relevé tous les traits qui, dans cet ouvrage, mériteroient d'être discutés. Si je me livrois à toutes les réflexions que M. Rousseau me présente, je ferois un livre plus long que le sien, mais infiniment moins curieux, moins éloquent, moins intéressant de toute manière. Mon dessein n'a été ni de lui nuire, ni de briller à ses dépens; mais de réduire au point de la vérité l'opinion de ses lecteurs sur l'article des spectacles. Je puis avoir raison contre lui, sans préjudice pour sa vertu que je respecte, ni pour ses talents que j'admire; et, s'il m'est échappé quelque trait qui fasse douter de ces sentiments, je le désavoue et le condamne. Du reste, il est à souhaiter pour lui-même que j'aie raison contre lui. « Les farces, dit-il, les « plus grossières, sont moins dangereuses pour une « jeune fille, que la comédie de l'Oracle. » Quels reproches ne se fait-il donc pas d'avoir composé en vers et en musique cette scène si naïve et si touchante, que toutes les jeunes filles savent par cœur!

Tant qu'à mon Colin j'ai su plaire.

« Le théâtre françois est, dit-il encore, la plus « pernicieuse école du vice.... J'aime la comédie « à la passion... Racine me charme; et je n'ai ja- « mais manqué volontairement une représentation « de Molière. »

Il est, comme on voit, selon ses principes, dans le cas d'un homme qui auroit assisté journellement et avec délices à un festin où il auroit su que l'on versoit du poison aux convives.

J'aurai donc rendu à M. Rousseau un service bien essentiel, si j'ai pu lui persuader que ces idées affligeantes, qu'il a prises pour la vérité, n'en étoient que de vains fantômes, et que le mal auquel il croit avoir contribué par ses écrits et par ses exemples, est un bien pour l'humanité.

FIN DE L'APOLOGIE DU THÉATRE.

DU GOUVERNEMENT
DE GENÈVE.

L'article Genève de l'Encyclopédie ayant été l'occasion de la lettre de Rousseau à l'auteur, des réflexions de d'Alembert et de Marmontel, nous croyons devoir remettre cet article sous les yeux du lecteur, ainsi que la déclaration des pasteurs de Genève accusés de socinianisme par d'Alembert.

La ville de Genève est située sur deux collines à l'endroit où finit le lac qui porte aujourd'hui son nom, et qu'on appeloit autrefois lac Leman. La situation en est très-agréable; on voit d'un côté le lac, de l'autre le Rhône, aux environs une campagne riante, des coteaux couverts de maisons de campagne le long du lac, et à quelques lieues les sommets toujours glacés des Alpes, qui paroissent des montagnes d'argent lorsqu'ils sont éclairés par le soleil dans les beaux jours. Le port de Genève sur le lac avec des jetées, ses barques, ses marchés, et sa position entre la France, l'Italie et l'Allemagne, la rendent industrieuse, riche et commerçante. Elle a plusieurs beaux édifices et des promenades agréables; les rues sont éclairées la nuit, et on a construit sur le Rhône une machine à pompes fort simple, qui fournit de l'eau jusqu'aux quartiers les plus élevés, à cent pieds de haut. Le lac est d'environ dix-huit lieues de long, et de quatre à cinq dans sa plus grande largeur. C'est une espèce de petite mer qui a ses tempêtes, et qui produit d'autres phénomènes curieux.

Jules César parle de Genève comme d'une ville des Allobroges, alors province romaine; il y vint pour s'opposer au passage des Helvétiens, qu'on a depuis appelés Suisses. Dès que le christianisme fut introduit dans cette ville, elle devint un siége épiscopal, suffragant de Vienne. Au commencement du cinquième siècle, l'empereur Honorius la céda aux Bourguignons, qui en furent dépossédés en 534 par les rois francs. Lorsque Charlemagne, sur la fin du neuvième siècle, alla combattre les rois des Lombards, et délivrer le pape, qui l'en récompensa bien par la couronne impériale, ce prince passa à Genève, et en fit le rendez-vous général de son armée. Cette ville fut ensuite annexée par héritage à l'empire germanique, et Conrad y vint prendre la couronne impériale en 1034. Mais les empereurs ses successeurs, occupés d'affaires très-importantes, que leur suscitèrent les papes pendant plus de trois cents ans, ayant négligé d'avoir les yeux sur cette ville, elle secoua insensiblement le joug, et devint une ville impériale, qui eut son évêque pour prince, ou plutôt pour seigneur; car l'autorité de l'évêque étoit tempérée par celle des citoyens. Les armoiries qu'elle prit dès-lors exprimoient cette constitution mixte : c'étoit une aigle impériale d'un côté, et de l'autre une clef représentant le pouvoir de l'Église, avec cette devise, *Post tenebras lux.* La ville de Genève a conservé ces armes après avoir renoncé à l'Église romaine; elle n'a plus de commun avec la papauté que les clefs qu'elle porte dans son écusson; il est même assez singulier qu'elle les ait conservées après avoir brisé avec une espèce de superstition tous les liens qui pouvoient l'attacher à Rome; elle a pensé apparemment que la devise, *Post tenebras lux,* qui exprime parfaitement, à ce qu'elle croit, son état actuel par rapport à la religion, lui permettoit de ne rien changer au reste de ses armoiries.

Les ducs de Savoie, voisins de Genève, appuyés quelquefois par les évêques, firent insensiblement et à différentes reprises des efforts pour établir leur autorité dans cette ville; mais elle y résista avec courage, soutenue de l'alliance de Fribourg et de celle de Berne. Ce fut alors, c'est-à-dire vers 1526, que le conseil des deux-cents fut établi. Les opinions de Luther et de Zuingle commençoient à s'introduire; Berne les avoit adoptées; Genève les goûtoit; elle les admit enfin en 1535; la papauté fut abolie; et l'évêque qui prend toujours le titre d'évêque de Genève, sans y avoir plus de jurisdiction que l'évêque de Babylone n'en a dans son diocèse, est résidant à Annecy depuis ce temps-là.

On voit encore entre les deux portes de l'Hôtelde-Ville de Genève, une inscription latine en mémoire de l'abolition de la religion catholique. Le pape y est appelé l'antechrist : cette expression, que le fanatisme de la liberté et de la nouveauté s'est permise dans un siècle encore à demi barbare, nous paroît peu digne aujourd'hui d'une ville aussi philosophe. Nous osons l'inviter à substituer à ce monument injurieux et grossier une inscription plus vraie, plus noble et plus simple. Pour les catholiques, le pape est le chef de la véritable église; pour les protestants sages et modérés, c'est un souverain qu'ils respectent comme prince sans lui obéir : mais, dans un siècle tel que le nôtre, il n'est plus l'antechrist pour personne.

Genève, pour défendre sa liberté contre les entreprises des ducs de Savoie et de ses évêques, se fortifia encore de l'alliance de Zurich, et surtout de celle de la France. Ce fut avec ces secours qu'elle résista aux armes de Charles Emmanuel et aux trésors de Philippe II, prince dont l'ambition, le despotisme, la cruauté et la superstition, assurent à sa mémoire l'exécration de la postérité. Henri IV, qui avoit secouru Genève de trois cents soldats, eut bientôt après besoin lui-même de ses secours; elle ne lui fut pas inutile dans le temps de la ligue et dans d'autres occasions : de là sont venus les priviléges dont les Génevois jouissent en France comme les Suisses.

Ces peuples voulant donner de la célébrité à leur

ville y appelèrent Calvin, qui jouissoit avec justice d'une grande réputation; homme de lettres du premier ordre, écrivant en latin aussi bien qu'on le peut faire dans une langue morte, et en françois avec une pureté singulière pour son temps : cette pureté que nos habiles grammairiens admirent encore aujourd'hui rend ses écrits bien supérieurs à presque tous ceux du même siècle, comme les ouvrages de MM. de Port-Royal se distinguent encore aujourd'hui, par la même raison, des rapsodies barbares de leurs adversaires et de leurs contemporains. Calvin, jurisconsulte habile et théologien aussi éclairé qu'un hérétique le peut être, dressa de concert avec les magistrats un recueil de lois civiles et ecclésiastiques, qui fut approuvé en 1543 par le peuple, et qui est devenu le code fondamental de la république. Le superflu des biens ecclésiastiques, qui servoit avant la réforme à nourrir le luxe des évêques et de leurs subalternes, fut appliqué à la fondation d'un hôpital, d'un collége, et d'une académie : mais les guerres que Genève eut à soutenir pendant près de soixante ans empêchèrent les arts et le commerce d'y fleurir autant que les sciences. Enfin le mauvais succès de l'escalade tentée en 1602 par le duc de Savoie a été l'époque de la tranquillité de cette république. Les Génevois repoussèrent leurs ennemis, qui les avoient attaqués par surprise, et, pour dégoûter le duc de Savoie d'entreprises semblables, ils firent pendre treize des principaux généraux ennemis. Ils crurent pouvoir traiter comme des voleurs de grand chemin, des hommes qui avoient attaqué leur ville sans déclaration de guerre: car cette politique singulière et nouvelle, qui consiste à faire la guerre sans l'avoir déclarée, n'étoit pas encore connue en Europe; et, eût-elle été pratiquée dès-lors par les grands états, elle est trop préjudiciable aux petits, pour qu'elle puisse jamais être de leur goût.

Le duc Charles Emmanuel se voyant repoussé et ses généraux pendus renonça à s'emparer de Genève. Son exemple servit de leçon à ses successeurs; et depuis ce temps cette ville n'a cessé de se peupler, de s'enrichir et de s'embellir dans le sein de la paix. Quelques dissensions intestines, dont la dernière a éclaté en 1738, ont de temps en temps altéré légèrement la tranquillité de la république; mais tout a été heureusement pacifié par la médiation de la France et des cantons confédérés; et la sûreté est aujourd'hui établie au-dehors plus fortement que jamais, par deux nouveaux traités, l'un avec la France en 1749, l'autre avec le roi de Sardaigne en 1754.

C'est une chose très-singulière, qu'une ville qui compte à peine vingt-quatre mille ames, et dont le territoire morcelé ne contient pas trente villages, ne laisse pas d'être un état souverain, et une des villes les plus florissantes de l'Europe. Riche par sa liberté et par son commerce, elle voit souvent autour d'elle tout en feu sans jamais s'en ressentir ; les événements qui agitent l'Europe ne sont pour elle qu'un spectacle dont elle jouit sans y prendre part : attachée aux François par ses alliances et par son commerce, aux Anglois par son commerce et par la religion, elle prononce avec impartialité sur la justice des guerres que ces deux nations puissantes se font l'une à l'autre, quoiqu'elle soit d'ailleurs trop sage pour prendre aucune part à ces guerres, et juge tous les souverains de l'Europe, sans les flatter, sans les blesser et sans les craindre.

La ville est bien fortifiée, surtout du côté du prince qu'elle redoute le plus, du roi de Sardaigne. Du côté de la France, elle est presque ouverte et sans défense. Mais le service s'y fait comme dans une ville de guerre ; les arsenaux et les magasins sont bien fournis ; chaque citoyen y est soldat comme en Suisse et dans l'ancienne Rome. On permet aux Génevois de servir dans les troupes étrangères ; mais l'état ne fournit à aucune puissance des compagnies avouées, et ne souffre dans son territoire aucun enrôlement.

Quoique la ville soit riche, l'état est pauvre, par la répugnance que témoigne le peuple pour les nouveaux impôts, même les moins onéreux. Le revenu de l'état ne va pas à cinq cent mille livres monnoie de France ; mais l'économie admirable avec laquelle il est administré suffit à tout, et produit même des sommes en réserve pour les besoins extraordinaires.

On distingue dans Genève quatre ordres de personnes ; les citoyens qui sont fils de bourgeois et nés dans la ville ; eux seuls peuvent parvenir à la magistrature : les bourgeois qui sont fils de bourgeois ou de citoyens, mais nés en pays étranger, ou qui étant étrangers ont acquis le droit de bourgeoisie que le magistrat peut conférer ; ils peuvent être du conseil-général, et même du grand-conseil appelé des Deux-cents. Les habitants sont des étrangers, qui ont permission du magistrat de demeurer dans la ville, et qui n'y font rien autre chose. Enfin les natifs sont les fils des habitants ; ils ont quelques priviléges de plus que leurs pères, mais ils sont exclus du gouvernement.

A la tête de la république sont quatre syndics, qui ne peuvent l'être qu'un an, et ne le redevenir qu'après quatre ans. Aux syndics est joint le petit-conseil, composé de vingt conseillers, d'un trésorier et de deux secrétaires d'état, et un autre corps qu'on appelle de la justice. Les affaires journalières et qui demandent expédition, soit criminelles, soit civiles, sont l'objet de ces deux corps.

Le grand-conseil est composé de deux cent cinquante citoyens ou bourgeois ; il est juge des grandes causes civiles, il fait grâce, il bat monnoie, il élit les membres du petit-conseil, il délibère sur ce qui doit être porté au conseil-général. Ce conseil-général embrasse le corps entier des citoyens et des bourgeois, excepté ceux qui n'ont pas vingt-cinq ans, les banqueroutiers et ceux qui ont eu quelque flétrissure. C'est à cette assemblée qu'appartiennent le pouvoir législatif, le droit de la guerre et de la paix, les alliances, les impôts, et l'élection des principaux magistrats, qui se fait dans la cathédrale avec beaucoup d'ordre et de décence, quoique le nombre des votants soit d'environ quinze cents personnes.

On voit, par ce détail, que le gouvernement de Genève a tous les avantages et aucun des inconvénients de la démocratie; tout est sous la direction des syndics, tout émane du petit-conseil pour la délibération, et tout retourne à lui pour l'exécution : ainsi il semble que la ville de Genève ait pris pour modèle cette loi si sage du gouvernement des anciens Germains : *De minoribus rebus principes consultant, de majoribus omnes; ita tamen, ut ea quorum penes plebem arbitrium est, apud principes prætractentur.* Tacit., *De mor. German.*

Le droit civil de Genève est presque tout tiré du droit romain, avec quelques modifications : par exemple, un père ne peut jamais disposer que de la moitié de son bien en faveur de qui il lui plaît; le reste se partage également entre ses enfants.

Cette loi assure d'un côté l'indépendance des enfants, et de l'autre elle prévient l'injustice des pères.

M. de Montesquieu appelle avec raison une *belle loi*, celle qui exclut des charges de la république les citoyens qui n'acquittent pas les dettes de leur père après sa mort, et à plus forte raison ceux qui n'acquittent pas leurs dettes propres.

On n'étend point les degrés de parenté qui prohibent le mariage au-delà de ceux que marque le Lévitique; ainsi les cousins germains peuvent se marier ensemble; mais aussi point de dispense dans les cas prohibés. On accorde le divorce en cas d'adultère ou de désertion malicieuse, après des proclamations juridiques.

La justice criminelle s'exerce avec plus d'exactitude que de rigueur. La question, déjà abolie dans plusieurs états, et qui devroit l'être partout comme une cruauté inutile, est proscrite à Genève; on ne la donne qu'à des criminels déjà condamnés à mort, pour découvrir leurs complices, s'il est nécessaire. L'accusé peut demander communication de la procédure, et se faire assister de ses parents et d'un avocat pour plaider sa cause devant les juges à huis-ouverts. Les sentences criminelles se rendent dans la place publique par les syndics avec beaucoup d'appareil.

On ne connoît point à Genève de dignité héréditaire: le fils d'un premier magistrat reste confondu dans la foule, s'il ne s'en tire par son mérite. La noblesse, ni la richesse ne donnent ni rang, ni prérogatives, ni facilité pour s'élever aux charges; les brigues sont sévèrement défendues. Les emplois sont si peu lucratifs, qu'ils n'ont pas de quoi exciter la cupidité; ils ne peuvent tenter que des ames nobles, par la considération qui y est attachée.

On voit peu de procès; la plupart sont accommodés par des amis communs, par les avocats mêmes, et par les juges.

Des lois somptuaires défendent l'usage des pierreries et de la dorure, limitent la dépense des funérailles, et obligent tous les citoyens à aller à pied dans les rues : on n'a de voitures que pour la campagne. Ces lois, qu'on regarderoit en France comme trop sévères et presque comme barbares et inhumaines, ne sont point nuisibles aux véritables commodités de la vie, qu'on peut toujours se procurer à peu de frais : elles ne retranchent que le faste, qui ne contribue point au bonheur, et qui ruine sans être utile.

Il n'y a peut-être point de ville où il y ait plus de mariages heureux; Genève est sur ce point à deux cents ans de nos mœurs. Les réglements contre le luxe font qu'on ne craint point la multitude des enfants; ainsi le luxe n'y est point, comme en France, un des grands obstacles à la population.

On ne souffre point à Genève de comédie ; ce n'est pas qu'on y désapprouve les spectacles en eux-mêmes, mais on craint, dit-on, le goût de parure, de dissipation et de libertinage que les troupes de comédiens répandent parmi la jeunesse. Cependant ne seroit-il pas possible de remédier à cet inconvénient, par des lois sévères et bien exécutées sur la conduite des comédiens ? Par ce moyen Genève auroit des spectacles et des mœurs, et jouiroit de l'avantage des uns et des autres : les représentations théâtrales formeroient le goût des citoyens, et leur donneroient une finesse de tact, une délicatesse de sentiment qu'il est très-difficile d'acquérir sans ce secours. La littérature en profiteroit, sans que le libertinage fît des progrès, et Genève réuniroit à la sagesse de Lacédémone la politesse d'Athènes. Une autre considération, digne d'une république si sage et si éclairée, devroit peut-être l'engager à permettre les spectacles. Le préjugé barbare contre la profession de comédien, l'espèce d'avilissement où nous avons mis ces hommes si nécessaires au progrès et au soutien des arts, est certainement une des principales causes qui contribuent au déréglement que nous leur reprochons : ils cherchent à se dédommager par les plaisirs de l'estime que leur état ne peut obtenir. Parmi nous, un comédien qui a des mœurs est doublement respectable, mais à peine lui en sait-on quelque gré. Le traitant qui insulte à l'indigence publique et qui s'en nourrit, le courtisan qui rampe et qui ne paie point ses dettes; voilà l'espèce d'hommes que nous honorons le plus. Si les comédiens étoient non seulement soufferts à Genève, mais contenus d'abord par des réglements sages, protégés ensuite, et même considérés dès qu'ils en seroient dignes, enfin absolument placés sur la même ligne que les autres citoyens, cette ville auroit bientôt l'avantage de posséder ce qu'on croit si rare, et qui ne l'est que par notre faute, une troupe de comédiens estimable. Ajoutons que cette troupe deviendroit bientôt la meilleure de l'Europe ; plusieurs personnes pleines de goût et de dispositions pour le théâtre, et qui craignent de se déshonorer parmi nous en s'y livrant, accourroient à Genève pour cultiver non seulement sans honte, mais même avec estime, un talent si agréable et si peu commun. Le séjour de cette ville, que bien des François regardent comme triste par la privation des spectacles, deviendroit alors le séjour des plaisirs honnêtes, comme il est celui de la philosophie et de la liberté ; et les étrangers ne seroient plus surpris de voir que dans une ville où les spectacles décents et réguliers sont défendus, on permette des farces grossières et sans esprit, aussi contraires au bon goût qu'aux bonnes mœurs. Ce n'est pas tout : peu à peu l'exemple des comédiens de Genève, la régularité de leur conduite, et la considération dont elle les feroit jouir, serviroient de modèle aux comédiens des autres nations, et de leçon à ceux qui les ont traités jusqu'ici avec tant de rigueur, et même d'inconséquence. On ne les verroit pas d'un côté pensionnés par le gouvernement, et de l'autre un objet d'anathême; nos prêtres perdroient l'habitude de les excommunier, et nos bourgeois de les regarder avec mépris : et une petite république auroit la gloire d'avoir réformé l'Europe sur ce point, plus important peut-être qu'on ne pense.

Genève a une université qu'on appelle académie, où la jeunesse est instruite gratuitement. Les professeurs peuvent devenir magistrats, et plusieurs le sont en effet devenus, ce qui contribue beaucoup à entretenir l'émulation et la célébrité de l'académie. Depuis quelques années on a établi aussi une école de dessin. Les avocats, les notaires, les médecins, forment des corps auxquels on n'est agrégé qu'après des examens publics; et tous les corps de métiers ont aussi leurs réglements, leurs apprentissages, et leurs chefs-d'œuvre.

La bibliothèque publique est bien assortie; elle contient vingt-six mille volumes, et un assez grand nombre de manuscrits. On prête ces livres à tous les citoyens, ainsi chacun lit et s'éclaire : aussi le peuple est-il beaucoup plus instruit à Genève que partout ailleurs. On ne s'aperçoit pas que ce soit un mal comme on prétend que c'en seroit un parmi nous. Peut-être les Génevois et nos politiques ont-ils également raison.

Après l'Angleterre, Genève a reçu la première l'inoculation de la petite vérole, qui a tant de peine à s'établir en France, et qui pourtant s'y établira, quoique plusieurs de nos médecins la combattent encore, comme leurs prédécesseurs ont combattu la circulation du sang, l'émétique, et tant d'autres vérités incontestables ou de pratiques utiles.

Toutes les sciences et presque tous les arts ont été si bien cultivés à Genève, qu'on seroit surpris de voir la liste des savants et des artistes en tout genre que cette ville a produits depuis deux siècles. Elle a eu même quelquefois l'avantage de posséder des étrangers célèbres, que sa situation agréable, et la liberté dont on y jouit, ont engagés à s'y retirer. M. de Voltaire, qui depuis quatre ans y a établi son séjour, retrouve chez ces républicains les mêmes marques d'estime et de considération qu'il a reçues de plusieurs monarques.

La fabrique qui fleurit le plus à Genève est celle de l'horlogerie : elle occupe plus de cinq mille personnes, c'est-à-dire plus de la cinquième partie des citoyens. Les autres arts n'y sont pas négligés, entre autres l'agriculture ; on remédie au peu de fertilité du terroir à force de soin et de travail.

Toutes les maisons sont bâties de pierre, ce qui prévient très-souvent les incendies, auxquels on apporte d'ailleurs un prompt remède, par le bel ordre établi pour les éteindre.

Les hôpitaux ne sont point à Genève, comme ailleurs, une simple retraite pour les pauvres malades et infirmes : on y exerce l'hospitalité envers les pauvres passants ; mais surtout on en tire une multitude de petites pensions qu'on distribue aux pauvres familles, pour les aider à vivre sans se déplacer, et sans renoncer à leur travail. Les hôpitaux dépensent par an plus du triple de leur revenu, tant les aumônes de toute espèce sont abondantes.

Il nous reste à parler de la religion de Genève ; c'est la partie de cet article qui intéresse peut-être le plus les philosophes. Nous allons donc entrer dans ce détail ; mais nous prions nos lecteurs de se souvenir que nous ne sommes ici qu'historiens, et non controversistes. Nos articles de théologie sont destinés à servir d'antidote à celui-ci, et raconter n'est pas approuver. Nous renvoyons donc nos lecteurs aux mots EUCHARISTIE, ENFER, FOI, CHRISTIANISME, etc., pour les prémunir d'avance contre ce que nous allons dire.

La constitution ecclésiastique de Genève est purement presbytérienne ; point d'évêques, encore moins de chanoines : ce n'est pas qu'on désapprouve l'épiscopat ; mais, comme on ne le croit pas de droit divin, on a pensé que des pasteurs moins riches et moins importants que des évêques convenoient mieux à une petite république.

Les ministres sont ou pasteurs comme nos curés, ou postulants, comme nos prêtres sans bénéfice. Le revenu des pasteurs ne va pas au-delà de douze cents livres, sans aucun casuel; c'est l'état qui le donne, car l'Église n'a rien. Les ministres ne sont reçus qu'à vingt-quatre ans, après des examens qui sont très-rigides quant à la science et quant aux mœurs, et dont il seroit à souhaiter que la plupart de nos églises catholiques suivissent l'exemple.

Les ecclésiastiques n'ont rien à faire dans les funérailles; c'est un acte de simple police, qui se fait sans appareil : on croit à Genève qu'il est ridicule d'être fastueux après la mort. On enterre dans un vaste cimetière assez éloigné de la ville, usage qui devroit être suivi partout.

Le clergé de Genève a des mœurs exemplaires : les ministres vivent dans une grande union; on ne les voit point, comme dans d'autres pays, disputer entre eux avec aigreur sur des matières inintelligibles, se persécuter mutuellement, s'accuser indécemment auprès des magistrats : il s'en faut cependant beaucoup qu'ils pensent tous de même sur les articles qu'on regarde ailleurs comme les plus importants à la religion. Plusieurs ne croient plus la divinité de Jésus-Christ, dont Calvin leur chef étoit si zélé défenseur, et pour laquelle il fit brûler Servet. Quand on leur parle de ce supplice, qui fait quelque tort à la charité et à la modération de leur patriarche, ils n'entreprennent point de le justifier; ils avouent que Calvin fit une action très-blâmable, et ils se contentent, si c'est un catholique qui leur parle, d'opposer au supplice de Servet cette abominable journée de la Saint-Barthélemy, que tout bon François désireroit effacer de notre histoire avec son sang, et ce supplice de Jean Hus, que les catholiques mêmes, disent-ils, n'entreprennent plus de justifier; où l'humanité et la bonne foi furent également violées, et qui doit couvrir la mémoire de l'empereur Sigismond d'un opprobre éternel.

« Ce n'est pas, dit M. de Voltaire, un petit « exemple du progrès de la raison humaine, qu'on « ait imprimé à Genève, avec l'approbation pu- « blique, dans l'Essai sur l'histoire universelle du « même auteur, que Calvin avoit une ame atroce, « aussi bien qu'un esprit éclairé. Le meurtre de « Servet paroît aujourd'hui abominable. » Nous croyons que les éloges dus à cette noble liberté de penser et d'écrire sont à partager également entre l'auteur, son siècle et Genève. Combien de pays où la philosophie n'a pas fait moins de progrès, mais où la vérité est encore captive, où la raison n'ose élever la voix pour foudroyer ce qu'elle condamne en silence, où même trop d'écrivains pusillanimes, qu'on appelle sages, respectent les préjugés qu'ils pourroient combattre avec autant de décence que de sûreté!

L'enfer, un des points principaux de notre croyance, n'en est pas un aujourd'hui pour plusieurs ministres de Genève; ce seroit, selon eux, faire injure à la Divinité, d'imaginer que cet être plein de bonté et de justice fût capable de punir nos fautes par une éternité de tourments : ils expliquent le moins mal qu'ils peuvent les passages formels de l'Écriture qui sont contraires à leur opinion, prétendant qu'il ne faut jamais prendre à la lettre dans les livres saints tout ce qui paroît blesser l'humanité et la raison. Ils croient donc qu'il y a des peines dans une autre vie, mais pour un temps; ainsi le purgatoire, qui a été une des principales causes de la séparation des protestants d'avec l'Église romaine, est aujourd'hui la seule peine que plusieurs d'entre eux admettent après la mort : nouveau trait à ajouter à l'histoire des contradictions humaines.

Pour tout dire en un mot, plusieurs pasteurs de Genève n'ont d'autre religion qu'un socinianisme parfait, rejetant tout ce qu'on appelle mystères, et s'imaginant que le premier principe d'une religion véritable est de ne rien proposer à croire qui heurte la raison : aussi, quand on les presse sur la nécessité de la révélation, ce dogme si essentiel du christianisme, plusieurs y substituent le terme d'utilité, qui leur paroît plus doux : en cela, s'ils ne sont pas orthodoxes, ils sont au moins conséquents à leurs principes.

Un clergé qui pense ainsi doit être tolérant, et l'est en effet assez pour n'être pas regardé de bon œil par les ministres des autres églises réformées. On peut dire encore, sans prétendre approuver d'ailleurs la religion de Genève, qu'il y a peu de pays où les théologiens et les ecclésiastiques soient plus ennemis de la superstition. Mais en récompense, comme l'intolérance et la superstition ne servent qu'à multiplier les incrédules, on se plaint moins à Genève qu'ailleurs des progrès de l'incrédulité, ce qui ne doit pas surprendre : la religion y est presque réduite à l'adoration d'un seul Dieu, du moins chez presque tout ce qui n'est pas peuple : le respect pour Jésus-Christ et pour les Écritures sont peut-être la seule chose qui distingue d'un pur déisme le christianisme de Genève.

Les ecclésiastiques font encore mieux à Genève que d'être tolérants ; ils se renferment uniquement dans leurs fonctions, en donnant les premiers aux citoyens l'exemple de la soumission aux lois. Le consistoire, établi pour veiller sur les mœurs, n'inflige que des peines spirituelles. La grande querelle du sacerdoce et de l'empire, qui dans des siècles d'ignorance a ébranlé la couronne de tant d'empereurs, et qui, comme nous ne le savons que trop, cause des troubles fâcheux dans des siècles plus éclairés, n'est point connue à Genève ; le clergé n'y fait rien sans l'approbation des magistrats.

Le culte est fort simple; point d'images, point de luminaires, point d'ornements dans les églises. On vient pourtant de donner à la cathédrale un portail d'assez bon goût; peut-être parviendra-t-on peu à peu à décorer l'intérieur des temples. Où seroit en effet l'inconvénient d'avoir des tableaux et des statues, en avertissant le peuple, si l'on vouloit, de ne leur rendre aucun culte, et de ne les regarder que comme des monuments destinés à retracer d'une manière frappante et agréable les principaux événements de la religion? Les arts y gagneroient sans que la superstition en profitât. Nous parlons ici, comme le lecteur doit le sentir, dans les principes des pasteurs génevois, et non dans ceux de l'Église catholique.

Le service divin renferme deux choses; les prédications, et le chant. Les prédications se bornent presque uniquement à la morale, et n'en valent que mieux. Le chant est d'assez mauvais goût; et les vers françois qu'on chante, plus mauvais encore. Il faut espérer que Genève se réformera sur ces deux points. On vient de placer un orgue dans la cathédrale, et peut-être parviendra-t-on à louer Dieu en meilleur langage et en meilleure musique. Du reste la vérité nous oblige de dire que l'Être suprême est honoré à Genève avec une décence et un recueillement qu'on ne remarque point dans nos églises.

Nous ne donnerons peut-être pas d'aussi grands

articles aux plus vastes monarchies; mais, aux yeux du philosophe, la république des abeilles n'est pas moins intéressante que l'histoire des grands empires; et ce n'est peut-être que dans les petits états qu'on peut trouver le modèle d'une parfaite administration politique. Si la religion ne nous permet pas de penser que les Génevois aient efficacement travaillé à leur bonheur dans l'autre monde, la raison nous oblige à croire qu'ils sont à peu près aussi heureux qu'on le peut être dans celui-ci.

O fortunatos nimiùm, sua si bona norint!

EXTRAIT DES REGISTRES

DE LA VÉNÉRABLE COMPAGNIE DES PASTEURS ET PROFESSEURS DE L'ÉGLISE ET DE L'ACADÉMIE DE GENÈVE, DU 10 FÉVRIER 1758.

La compagnie, informée que le VIIe tome de l'*Encyclopédie*, imprimé depuis peu à Paris, renferme au mot GENÈVE des choses qui intéressent essentiellement notre Église, s'est fait lire cet article ; et ayant nommé des commissaires pour l'examiner plus particulièrement, ouï leur rapport, après mûre délibération, elle a cru se devoir à elle-même et à l'édification publique de faire et de publier la déclaration suivante :

La compagnie a été également surprise et affligée de voir, dans ledit article de l'*Encyclopédie*, que non seulement notre culte est représenté d'une manière défectueuse, mais que l'on y donne une très-fausse idée de notre doctrine et de notre foi. On attribue à plusieurs de nous sur divers articles des sentiments qu'ils n'ont point, et l'on en défigure d'autres. On avance, contre toute vérité, que « plusieurs ne croient plus la divinité de Jésus-« Christ..... et n'ont d'autre religion qu'un soci-« nianisme parfait, rejetant tout ce qu'on appelle « mystères, etc. » Enfin, comme pour nous faire honneur d'un esprit tout philosophique, on s'efforce d'exténuer notre christianisme par des expressions qui ne vont pas à moins qu'à le rendre tout-à-fait suspect ; comme quand on dit que parmi nous « la religion est presque réduite à l'adoration « d'un seul Dieu, du moins chez presque tout ce « qui n'est pas peuple, et que le respect pour Jé- « sus-Christ et pour l'Écriture sont peut-être la « seule chose qui distingue du pur déisme le chris- « tianisme de Genève. »

De pareilles imputations sont d'autant plus dangereuses et plus capables de nous faire tort dans toute la chrétienté, qu'elles se trouvent dans un livre fort répandu, qui d'ailleurs parle favorablement de notre ville, de ses mœurs, de son gouvernement, et même de son clergé et de sa constitution ecclésiastique. Il est triste pour nous que le point le plus important soit celui sur lequel on se montre le plus mal informé.

Pour rendre plus de justice à l'intégrité de notre foi, il ne falloit que faire attention aux témoignages publics et authentiques que cette Église en a toujours donnés, et qu'elle en donne encore chaque jour. Rien de plus connu que notre grand principe et notre profession constante de tenir « la doctrine « des saints prophètes et apôtres, contenue dans « les livres de l'ancien et du nouveau Testament, » pour une doctrine divinement inspirée, seule règle infaillible et parfaite de notre foi et de nos mœurs.

Cette profession est expressément confirmée par ceux que l'on admet au saint ministère, et même par tous les membres de notre troupeau, quand ils rendent raison de leur foi, comme catéchumènes, à la face de l'Église. On sait aussi l'usage continuel que nous faisons du *symbole des apôtres*, comme d'un abrégé de la partie historique et dogmatique de l'Évangile, également admis de tous les chrétiens. Nos ordonnances ecclésiastiques portent sur les mêmes principes : nos prédications, notre culte, notre lithurgie, nos sacrements, tout est relatif à l'œuvre de notre rédemption par Jésus-Christ. La même doctrine est enseignée dans les leçons et les thèses de notre académie, dans nos livres de piété, et dans les autres ouvrages que publient nos théologiens; particulièrement contre l'incrédulité, poison funeste, dont nous travaillons sans cesse à préserver notre troupeau. Enfin nous ne craignons pas d'en appeler ici au témoignage des personnes de tout ordre, et même des étrangers qui entendent nos instructions, tant publiques que particulières, et qui en sont édifiés.

Sur quoi donc a-t-on pu se fonder pour donner une autre idée de notre doctrine? ou si l'on veut faire tomber le soupçon sur notre sincérité, comme si nous ne pensions pas ce que nous enseignons et ce que nous professons en public, de quel droit se permet-on un soupçon si odieux ? et comment n'a-t-on pas senti qu'après avoir loué *nos mœurs* comme *exemplaires*, c'étoit se contredire, c'étoit faire injure à cette même probité, que de nous taxer d'une hypocrisie où ne tombent que des gens peu consciencieux qui se jouent de la religion?

Il est vrai que nous estimons et que nous cultivons la philosophie. Mais ce n'est point cette philosophie licencieuse et sophistique dont on voit aujourd'hui tant d'écarts; c'est une philosophie solide, qui, loin d'affoiblir la foi, conduit les plus sages à être aussi les plus religieux.

Si nous prêchons beaucoup la morale, nous n'insistons pas moins sur le dogme. Il trouve chaque jour sa place dans nos chaires; nous avons même deux exercices publics par semaine, uniquement destinés à l'explication du catéchisme. D'ailleurs cette morale est la morale chrétienne, toujours liée au dogme, et tirant de là sa principale force, particulièrement des promesses de pardon et de félicité éternelle que fait l'Évangile à ceux qui s'amendent, comme aussi des menaces d'une condamnation éternelle contre les impies et les impénitents. A cet égard, comme à tout autre, nous croyons qu'il faut s'en tenir à la sainte Écriture, qui nous parle, non d'un purgatoire, mais du paradis et de l'enfer, où chacun recevra sa juste rétribution selon le bien ou le mal qu'il aura fait dans cette vie. C'est en prêchant fortement ces grandes vérités, que nous tâchons de porter les hommes à la sanctification.

Si on loue en nous un esprit de modération et de tolérance, on ne doit pas le prendre pour une marque d'indifférence ou de relâchement. Grâce à Dieu, il a un tout autre principe. Cet esprit est celui de l'Évangile, qui s'allie très-bien avec le zèle. D'un côté la charité chrétienne nous éloigne absolument des voies de contrainte, et nous fait supporter sans peine quelque diversité d'opinions qui n'atteint pas l'essentiel, comme il y en a eu de tout temps dans les églises même les plus pures : de l'autre, nous ne négligeons aucun soin, aucune voie de persuasion, pour établir, pour inculquer, pour défendre les points fondamentaux du christianisme.

Quand il nous arrive de remonter aux principes de la loi naturelle, nous le faisons à l'exemple des auteurs sacrés; et ce n'est point d'une manière qui nous approche des déistes, puisqu'en donnant à la théologie naturelle plus de solidité et d'étendue que ne font la plupart d'entre eux, nous y joignons toujours la révélation, comme un secours du ciel très-nécessaire, et sans lequel les hommes ne seroient jamais sortis de l'état de corruption et d'aveuglement où ils étoient tombés.

Si l'un de nos principes est de ne rien proposer à croire qui heurte la raison, ce n'est point là, comme on le suppose, un caractère de socinianisme. Ce principe est commun à tous les protestants; et ils s'en servent pour rejeter des doctrines absurdes, telles qu'il ne s'en trouve point dans l'Écriture sainte bien entendue. Mais ce principe ne va pas jusqu'à nous faire rejeter tout ce qu'on appelle mystère, puisque c'est le nom que nous donnons à des vérités d'un ordre surnaturel, que la seule raison humaine ne découvre pas, ou qu'elle ne sauroit comprendre parfaitement, qui n'ont pourtant rien d'impossible en elles-mêmes, et que Dieu nous a révélées. Il suffit que cette révélation soit certaine dans ses preuves, et précise dans ce qu'elle enseigne, pour que nous admettions de telles vérités, conjointement avec celles de la religion naturelle; d'autant mieux qu'elles se lient fort bien entre elles, et que l'heureux assemblage qu'en fait l'Évangile forme un corps de religion admirable et complet.

Enfin, quoique le point capital de notre religion soit d'adorer un seul Dieu, on ne doit pas dire qu'elle se réduise presque à cela, chez presque tout ce qui n'est pas peuple. Les personnes les mieux instruites sont aussi celles qui savent le mieux quel est le prix de l'alliance de grâce, et que la vie éternelle consiste à connoître le seul vrai Dieu, et celui qu'il a envoyé, Jésus-Christ, son fils, en qui a habité corporellement toute la plénitude de la Divinité, et qui nous a été donné pour sauveur, pour médiateur et pour juge, afin que tous honorent le fils comme ils honorent le père. Par cette raison, le terme de *respect* pour

Jésus-Christ et pour l'Écriture, nous paroissant de beaucoup trop foible ou trop équivoque pour exprimer la nature et l'étendue de nos sentiments à cet égard, nous disons que c'est avec foi, avec une vénération religieuse, avec une entière soumission d'esprit et de cœur, qu'il faut écouter ce divin maître et le Saint-Esprit parlant dans les Écritures. C'est ainsi qu'au lieu de nous appuyer sur la sagesse humaine, si foible et si bornée, nous sommes fondés sur la parole de Dieu, seule capable de nous rendre véritablement sages à salut, par la foi en Jésus-Christ : ce qui donne à notre religion un principe plus sûr, plus relevé, et bien plus d'étendue, bien plus d'efficace ; en un mot, un tout autre caractère que celui sous lequel on s'est plu à la dépeindre.

Tels sont les sentiments unanimes de cette compagnie, qu'elle se fera un devoir de manifester et de soutenir en toute occasion, comme il convient à de fidèles serviteurs de Jésus-Christ. Ce sont aussi les sentiments des ministres de cette Église qui n'ont pas encore cure d'ames, lesquels étant informés du contenu de la présente déclaration, ont tous demandé d'y être compris. Nous ne craignons pas non plus d'assurer que c'est le sentiment général de notre Église ; ce qui a bien paru par la sensibilité qu'ont témoignée les personnes de tout ordre de notre troupeau, sur l'article du dictionnaire qui cause ici nos plaintes.

Après ces explications et ces assurances, nous sommes bien dispensés, non seulement d'entrer dans un plus grand détail sur les diverses imputations qui nous ont été faites; mais aussi de répondre à ce que l'on pourroit encore écrire dans le même but. Ce ne seroit qu'une contestation inutile, dont notre caractère nous éloigne infiniment. Il nous suffit d'avoir mis à couvert l'honneur de notre Église et de notre ministère, en montrant que le portrait qu'on a fait de notre religion est infidèle, et que notre attachement pour la saine doctrine évangélique n'est ni moins sincère que celui de nos pères, ni différent de celui des autres Églises réformées, avec qui nous faisons gloire d'être unis par les liens d'une même foi, et dont nous voyons avec beaucoup de peine que l'on veuille nous distinguer.

J. Trembley, *secrétaire*.

FIN DU TOME II.

TABLE DES MATIÈRES

CONTENUES DANS CE VOLUME.

J. J. Rousseau, citoyen de Genève, à M. d'Alembert. . . 1
Préface. 3
Réponse à une lettre anonyme. 212
Lettre à M. Rousseau (par d'Alembert). 217
Apologie du théâtre (par Marmontel). 269
Du Gouvernement de Genève. 385
Extrait des registres, etc. 407

FIN DE LA TABLE.

www.ingramcontent.com/pod-product-compliance
Lightning Source LLC
Chambersburg PA
CBHW052127230426
43671CB00009B/1148